亚洲铜金矿投资指南

陈必彬　罗　丹　王秋舒　韩九曦　元春华　编著

地质出版社

·北　京·

内 容 简 介

本书系统概括了亚洲铜矿、金矿勘查开发整体态势，分述了铜、金两个矿种的矿床类型、资源分布、成矿规律、勘查开发现状、主要资源国家投资环境，并提出了亚洲铜矿、金矿的勘查开发选区建议，以及适合中资企业开展亚洲铜矿、金矿投资的国际矿业合作的方式。

全书内容丰富、资料翔实、数据可靠，为广大读者提供了基础性、系统性和实用性都比较强的亚洲铜、金矿信息。可供从事国内外地质矿产综合研究、境内外矿产资源勘查开发、"走出去"开展矿业产能合作的企事业单位和人员，以及相关院校师生参考使用。

图书在版编目（CIP）数据

亚洲铜金矿投资指南 / 陈必彬等编著 . —北京：地质出版社，2024. 8. — ISBN 978-7-116-14221-3

Ⅰ. F430. 61-62

中国国家版本馆 CIP 数据核字第 2024KX0036 号

YAZHOU TONG-JINKUANG TOUZI ZHINAN

责任编辑：程　静　房　媛
责任校对：关风云
出版发行：地质出版社
社址邮编：北京市海淀区学院路 31 号，100083
电　　话：（010）66554650（邮购部）；（010）66554533（编辑室）
网　　址：https：//www. gph. clmpg. com
印　　刷：北京地大彩印有限公司
开　　本：787 mm×1092 mm　1/16
印　　张：13
字　　数：320 千字
版　　次：2024 年 8 月北京第 1 版
印　　次：2024 年 8 月北京第 1 次印刷
审 图 号：GS 京（2024）1057 号
定　　价：138. 00 元
书　　号：ISBN 978-7-116-14221-3

序

当前，世界正处于大发展大变革大调整时期，经济全球化在曲折中继续前行，矿业作为推动全球经济可持续发展的重要基石，将为经济的复苏提供强大的动力。同时，世界百年未有之大变局正加速演进，新一轮科技革命和产业变革带来的竞争日趋激烈，全球能源绿色低碳转型，高新技术、新材料和新能源产业的蓬勃发展促进矿产品需求结构发生显著变化，错综复杂的国际局势对全球矿产资源稳定供应提出更高的要求，全球矿业投资与发展也将迎来前所未有的发展机遇与挑战。

中国亚洲经济发展协会矿业专业委员会坚持以习近平新时代中国特色社会主义思想为指导，贯彻落实党的二十大精神，积极鼓励有条件的企业“走出去”，融入全球矿业产业链供应链，引导协会成员与亚洲国家的矿业合作健康平稳有序发展。

为更好地帮助企业了解和熟悉亚洲矿产资源现状与增长潜力、合作空间和发展机遇，中国亚洲经济发展协会矿业专业委员会组织相关专家编著了《亚洲铜金矿投资指南》。本书以亚洲大陆为研究对象，围绕企业投资关注的铜、金矿产资源，分述了铜矿和金矿两个矿种在亚洲的分布特征、成矿规律、勘查开发现状、主要资源国家的铜、金矿资源分布和勘查开发现状，基于SWOT分析法对亚洲主要资源国家（不含中国）的投资环境进行了研究。在上述综合分析研究的基础上，圈定了包括我国在内的26个铜矿资源潜力区和33个金矿资源潜力区，提出了风险勘查、股权兼并、合资开发、矿山租赁等适合企业开展矿业国际合作的方式。这些资料与分析，将推动企业开展更大范围、更高水平、更深层次国际矿业合作，为推进高质量共建“一带一路”机制创写互利共赢新篇章。

亚洲大陆地域辽阔、地质构造复杂、矿产资源丰富，是我国境外矿业合作的重点地区之一，与亚洲国家建立起长期稳定的矿产资源勘查开发和矿业合作，应成为携手共建合作共赢的亚洲经济的重要领域之一。该专著对亚洲铜、金矿产做了系统详细的论述，为我国与亚洲其他国家开展“优势互补”的矿产资源合作提供了重要的信息，对政府部门、矿业企业、地勘单位都具有重要的使用价值。

总之，该专著内容丰富、资料翔实、全面系统、重点突出、综合研究与系统分析科学客观到位，是一部重要的境外区域性地质矿产专著，为开展境外矿产地质找矿与矿业产能合作、境外区域地质矿床研究，以及矿业企业“走出去”提供了重要参考。

希望中国亚洲经济发展协会矿业专业委员会立足新发展阶段，贯彻新发展理念，服务构建新发展格局，创新协会工作机制，更加精准有效地为“走出去”企业提供优质服务，助力“走出去”企业行稳致远。

前　言

2023 年亚洲 GDP 总量占世界总量超过 48.5%，亚洲已经成为世界经济放缓大背景下的重要增长引擎。矿业作为亚洲国家经济发展的重要支柱之一，亚洲矿业总产值占亚洲 GDP 平均值约 9.16%，是矿业产值占比最高的大洲。随着亚洲经济的整体复苏步伐继续推进，区域生产、贸易、投资一体化和金融融合进程将加快，亚洲迎来了矿业投资和矿产品贸易自由化、便利化的新发展机遇。

本书着眼于亚洲，聚焦矿业投资的热点矿种铜和金，概述了亚洲铜矿、金矿勘查开发整体态势，分述了铜、金两个矿种的资源分布、成矿规律、勘查开发现状、主要资源国家概况，并提出亚洲铜矿、金矿的勘查开发选区建议，形成了以下 5 点认识：一是矿业作为亚洲很多国家经济发展的支柱产业进入了发展机遇期，亚洲整体矿业投资环境得到进一步优化。但受全球经济放缓和资本避险等因素影响，亚洲固体矿产勘查投入在全球占比持续走低，勘查投入更多地集中在矿山勘探阶段。二是亚洲铜矿资源丰富，探明储量约占全球总储量的 27%，本书总结了亚洲 6 种主要铜矿成矿类型，划分出 10 个重要铜矿成矿带和 36 个铜矿成矿单元并概述其成矿规律和资源分布特征。三是亚洲金矿资源丰富，探明储量约占全球总储量的 26%，本书总结了亚洲 7 种主要金矿成矿类型，划分出 9 个重要金矿成矿带并概述其成矿规律和资源分布特征。四是针对 6 个主要铜矿资源国家和 10 个主要金矿资源国家，系统分析了铜、金矿的国别分布特征、成矿规律和勘查开发现状，并基于中资视角对主要资源国家进行投资环境分析。五是基于资源潜力和投资环境等，圈定了 26 个铜矿和 33 个金矿选区，并提出了投资亚洲铜、金矿的合作方式和勘查开发建议。

本书由中国亚洲经济发展协会矿业专业委员会陈必彬、罗丹和中国地质调查发展研究中心王秋舒、韩九曦、元春华共同编写。由于数据资料来源多、采集归纳和分析研究难度大，以及时间、人力投入等方面的限制，书中的观点和认识难免存在不足，错漏和偏颇之处敬请广大读者批评指正。

中国亚洲经济发展协会矿业专业委员会

2024年6月

目　录

第一章　亚洲矿业概况

第一节　地理经济概况

一、自然地理

亚洲位于东半球东北部，东临太平洋，南濒印度洋，北滨北冰洋，西经地中海、黑海、乌拉尔山与欧洲相连，是人类文明的发祥地，共有48个国家，人口超过46.4亿，占世界总人口的59.4%，面积约4400万km^2（包括附近岛屿），占地球陆地总面积的29.4%，是世界第一大洲❶。

亚洲幅员辽阔，地跨寒、温、热三大气候带，气候类型复杂，地震、火山活动强烈。在全球各大洲中，亚洲地势最高、地形最为复杂。按区域可分为东亚、东南亚、西亚、中亚、南亚和北亚。

东亚包括中国、日本、韩国、朝鲜和蒙古，面积约1176.67万km^2，人口约16.48亿，人口数量占世界人口的21.13%，是世界上人口最稠密的地区之一。地势西高东低，优势矿产为铁、铜、锑、钨、钼、金、菱镁矿、石墨等，能源矿产石油、煤炭较为丰富。

西亚包括土耳其、以色列、伊朗、伊拉克、沙特阿拉伯、也门等20国家，面积约721万km^2，人口超过4.1亿。高原广布，北部多山脉，中部为美索不达米亚平原，南部沙漠面积广大，石油的储量和产量在世界上占重要的地位。

东南亚包括新加坡、马来西亚、印度尼西亚、泰国、越南、老挝、菲律宾、柬埔寨、缅甸、文莱和东帝汶，面积约448.94万km^2，人口约6.51亿，是世界上火山最多的地区之一。优势矿产资源包括锡、镍、铝、钨、铬、金等，能源资源石油、天然气、煤炭较为丰富。

中亚包括土库曼斯坦、乌兹别克斯坦、吉尔吉斯斯坦、塔吉克斯坦、哈萨克斯坦，面积约400.51万km^2，人口约7493万，是当今世界上地广人稀的地区之一。优势矿产为铜、铅、锌、汞等，能源资源天然气、石油、煤炭非常丰富。

南亚包括印度、马尔代夫、不丹、斯里兰卡、巴基斯坦、孟加拉国、尼泊尔，面积约416万km^2，人口18.04亿以上。本区北部为喜马拉雅山地，中部是印度河、恒河冲积而成的平原，南部是德干高原。优势矿产为铁、锰，能源矿产煤炭较为丰富。

北亚指俄罗斯亚洲部分的西伯利亚以及远东地区（注：本书为统计方便，关于俄罗斯的描述与相关数据均为俄罗斯全境），西部为西西伯利亚平原，中部为中西伯利亚高原和山地，东部为远东山地，面积约1300万km^2，人口约3400万。优势矿产为铜、金、金刚石，能源资源石油、煤炭较为丰富。

---

❶ 人口、面积数据来源于《世界分国地图集》（2023年1月第1版）。

二、经济发展现状

2024 年博鳌亚洲论坛发表的《亚洲经济前景及一体化进程 2024 年度报告》指出尽管面临各种外部经济挑战，亚洲经济增长和地区经济一体化的动能仍然强劲，2024 年亚洲经济增速有望高于 2023 年，达到 4.5%左右；2024 年亚洲 GDP 规模占全球比重预计为 49%，同比提高 0.5%（图 1-1-1，表 1-1-1）。

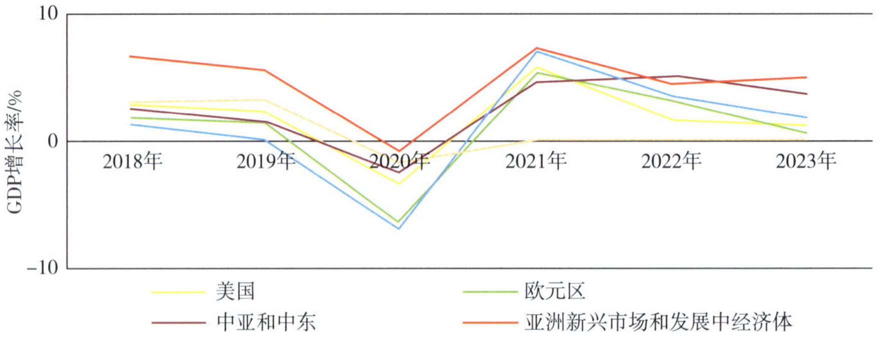

图 1-1-1　2018—2023 年世界主要经济体 GDP 增长曲线

数据来源为世界货币基金组织（IMF）

表 1-1-1　2020—2023 年亚洲地区 GDP 增长率（%）

年份	2020 年	2021 年	2022 年	2023 年
亚洲新兴市场和发展中经济体	-1.0	7.2	4.2	4.5
中国	2.3	8.1	3.2	4.4
印度	-8.0	8.7	6.8	6.1
东盟五国	-3.4	3.4	5.3	4.9
中东和中亚	-2.9	4.5	5.0	3.6
世界平均值	-3.3	6.0	3.2	2.7

注：数据来源为世界货币基金组织（IMF）。

世界货币基金组织（IMF）统计，2023 年亚洲经济增速出口的全球占比超过 35%，全球以中间品为代表的全球价值链产品贸易的 43%依靠亚洲。亚洲数字服务贸易出口占全球出口的 27%，增速居各大洲之首。中国成为全球经济增长的主要贡献者，超大市场规模给世界带来了巨大红利；印度也保持快速增长，有潜力赶超部分主要经济体；东盟大多数经济体在国内消费、旅游业、外商投资的推动下稳步复苏；沙特阿拉伯、阿联酋等西亚国家加速经济多元化转型，积极把握新增长机遇。

亚洲将在推进平等有序的世界多极化和普惠包容的经济全球化中发挥重要作用。在世界大变局中，亚洲经济体以硬联通和软联通为抓手务实推进区域经济一体化，支持经济全球化。面对经济碎片化，《区域全面经济伙伴关系协定》（RCEP）、《全面与进步跨太平洋伙伴关系协定》（CPTPP）、《数字经济伙伴关系协定》（DEPA）等新一代贸易协定落到实处，促进了域内外货物、服务、数字和绿色贸易投资的自由化便利化，降低了市场准入标准，释放了经济增长潜力，让更多的人从经济全球化中受益。

三、对外经济贸易

近年来，亚洲区域经济一体化进程持续推进。全球对亚洲货物贸易的依存度保持稳定，亚洲经济体之间的贸易依存度保持较高水平，东盟和中国的货物贸易中心地位保持稳定。由2021年数据看，东盟成员之间的依存度相对最高，达到21%；日本、韩国对中国的依存度在20%以上；东盟国家和《全面与进步跨太平洋伙伴关系协定》（CPTPP）国家对中国的依存度也接近20%。尽管近年来全球供应链受到各种冲击，但亚洲经济体在全球价值链中发挥着不可替代作用。大多数亚洲主要经济体在过去十年都在增加对亚洲工厂的依赖。中国、韩国、印度尼西亚、新加坡、马来西亚、菲律宾和泰国等经济体尤其如此。中国仍保持在亚洲中间产品贸易中的主导地位，在交易量最大的22种中间产品中，中国有20种处于领先地位。

第二节　矿业勘查开发形势

一、矿业产值

亚洲复杂的地质构造环境造就了十分丰富的矿产资源，亚洲石油、天然气、煤炭、铬、钨、锡、稀土、钾盐储量超过世界50%；铁、锰、铅锌、钼储量占世界30%～50%；铀、铜、镍、铝、金、银、锂、磷储量占世界10%～30%。中东国家的油气，俄罗斯的油气、锰、铜、镍、金、钾盐，蒙古的铜、铀，哈萨克斯坦的铜、铅、金、铀，印度的铁矿石、铅锌，东南亚的锡、镍和铝土矿等在世界上占有重要地位（表1-2-1）。

表1-2-1　亚洲主要资源国家重要矿产资源储量在全球排名情况

地区	国家	矿种	地位	地区	国家	矿种	地位
中亚	哈萨克斯坦	铀	第2位	西亚	伊朗	重晶石	第1位
		重晶石	第2位			铁	第7位
		锌	第4位			铅	第8位
		铅	第6位		土耳其	石墨	第1位
		金	第14位			硅藻土	第3位
		铜	第14位			铬	第4位
	吉尔吉斯斯坦	锑	第4位			重晶石	第5位
		钼	第12位			石膏	第5位
	乌兹别克斯坦	金	第10位			锑	第7位
		钼	第13位			钴	第12位
	塔吉克斯坦	锑	第10位		亚美尼亚	铼	第5位

续表

地区	国家	矿种	地位	地区	国家	矿种	地位
南亚	印度	钛	第 3 位	北亚	俄罗斯	锰	第 1 位
		重晶石	第 3 位			石棉	第 1 位
		铁	第 5 位			钾盐	第 2 位
		铅	第 7 位			锑	第 2 位
东南亚	菲律宾	镍	第 8 位			金	第 2 位
		铜	第 16 位			铅	第 3 位
	越南	铝	第 4 位			镍	第 4 位
		钨	第 6 位			铜	第 6 位
		钛	第 11 位			铝	第 13 位
	缅甸	锑	第 5 位	东亚	中国	稀土	第 1 位
	印度尼西亚	锡	第 2 位			钛	第 1 位
		钴	第 3 位			钨	第 1 位
		镍	第 6 位			锑	第 1 位
		铝	第 6 位			锌	第 2 位
		金	第 7 位			重晶石	第 4 位
		铜	第 9 位		蒙古	萤石	第 4 位
	泰国	锡	第 8 位			钼	第 8 位
	马来西亚	锡	第 7 位			铀	第 10 位

注：数据来源为 USGS Mineral Commodity Summaries，2023；S&P Global Market Intelligence，2023。

亚洲有丰富的矿产资源，高速发展的经济使得矿业也随即高速发展，成为亚洲经济发展的重要支撑。亚洲国家的矿业总产值平均 GDP 占比为 9.16%，高于 7% 的世界平均水平，在许多国家的经济发展中占有重要地位，甚至成为支柱产业。本书根据能源矿业产值占本国 GDP 的比例，将亚洲国家分为三类。第一类，能源矿业产值占本国 GDP 比例大于 10% 的国家，包括科威特、文莱、卡塔尔、阿塞拜疆、沙特阿拉伯、土库曼斯坦、伊朗、阿联酋、巴林、塔吉克斯坦、蒙古和哈萨克斯坦 12 个国家，这类国家矿业已经成为国民经济发展的支柱产业；第二类，能源矿业产值占本国 GDP 比例介于 1%～10% 之间的国家，包括朝鲜、俄罗斯、印度尼西亚、塞浦路斯、马来西亚、老挝、缅甸等 20 个国家，能源矿业在这类国家的经济发展中起着很大的作用；第三类，能源矿业产值占本国 GDP 比例小于 1% 的国家，包括不丹、尼泊尔、阿曼、菲律宾、韩国和日本等 8 个国家（表 1-2-2）。其中部分国家因为其矿业政策限制了自身的矿业发展，如菲律宾；而部分国家，例如韩国和日本，其国内资源匮乏导致本国矿业规模很小，其矿业企业主要面向境外开发矿产资源。

表 1-2-2　亚洲国家能源矿业产值占本国 GDP 比例

国家名称	能源矿业占本国 GDP 比例/%	国家名称	能源矿业占本国 GDP 比例/%
科威特	47.4	越南	2.8

续表

国家名称	能源矿业占本国 GDP 比例/%	国家名称	能源矿业占本国 GDP 比例/%
文莱	38.3	柬埔寨	2.5
卡塔尔	36.8	约旦	2.3
阿塞拜疆	35.1	阿富汗	2.0
沙特阿拉伯	35.0	吉尔吉斯斯坦	2.0
土库曼斯坦	32.5	印度	2.0
伊朗	25.2	孟加拉国	1.7
阿联酋	24.5	巴基斯坦	1.6
巴林	18.0	泰国	1.6
塔吉克斯坦	15.7	格鲁吉亚	1.4
蒙古	11.5	土耳其	1.3
哈萨克斯坦	10.3	斯里兰卡	1.2
朝鲜	8.4	不丹	0.9
俄罗斯	8.1	尼泊尔	0.7
印度尼西亚	7.5	阿曼	0.6
塞浦路斯	6.6	菲律宾	0.6
马来西亚	6.4	巴勒斯坦	0.3
老挝	6.0	黎巴嫩	0.2
缅甸	5.2	韩国	0.1
亚美尼亚	3.9	日本	0.1

注：数据来源为全球经济指标数据网（Trading Economics），2022 年（统计了亚洲 48 个国家中的 40 个）。

二、勘查现状

亚洲是全球固体矿产勘查投资的热点地区之一，勘查投入排在六大洲的第 4 位。近年来，随着全球经济放缓及资本避险等因素，固体矿产勘查投入在全球占比持续走低（图 1-2-1），2022 年投资额为 12.1 亿美元，占全球总投资的 9.31%，为 10 年来最低占比。

亚洲的固体矿产勘查投资 90% 以上集中在中国、俄罗斯、印度尼西亚、哈萨克斯坦、土耳其、沙特阿拉伯、菲律宾、蒙古、印度、乌斯别克斯坦这 10 个国家，其中中国、俄罗斯占亚洲固体勘查投资比例超过 50%。从勘查阶段来看，近 10 年来，矿山勘探的占比不断上升，2022 年高达 65%，详查阶段和草根勘查的占比持续下降，详查阶段的投资比例甚至下降了一半（图 1-2-2）。

2019 年以来，矿产勘查的投入虽然有所下降，但全球矿业蓬勃发展有目共睹。普华永道发布的《采矿业 2022——迈入关键转型期》显示，2021 年度，世界前 40 大矿业企业延续 2020 年以来的强劲表现，收入上涨了 32%，而净利润则骤增 127%。铜、金商品价格维持高位，铜、金矿企将在稳健的成本管理的支持下，以极佳的财务状况迎接未来。

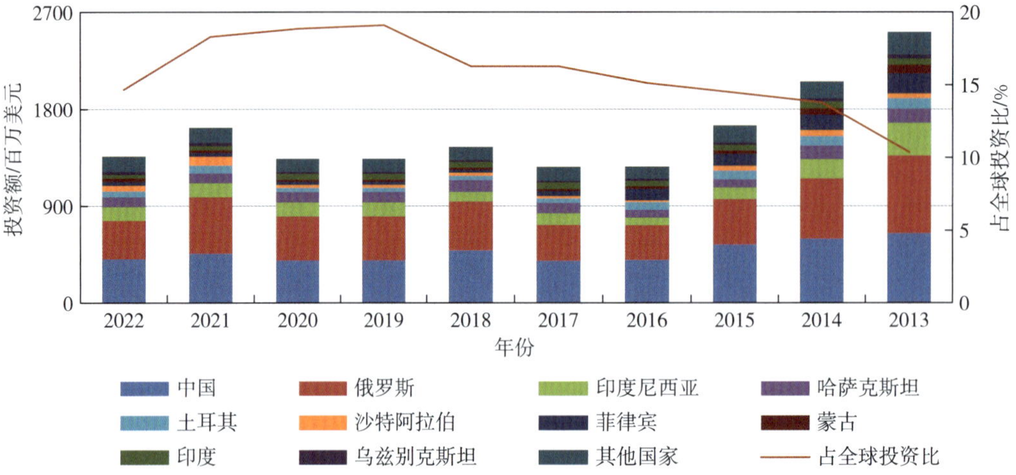

图 1-2-1　亚洲固体矿产勘查投资情况

数据来源为 S&P Global Market Intelligence，2023

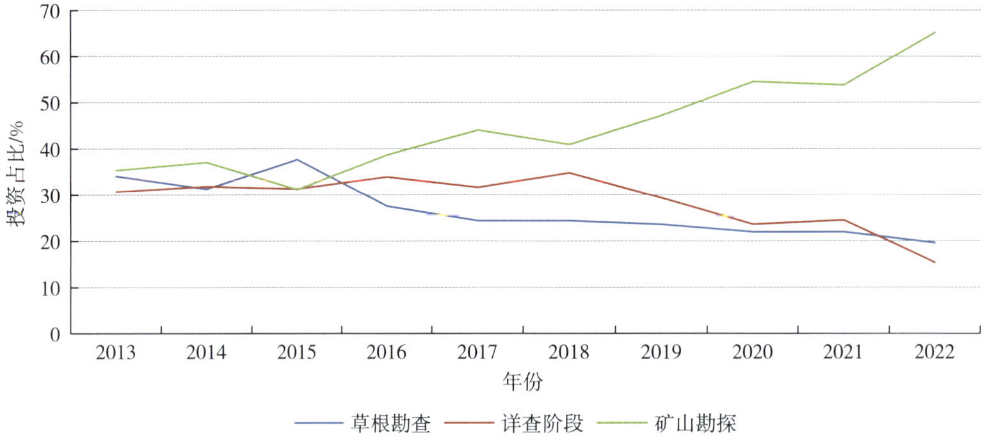

图 1-2-2　亚洲固体矿产勘查投资阶段变化情况

数据来源为 S&P Global Market Intelligence，2023

第三节　铜金矿业发展趋势

一、政治经济动荡与战争等因素导致全球对黄金需求剧增

黄金不仅可以升值、保值，在经济和政治动荡环境下还有避险的作用。2008 年全球金融危机，黄金步入快速上升通道；2013 年美元走强、经济状况改善，名义收益率和实际收益率提升；2016 年美国一系列经济和政治意外激发了黄金避险买盘，促使金价结束此前“三年连跌”局面；2020 年俄乌战争、欧洲银行危机等，导致全球黄金进

入高位震荡区，目前国际黄金价格达到 2300 美元/盎司，短时期内黄金的价格不会出现暴跌。

根据世界黄金协会（WGC）的数据，2022 年第四季度，全球黄金供应量为 1185.9t，同比下降 4%，主要是由于矿山开采量减少了 6%；而全球黄金需求量为 1087.9t，同比增长 10%，主要是由于投资需求增长了 40%。全球黄金供应量减少而需求量暴增，从而进一步推动了价格上涨。

2022 年各国央行购买的黄金数量同比增长 152%，至 1136t，达到 1967 年以来新高。世界黄金协会的数据显示，中国人民银行在 2022 年 11 月和 12 月购买了 62t 黄金，首次将其黄金储备总量提高到 2000t 以上。土耳其官方黄金储备在 2022 年增加了 148t，达到 542t。此外，中东和中亚国家也被该协会列为黄金的“活跃买家”。

二、能源变革和“净零排放”将导致全球铜需求激增

铜在能源转型变革中的作用无可争议。专家一致认为，从长远角度看全球对铜的需求将会日益增长。研究和咨询企业伍德麦肯兹认为，在加速能源转型或控制全球大气升温不高于 1.5℃情况下，废杂铜在满足未来需求方面能够发挥更大作用，但它不能应对整体供应挑战。

随着“净零排放”目标的推进，未来 20 年，仅低碳化一项需求就占当前全球市场铜需求量的 60%。另外，一些投资者正涌入大宗商品领域（例如精炼铜、石油等），以对冲通货膨胀率上升的风险；预期的绿色基础设施项目对金属铜的需求也将激增。因此，全球面临严重的铜短缺，不再是危言耸听。

三、中资矿业企业“一带一路”矿业合作收获颇丰

2013 年，中国国家主席习近平访问哈萨克斯坦、印度尼西亚期间先后提出共同建设“丝绸之路经济带”与“21 世纪海上丝绸之路”。共建“一带一路”，是一张贯通欧亚、联结东西的发展蓝图，在互联互通、互利合作中带动沿线国家和中国经济增长，促进区域经济的稳定繁荣，并共同拓展新的发展空间。十年来，中国矿企亚洲并购、投资金、铜矿山收获颇丰（表 1-3-1）。除此之外，中资矿企还有一些具有潜力的铜金矿项目尚待开发，例如紫金矿业集团蒙古哈马戈泰铜金矿项目、紫金集团塔吉克斯坦谢尔斯洪娜（Hiskhona）和奥林匹克（Olimpik）2 个勘探项目等。此外，云南黄金在老挝阿速坡省普翁县旺肯村区域 188.96km^2 金及其他多金属矿普查项目等都在有序地推进之中。

表 1-3-1　中国企业海外投资（亚洲国家）在产金、铜矿山

序号	中资企业	投资铜、金矿企业/矿山	所在国家	储量或资源量	持股比例
1	中国黄金集团	克鲁奇金矿	俄罗斯	金 140t	70%
2		库鲁-捷盖列克铜金矿	吉尔吉斯斯坦	金 88.8t 铜 100 万 t	70%
3		布丘克金矿	吉尔吉斯斯坦		60%

续表

序号	中资企业	投资铜、金矿企业/矿山	所在国家	储量或资源量	持股比例
4	紫金矿业集团	塔罗金矿	塔吉克斯坦	金 98t	70%
5		吉劳金矿	塔吉克斯坦	金 108t	70%
6		奥同克公司左岸金矿	吉尔吉斯斯坦	金 55t	60%
7		克兹尔-塔什特克铅锌铜多金属矿	俄罗斯		60%
8	中国有色矿业集团	帕鲁特金矿	塔吉克斯坦	金 150t	38. 5%
9		恰拉特黄金公司	塔吉克斯坦	金 190t	8. 97%
10	中冶集团	山达克铜金矿	巴基斯坦	铜 206t	100%
11	西藏华钰矿业集团	康桥奇锑金矿	塔吉克斯坦	金 189. 24t	100%
		塔尔卡金锑矿	塔吉克斯坦	未知	50%
12	特变电工	上库马尔克矿区库河东金矿	塔吉克斯坦	金 30t	未知
13	万宝矿业	蒙育瓦铜矿	缅甸	铜 700 万 t	
14	广东广晟资产全资所有的澳大利亚泛澳资源公司	Phu Kham 铜矿	老挝	铜 109 万 t	90%
15	赤峰黄金	色奔金铜矿	老挝	金 145t 铜 52. 8 万 t	92%
16	天津华勘	帕奔铜金矿	老挝	金中型规模	100%

注：据不完全统计，数据截止到 2022 年底。

第四节　主要国家矿业政策动向

2020 年初国际政治、经济格局都产生了巨大变化，全球经济复苏正在面临巨大的挑战。大宗商品价格持续增长，全球矿产资源供需格局加快重构，矿产品价格、融资并购、勘查投入、钻探活动、企业运营、矿业政策持续分化调整，全球矿业市场呈现出了新的发展态势。

一、主要亚洲资源国家矿业政策与矿业发展规划

（一）印度尼西亚——推进镍矿资源产业链本土化

2020 年 5 月，印度尼西亚（简称印尼）通过了《采矿法修正案》，对 2009 年出台的采矿法进行了修订。修改要点有：一是集中管理权限，取消地方政府颁发采矿许可证的权限，权限收归中央政府控制。二是增加许可证类型，采矿许可证类型由 3 种增加为 8 种，新增岩石开采许可证、矿业服务许可证等。三是放宽许可证转让规定，2009 年矿法不允

许持有超过51%股份的采矿许可证公司转让股份给第三方，新修订采矿法规定获得能源矿产部批准后，企业可以转让股份。四是调整撤资要求，2009年采矿法规定持有采矿许可证的外国公司须在生产5年后，逐步将所有权转让给印尼中央或地方政府，在第10年保证印方持有51%的股份；新采矿法规定外国公司有义务逐步向印尼中央或地方政府、国有/私营企业剥离51%的股份，但未规定时限。五是促进下游产业发展，采矿与冶炼加工整合在一起的矿山将获得30年的较长运营期限，并且在满足特定条件时延期10年。此外，新采矿法还对工作合同（CoW）和煤炭工作合同（CCoW）许可证获得延期、不转换采矿许可证区域内空间和空间用途、能源与矿产资源部及相关机构协调解决土地所有权问题等方面做出了保证。

印尼为了倒逼国内产业升级，鼓励外企加大投资，近几年屡次出台禁矿令：2014年1月12日原矿出口禁令正式生效，未经加工的矿石不得出口，在印尼采矿的企业必须在当地冶炼或精炼后才可出口，对于红土镍，必须加工至含镍4%以上的镍精矿才能出口；2017年1月12日，印尼放宽一项矿石出口禁令，取消部分镍矿和铝土矿的出口禁令，矿权持有人在获得能源与矿产资源部的推荐函和贸易部的出口许可后，可以出口部分镍含量1.7%以下的镍矿石，该规定仅限期5年；2019年12月，镍含量低于1.7%的镍矿石不再允许出口，且未用完的配额也不能再出口；2021年10月13日，印尼总统佐科·维多多计划停止出口未经加工的铝土矿。截至2024年3月，印尼政府将镍矿、铝土矿、煤矿、锡矿、铜矿、棕榈油等6种矿产资源禁止出口，以促进该国矿产加工产业发展。

（二）柬埔寨——出台系列政策鼓励矿业投资

2018年，柬埔寨修订了《矿产资源管理与开发法》，并颁布了《国家矿产资源政策（2018—2028）》。《矿产资源管理与开发法》对矿业权许可证的类型、许可证获取程序、特许权使用费和矿产品出口等方面提出了明确要求。《国家矿产资源政策（2018—2028）》是柬埔寨政府推行矿产资源可持续、高效、有效和透明开发的纲领性政策文件，文件中提出柬埔寨政府未来5个方面的战略目标和行动计划。一是强化矿产资源管理和开发公共机构。行动计划中有颁布新的法律法规来完善和协调现有的矿业法律体系，提升行政人员能力，创建矿产资源储量清单，建立具有问责制和透明度的有效治理和管理体系，加大招商引资力度。二是促进可持续和负责任的矿业运营。行动计划中有实施经济、社会和环境可持续发展，制定矿业领域环保标准，加强矿山生产安全保障，促进矿产资源优化开采，建立自然保护区内矿业活动法定程序等内容。三是矿产资源与社区发展。行动计划中有创建矿业企业与社区和谐关系，促进当地就业和性别平等，保障原住民权利等要求。四是发展手工小规模采矿。行动计划中有促进手工小规模开采，执行针对非法开采的措施和解决方案。五是鼓励矿产资源出口。行动计划中制定了矿产品出口管理政策和清单，鼓励高附加值矿产品出口，出台贸易便利化政策措施等。

柬埔寨矿业发展程度低，政府大力欢迎投资者赴柬投资矿业，为此采取措施来提升政府在矿业、矿产加工业和矿产品贸易方面的配合作用和灵活性，包括允许外资企业100%控股，建立专门矿业税收制度，保证探矿证可转换为采矿证，提供基础地质资料和信息服务等。

（三）马来西亚——推进矿业产业转型升级

2021年2月，马来西亚通过了《2020—2030年国家矿产业转型计划》，该计划以“基于可持续性原则在整个价值链中发展矿业”为使命。矿业转型计划包括8个部分，一是到2030年，矿业对GDP的贡献提升3倍至290亿林吉特。二是强化政府监管与法律系统。三是提升高附加值矿产品出口额。四是提升对国内外投资者的吸引力。五是增加矿产资源储量。六是增强本土技术创新与应用。七是增加高技能人员的就业岗位。八是实现联合国2030年可持续发展目标议程。计划的核心是改善营商环境，平衡矿业上、中、下游的发展，将马来西亚的矿业发展成为具备完整价值链的系统。计划中还着重提出了要研发锡、石英、高岭土、铝土矿等重要矿产加工技术，提升原矿的附加值。

（四）菲律宾——重新打开矿业投资大门

2021年4月，菲律宾总统杜特尔特宣布取消2012年开始实施的暂停新矿产协议令，重新打开新的矿业投资的大门。2021年12月，菲律宾解除了长达四年之久的铜、金、银和复杂矿石露天开采禁令，这是政府试图重振该行业的第二个具有里程碑意义的政策举措。菲律宾希望从中获得更多收入，为基础设施项目和其他计划提供资金。菲律宾是中国最大的镍矿供应国，也拥有大量的铜和黄金储量。菲律宾约3000万hm^2国土面积的三分之一以上已被确定为具有“高矿产潜力”，但其矿产储量的开采量仅不到5%。

（五）老挝——发放多项矿业权鼓励投资

截至2022年底，老挝共批准308个矿产开发项目，其中一般性矿产项目262个，稀土项目8个和试开采项目38个。试开采项目包括铁矿项目31个，大理石矿项目2个，岩金矿项目4个，砂金矿项目1个。

（六）乌兹别克斯坦——出台政策便利矿业权申请

2021年4月和6月，乌兹别克斯坦分别发布了《关于进一步加强地质行业吸引投资、加快矿业企业转型和扩大矿产资源基地》和《关于发展矿冶工业及相关产业的补充措施》的总统令，提出了完善矿业管理体系、打造高附加值矿产品的多层次产业链。2021年10月，乌兹别克斯坦颁布了第6319号总统令，确定了勘探权和早期已完成勘探的油气、贵金属、有色金属、稀有金属、放射性金属和其他固体矿产区块的开采权将通过拍卖形式出让。开展勘探和（或）勘测工作的区块不征收土地税。同时引入矿产资源使用权（针对探矿权）年费制度，年费根据矿区面积和矿种进行计算。2022年3月，乌兹别克斯坦内阁颁布了《关于进一步完善矿业权发放程序举措》的决议，允许本国居民开采砂金矿。该文件确定了手工开采贵金属的有关法定程序。根据文件，乌兹别克斯坦国家地质矿产委员会每年确定出让的区块（指面积小于5hm^2，具有准确、明显轮廓和边界的砂金区块）。矿权区块通过“E-auksion”网络平台公开拍卖，仅可出让给乌兹别克斯坦居民，期限3年。企业获得矿权后，须先以书面形式告知当地政府、生态与环保委员会、工业安全委员会及采矿活动监察部门。此外，该文件还规定，开采出的贵金属须在国家规定的有关机构进行售卖。

（七）哈萨克斯坦——地质行业信息化改革并增加矿业税收

2021 年 11 月，哈萨克斯坦生态、地质和自然资源部宣布未来 5 年将投资 1.5 亿美元用于地质勘探和数字化改革，其中 1000 万美元将用于创建国家地质勘探局并使其资本化，该计划将对整个地质行业进行数字化改革，创建一个包含矿产资源潜力、矿业公司等信息的数据库。

2022 年，哈萨克斯坦经济部长向议会提交了《关于税收及其他必要支付法案》和《哈萨克斯坦现行税法典修改法案》草案，拟将铁矿石、铬矿、锰矿等采矿税提高 50%，其他固体矿产采矿税提高 30%，以增加矿业商业开采税收。

（八）吉尔吉斯斯坦——禁止非国有企业开发国家级矿产资源

2021 年 1 月，吉尔吉斯斯坦新任总统签署命令，禁止外资企业开采国家级矿产资源，但已获得相关许可证或在采的矿山企业不受此影响。2021 年 5 月，政府对经营吉尔吉斯斯坦最大金矿库姆托（Kumtor）的加拿大 Centerra 黄金公司以环保问题为由处以 31 亿美元的罚款，并在 10 天后强制接管了库姆托矿山。

2021 年 9 月，伦敦金银市场协会宣布吉尔吉斯斯坦股份公司从合格交货清单中暂时被移除，该公司是吉尔吉斯斯坦境内唯一黄金精炼商，这将对吉尔吉斯斯坦黄金产业产生负面影响。

（九）沙特阿拉伯——出台系列措施优化投资环境

沙特阿拉伯“2030 愿景”提出要将采矿业发展成第三支柱产业，此后通过组建工业和矿业部、修订矿业投资法、为第一阶段区域地质调查项目提供 20 亿里亚尔资金来开展航空地球物理调查、地球化学调查及地质填图等，着力提高地质工作程度，同时提供相应优惠政策，优化投资环境，吸引国际矿业投资者。

（十）蒙古——进一步规范矿业相关的法律法规

2021 年，蒙古矿业和重工业部起草了《矿产品交易法》，该政策是蒙古专门针对矿产品交易的法律，旨在提供公平、公开和透明的矿产品贸易规则和设定切合实际的市场价格来扩大矿业对国家经济增长的贡献。该法律规定国内外市场上的矿产品售价应公开、合理、高效且适销对路，以符合信贷原则的方式确定出口，并通过统一政策规范出口，同时规定矿业税收以实际市场价格而不是参考价格为税基。

二、亚洲矿业政策调整的启示

（一）着力通过矿业拉动本国经济增长，矿业投资环境正在改善

亚洲各国希望通过吸引更多矿业投资推动经济复苏的意愿加强。结合各国矿业政策变化的最新情况，例如放宽对外资企业股权比例限制，提升投资便利化条件，承诺政策稳定执行等做法，后疫情时期亚洲矿业投资环境的政策面正在改善。

（二）提升矿业本国权益，矿业产业链本土化需求增加

近年来，亚洲各国都意识到供应链和价值链本土化的重要性，印度尼西亚、菲律宾、蒙古等国在新矿业法规或矿业行动纲领等政策中都提到要增加原矿附加值，提升矿业产业链的本土化的诉求，要求企业投资矿业下游产业，以此解决就业、税收等一系列问题。外资企业在亚洲各国的投资除矿山开发外，建设冶炼厂甚至矿物深加工的产业园区，将成为矿业合作的新趋势。

（三）提升生态环保要求，矿业企业社会责任增加

尽管亚洲各国矿业发展程度参差不齐，各国依然在新矿业政策中将矿产资源与生态环境、社区的可持续发展作为最重要的内容之一。各国对矿山安全与环保、企业社会责任等方面的要求提升，政策执行更加严格。“人与自然和谐共生”已成为全人类的愿景。矿业投资应关注环境、社会责任和可持续发展的ESG理念已被各国政府高度重视。

第二章　亚洲铜矿分布特征与勘查开发现状

第一节　铜矿资源分布特征与成矿规律

一、分布特征

亚洲是全球除了南美洲以外铜矿储量和资源量最丰富的大洲，据不完全统计，亚洲探明铜储量 2.135 亿 t，占全球 26.9%，铜资源量 5.92 亿 t，占全球 22.3%（图 2-1-1）。同时，全球 1/3 大型铜矿床分布在亚洲，亚洲铜矿 88% 的探明储量和 87% 的资源量集中分布在 105 个大型铜矿床中，是全球除了南美洲大型项目最多的大洲（图 2-1-2）。

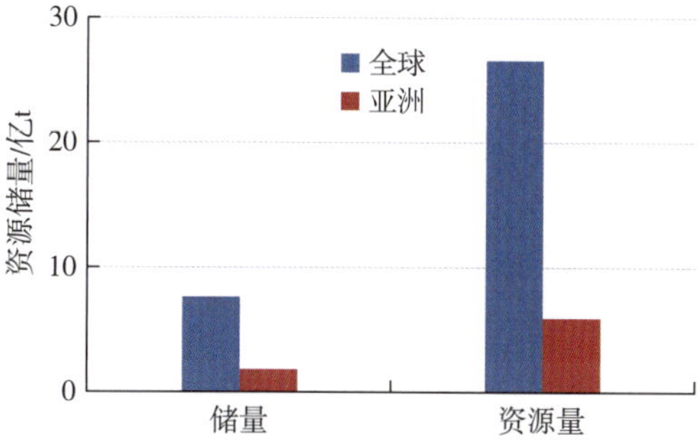

图 2-1-1　亚洲铜矿与全球矿床数量、储量和资源量对比情况

数据来源为 S&P Global Market Intelligence，2021

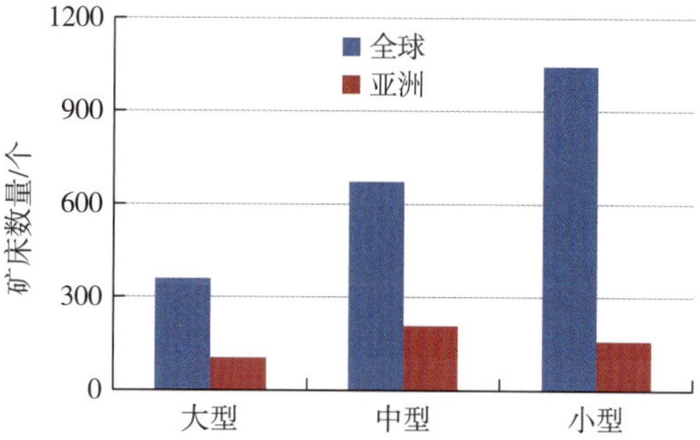

图 2-1-2　亚洲不同规模铜矿与全球对比情况

数据来源为 S&P Global Market Intelligence，2021

探明储量超过 500 万 t 的国家包括俄罗斯、中国、印度尼西亚、伊朗、蒙古、哈萨克斯坦和菲律宾 7 个，分别占亚洲探明储量的 43.0%、14.4%、10.0%、9.9%、7.6%、6.7% 和 2.6%（表 2-1-1，图 2-1-3）。

表 2-1-1　亚洲铜矿储量资源量统计

国家	储量/万 t	资源量/万 t	项目数量/个
俄罗斯	9190	13066	164
中国	3067	10252	178
印度尼西亚	2134	7639	15
伊朗	2123	2173	16
蒙古	1616	6817	12
哈萨克斯坦	1427	6822	38

续表

国家	储量/万 t	资源量/万 t	项目数量/个
菲律宾	559	4464	36
缅甸	414	565	2
印度	230	626	10
亚美尼亚	167	761	8
土耳其	63	612	17
巴基斯坦	34	2690	3
阿塞拜疆	31	215	5
乌兹别克斯坦	12	461	2
阿富汗	0	1110	1
其他国家	282	947	36
总计	21350	59221	543

注：数据来源为 S&P Global Market Intelligence，2021。

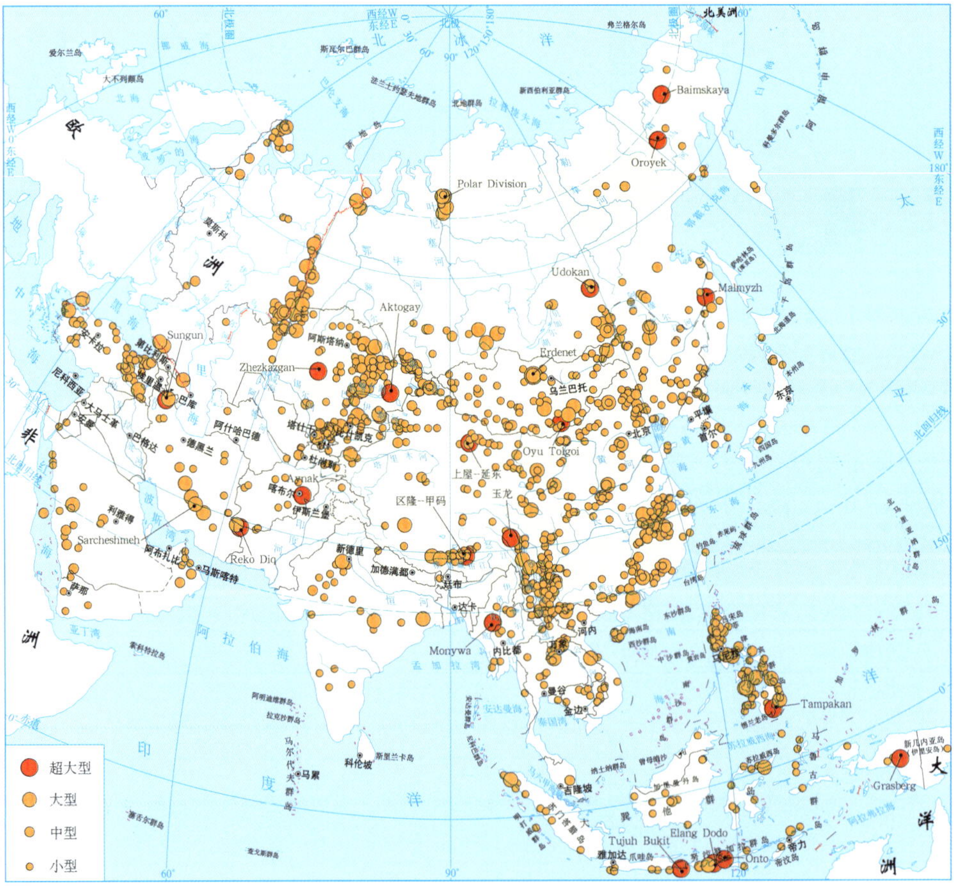

图 2-1-3　亚洲铜矿分布图

具体而言，亚洲铜矿床集中分布在以下 7 个地带：①由印度尼西亚、菲律宾等国家组成的西南太平洋岛弧型新生代斑岩型铜金矿带，该地区分布铜资源量超过 500 万 t 的超大型斑岩型、火山成因块状硫化物（VMS）型铜矿床共 5 个，包括印度尼西亚的 Grasberg（斑岩型，3674 万 t，Cu 1.034%）、Onto（斑岩型，1500 万 t，Cu 0.89%）、Tujuh Bukit（VMS 型，875 万 t，Cu 0.412%）和 Elang-Dodo（斑岩型，587 万 t，Cu 0.32%），菲律宾的 Tampakan（斑岩型，1525 万 t，Cu 0.52%）；②由蒙古、哈萨克斯坦等和我国北方接壤地区组成的乌拉尔-蒙古古生代斑岩型铜矿带，带内也有 6 个铜资源量超过 500 万 t 的超大型斑岩型铜矿，包括蒙古 Oyu Tolgoi（斑岩型，4056 万 t，Cu 0.712%）和 Erdenet（斑岩型，1041 万 t，Cu 0.522%），哈萨克斯坦 Zhezkazgan（斑岩型，801 万 t，Cu 0.927%）、Aktogay（斑岩型，668 万 t，Cu 0.321%）、Aidarly（斑岩型，581 万 t，Cu 0.38%），中国新疆土屋-延东（斑岩型，502 万 t，Cu 0.588%）等铜矿床；③由伊朗、巴基斯坦、缅甸、中国西藏地区等组成的特提斯-喜马拉雅中生代斑岩铜钼矿带，矿带内有伊朗 Sarcheshmeh（斑岩型，892 万 t，Cu 0.58%）、Sungun（斑岩型，508 万 t，Cu 0.6%），巴基斯坦 RekoDiq（斑岩型，2435 万 t，Cu 0.415%），中国西藏驱龙-甲玛（斑岩型，1784 万 t，Cu 0.39%）和玉龙（斑岩型，572 万 t，Cu 0.68%），缅甸 Monywa（VMS 型，545 万 t，Cu 0.38%）等超大型铜矿；④由我国东部沿海及邻近内陆地区和俄罗斯楚科奇、鄂霍次克地区组成的滨太平洋斑岩铜金矿带，矿带内重要矿床有俄罗斯 Baimskaya（斑岩型，980 万 t，Cu 0.4%）和 Oroyek（斑岩型，1100 万 t），中国江西德兴斑岩铜矿田（495 万 t，Cu 0.41%）、福建紫金山斑岩铜金矿（337 万 t，Cu 0.367%）等大型铜矿；⑤俄罗斯西伯利亚地台中生代铜镍硫化物矿床集中区（俄罗斯诺里尔斯克铜镍矿区铜资源量超过 3000 万 t）和后贝加尔地区的 SEDEX 型铜矿集中区（俄罗斯 Udokan 铜矿床，2670 万 t，Cu 0.97%）；⑥南亚印度地盾元古宙热液铜矿集中区（印度 Malanjkhand 斑岩铜矿床，281 万 t，Cu 0.92%）；⑦西亚喀布尔地块砂页岩型铜矿集中区（阿富汗 Aynak 斑岩型铜矿床，1110 万 t，Cu 1.67%）。

二、成矿规律

（一）主要矿床类型

亚洲铜矿床类型繁多，包括斑岩型、火山成因块状硫化物（VMS）型、矽卡岩型、喷流沉积型（SEDEX）型、铜镍硫化物型、铁氧化物铜金（IOCG）型和脉型等。其中，亚洲数量最多的铜矿矿床类型为斑岩型，数量占比 55%，资源量占亚洲铜矿总资源量的 71%，42% 以上为超大型（铜资源量大于 500 万 t，下同）与大型（资源量大于 50 万 t，下同）矿床，单个矿床平均资源量为 171 万 t；VMS 型矿床数量占比 15%，资源量占 6.9%，75% 为中小型矿床，单个矿床平均资源量为 58 万 t；矽卡岩型铜矿床数量占 12%，资源量占比 2%，88% 为中小型矿床，单个矿床平均资源量仅为 24 万 t；SEDEX 型铜矿床数量占比 9%，资源量占比 12%，其中 29% 为超大型矿床和大型矿床，单个矿床平均资源量为 65 万 t；铜镍硫化物型铜矿床为亚洲平均规模较大的矿床类型，此类型数量占比仅为 3%，平均资源量为 377 万 t；亚洲第三大铜矿床诺里尔斯克极地分部（Polar Division）铜矿床为此类型矿床。此外，亚洲还有3%的脉型铜矿床和3%的IOCG型铜矿床，资源量占比分别为0.1%和0.9%；砂页岩型铜矿床为亚洲平均规模最大的铜矿床类型，资源量占亚洲的8.6%，仅次于斑岩型矿床单个矿床平均资源量为553万t（图2-1-4）。

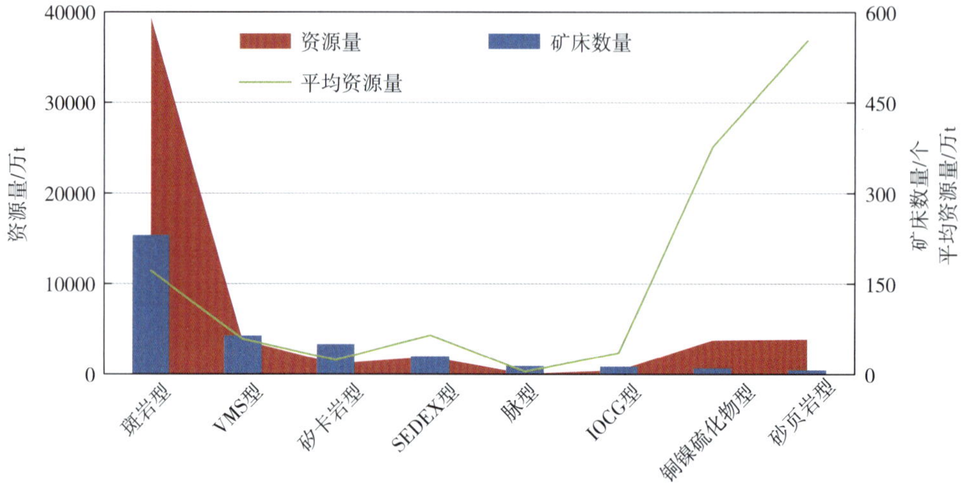

图2-1-4　亚洲铜矿主要矿床类型数量、资源量和平均资源量分布情况

1. 斑岩型铜矿床

斑岩型铜矿是亚洲最主要的铜矿类型，占亚洲铜矿床总数量的55%，总资源量的71%，平均品位为Cu 0.64%，平均资源量为169万t，且亚洲产出的超大型铜矿床80%为该类型矿床，主要分布在环太平洋成矿域、特提斯成矿域、乌拉尔-蒙古成矿省和印度克拉通成矿省（图2-1-5）。环太平洋成矿域斑岩型铜矿分布区可划分为西南太平洋岛弧带和东亚陆缘成矿带，成矿时代以新生代为主，少量中生代，典型矿床包括印度尼西亚Grasberg（资源量3674万t，品位1.034%）、菲律宾Tampakan（资源量1525万t，品位0.52%）、俄罗斯Malmyzh（资源量565万t，品位0.342%）、Baimskaya（资源量980万t，品位0.4%）等超大型铜矿床；特提斯成矿域斑岩型铜矿分布区西起土耳其、伊朗、巴基斯坦，到我国的青藏、滇西，以至缅甸和印度尼西亚，斑岩铜矿主集中于喀尔巴阡-巴尔干-喜马拉雅成矿带，成矿时代为中生代—新生代，典型矿床包括伊朗Sungun（资源量508万t，品位0.6%）、中国玉龙（资源量572万t，品位0.68%）、驱龙-甲玛（资源量1784万t，品位0.39%）、印度尼西亚Onto（资源量1500万t，品位0.89%）、Elang-Dodo（资源量587万t，品位0.32%）等超大型铜矿床；乌拉尔-蒙古成矿省斑岩型铜矿分布区位于亚洲大陆中部，包括中亚乌兹别克斯坦和哈萨克斯坦巴尔喀什湖地区，至蒙古和我国的天山、内蒙古到大兴安岭地区，成矿时代主要为晚古生代华力西期，典型矿床包括哈萨克斯坦Aktogay（资源量668万t，品位0.321%）、中国土屋-延东（资源量502万t，品位0.588%）、蒙古Oyu Tolgoi（资源量4056万t，品位0.712%）等超大型铜矿床；此外，还有少部分斑岩型铜矿分布于印度克拉通，成矿时代为元古宙。

图 2-1-5　亚洲斑岩型铜矿分布图

(1) 成矿特征

斑岩型铜矿床是指与具斑状结构的中酸性侵入岩伴生，蚀变与矿化受流体、构造控制且分带明显，矿石以细脉浸染状为主的铜矿床，是非常重要的铜矿床类型（饶世成等，2017）。该类矿床具有埋藏浅、品位低、规模大等特征，矿体深度一般不深于 4km，大多数矿床铜品位在 0.4% 左右，少数的矿床可达 0.8% 以上（陈军强等，2012），单个矿床的铜金属储量常常达百万吨级，矿石中还伴生有钼、金、银等金属。

斑岩型铜矿床产于板块俯冲的上盘和陆内造山带，一般发育于与洋-陆（洋-洋）俯冲和陆-陆碰撞有关的汇聚板块边缘的大陆弧环境，总体环境为碰撞挤压，但成矿主要形成于在挤压背景下的拉张期（夏斌等，2002；芮宗瑶等，2004）。区域上的分布多受区域性深大断裂控制，尤其是断裂的交切部位和强烈破碎区，有利于岩浆侵位和成矿，含矿侵入岩体大都为复式侵入杂岩，铜矿化仅与其中某一期有关，在斑状侵入岩及围岩中呈浸染状或细网脉状产出，通常与爆发角砾岩体伴生，角砾组分复杂。

A. 赋矿围岩特征

地壳厚大陆边缘环境斑岩铜矿常与花岗闪长岩和石英二长岩伴生（如美国西南部、墨西哥北部和南美西部斑岩铜矿），岛弧环境的矿床常与低钾石英闪长岩伴生（如太平洋西南部斑岩铜矿）。在矿区发育多期不同岩性的复式岩体时，斑岩铜矿多产于相对晚期且低钾侵入相（如巴布亚岛-新几内亚斑岩铜矿），且少数斑岩铜矿与石英不饱和碱性岩浆系列的闪长岩-二长岩-正长岩组合有关（如英国 Mt Milligan 和希腊 Skouries 斑岩铜金矿）。每个斑岩铜矿成矿区带均发育未含矿的侵入体，含矿与未含矿的侵入岩对比研究显示，一般含矿岩体具有较高 $Al_2O_3/(K_2O+Na_2O+CaO)$、低 Y 和 Mn，岩体中角闪石和黑云母具有中心到边缘 Mg/(Mg+Fe) 变高的成分变化分带。

B. 矿体产状特征

含矿斑岩的岩浆侵入深度较浅，一般为 1～4.5km，多数小于 2km（Sillitoe，1972）。成矿深度制约斑岩铜矿的矿化在岩体与围岩中的分配比例，如西藏马拉松多成矿深度大约为 0.5～1km，铜矿化体几乎全部产于斑岩体中；西藏玉龙成矿深度为 2.5～3km，大约 2/3 铜矿化产于斑岩体，1/3 铜矿化产于围岩中；江西德兴成矿深度为 3～4km，铜矿化体 1/3 产于斑岩体，2/3 铜矿化体产于围岩；黑龙江多宝山和新疆土屋成矿深度 4～6km，铜矿化体的 10% 产于斑岩体，90% 产于围岩（芮宗瑶等，2002）。侵入体的空间形态展布与断裂密切相关，含矿的岩体发育很高的裂隙密度，特别是含矿细脉的密度与矿床规模之间存在一定联系，通常达到 300 条/m 含矿细脉者为超大型矿床，300～100 条/m 为大型矿床，100～50 条/m 为中型矿床，50 条/m 为小型矿床。

C. 矿物组合特征

斑岩铜矿床的矿石矿物非常丰富，主要矿物以黄铁矿和黄铜矿为主，次要矿物包括斑铜矿、辉钼矿、砷黝铜矿、黝铜矿、方铅矿和闪锌矿等，若为斑岩铜钼矿，辉钼矿成为主要矿物。另外，还有少量的金属硫盐矿物、碲化物（如辉碲铋矿）、金属自然元素（如金）、金属氧化物（如磁铁矿）、表生金属矿物（如孔雀石）（芮宗瑶等，2006）。通过总结南北美洲 27 个矿床的特征，原生矿化存明显的分带性（图 2-1-6），一般由矿床中心往外，依次为黄铜矿-辉钼矿、黄铁矿、方铅矿-闪锌矿-银矿-金矿，剖面中由下向上依次为黄铜矿-辉钼矿、黄铁矿。矿化产状由中心向外依次为浸染状+微细脉状、细脉状+浸染状、细脉状、脉状-细脉状、脉状。

D. 成矿流体特征

斑岩铜矿的成矿流体以很宽范围的均一温度（200～860℃）和盐度（30%～80%）为特征，多数矿床具有较高的均一温度（>600℃）和盐度（>40%），存在流体沸腾。根据美国西南部斑岩铜矿的温度和盐度系统研究，存在 3 种类型成矿流体：过盐度流体，早期形成的岩浆，具有很高盐度（>30%）和均一温度（>650℃）；高盐度流体，主要发育于早期热液阶段，是大气降水加入第 1 类流体演化而来，具有与第 1 类流体差不多的盐度，但均一温度为 35～50℃；低盐度流体，主要发育于晚期热液阶段，盐度多数为<20%，均一温度相对较低（<450℃）（Titley et al.，1981）。

（2）矿床分类

斑岩型铜矿床的含矿侵入岩多数为中酸性、钙碱岩浆岩系列，其化学成分与矿化类型

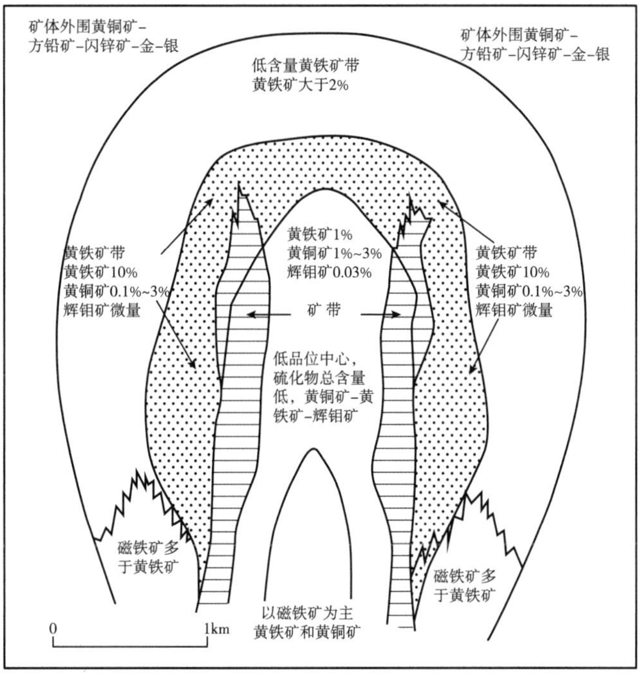

图 2-1-6　典型斑岩铜矿矿物分带模式

（据施俊法等，2010，有修改）

之间存在密切相关性：一般与 SiO_2 和 K_2O/Na_2O 值较低的闪长岩类岩体有关的斑岩铜矿富含金，而与 SiO_2 和 K_2O/Na_2O 值较高的花岗岩类岩体有关的斑岩铜矿富含钼（Singer et al.，2005a）。综合考虑铜、钼和金 3 个元素，可将斑岩铜钼金矿分为斑岩铜矿（Cu）、斑岩铜金矿（Cu-Au）和斑岩铜钼矿（Cu-Mo），一般 Au（g/t）/Mo(%) 值大于 30 为斑岩铜金矿，小于 3 为斑岩铜钼矿，介于两者之间为斑岩铜矿（Cox et al.，1986）。这 3 种类型的矿床产于类似的地质环境，发育于局部和区域性成矿带，不同地区不同类型的矿床发育主要与剥蚀深度有关（Singer et al.，2005b）。其中，斑岩铜钼矿深度最大，而斑岩铜金矿最浅，铜金矿中磁铁矿相对较高（2.6%），暗示形成于还原环境（表 2-1-2）。

表 2-1-2　全球不同类型的斑岩铜钼金矿的品位和深度

矿床类型	Cu-Au 矿	Cu-Au-Mo 矿	Cu-Mo 矿
矿床数	112	215	53
矿床规模/Mt	220	220	270
铜品位/%	0.44	0.45	0.45
钼品位/%	0.003	0.014	0.025
金品位/($g \cdot t^{-1}$)	0.4	0.12	0.015
磁铁矿/%	2.6	1	0.05
深度/km	1	1.9	3.6

（据 Singer et al.，2005b，有修改）

(3) 成矿模式

斑岩型铜矿成矿的基本前提是富含挥发分的花岗质岩浆侵位至浅成-超浅成地壳中形成小斑岩体，成矿作用经历了早期的岩浆阶段和晚期的大气降水阶段。许多学者分别在岩浆氧化状态的确定标志及其与斑岩铜矿之间的成因联系、硫的溶解度及硫来源、流体中氯的分配系数及其对成矿的重要性、水与成矿关系、蚀变作用和成矿岩浆的起源及成矿物质来源等方面进行了深入研究（高合明等，1995；王奖臻等，2001），但对其成因一直存在较大的争议（陈文明，2002），包括岩浆热液模式（认为中酸性岩浆主要来源于上地幔，在结晶的过程中形成蚀变分带。芮宗瑶等，1984）、板块构造成矿模式（认为成矿物质来源是地幔与地壳物质交换作用的产物，成矿母岩主要为洋壳在俯冲作用过程中部分熔融形成。Sillitoe，1972）、活动转移模式（认为岩体或形成岩体的岩浆并不提供矿质和成矿热液，只是作为热源去活化地下水或裂隙水。季克俭等，1992）、变质岩浆成矿模式（认为金属富集成矿是含金属的沉积物转变为花岗岩的一种伴生现象。黎诺，1993）。

斑岩型铜矿床常产于岩浆活动带和构造-岩浆带，且呈带状分布，其矿化体一般与中酸性（斑）岩体密切共生并呈细脉浸染状均匀分布于岩体及其围岩中，在围岩和矿化体中可见热液蚀变，且矿化岩体的产状常与围岩不一致。基于这一事实依据，众多学者提出岩浆热液说。

该学说认为中酸性岩浆主要来源于上地幔，在结晶的过程中形成蚀变分带，依次为：钾化蚀变带（分布于斑岩体顶部，剖面上位于下部，主要矿物组合为正长石-黑云母-石英，有时出现硬石膏或者出现钠长石化及形成一系列富钠矿物，如钠闪石、钠柱石矿物等；如围岩为碳酸盐岩石时，碱质硅酸盐交代岩和矽卡岩共生）、似千枚岩化带（分布于斑岩体与围岩的接触带，若斑岩为中酸性岩体，主要矿物为石英-绢云母-黄铁矿，若斑岩为中性-中基性的玢岩，需要大量的 H^+ 才能抵消玢岩中的铁镁质等，片状矿物以绿泥石化为主）、泥岩化带（主要矿物组合为绢云母-高岭土等，多发生于构造破碎和渗透性较强的地带，如构造破碎带和接触带）和青磐岩化带（分布于外部围岩和下盘，主要矿物组合为绿帘石、碳酸盐-绿泥石，除了上述 3 种矿物外，有时还有钠长石等矿物叠加，主要由于斑岩铜矿在蚀变和矿化过程中有大量铁、钙、镁、钠等带出，在最外带沉淀交代而形成的）。在中酸性岩体形成的过程中，由于物理化学条件的改变，析出了矿质和成矿热液，在有利部位富集成矿。该学说目前被大多数学者所认同。

2. 砂页岩型铜矿床

砂页岩型铜矿床是亚洲铜矿的重要类型，占亚洲铜矿总资源量的 8.6%，仅次于斑岩铜矿，主要包括俄罗斯乌多坎、哈萨克斯坦杰兹卡兹甘、中国滇中地区东川-易门、阿富汗埃达克等大型、超大型铜矿床。

(1) 成矿特征

砂页岩型铜矿床泛指不同时代沉积岩中的层状和层控的铜矿，主要产于一套沉积岩和沉积变质岩的杂色岩系中，主要分布于地块边缘的活动带、地块内部的断裂沉降带和中生代红色盆地。形成沉积型铜矿床必须需要 4 个条件：①存在氧化环境的源岩，一般为陆相红色砂岩、页岩、砾岩和浅成火山岩；②存在大量能活化铜等成矿元素的盐水，蒸发岩经常与红层交替出现作为盐水来源；③存在能让铜沉淀下来而形成矿床的还原性流体，还原性流体可以源于富有机质的页岩或碳酸盐岩；④存在合适条件发生流体混合，一般硫化物矿石存在于沉积物和地下水界面 50cm 附近，产于盆地边缘。

（2）成矿时代

亚洲砂页岩型铜矿自元古宙到中生代均有发育，尤以元古宙居多。例如古元古代的俄罗斯乌多坎铜矿床、中元古代中国东川-易门铜矿床、新元古代阿富汗埃达克铜矿、古生代哈萨克斯坦杰兹卡兹甘铜矿床、中生代中国滇中红盆铜矿床等。

（3）矿床分类

从大地构造环境而言，大型砂岩铜矿通常产出于大陆陆内盆地和裂谷伸展环境，即地台区和造山区。从沉积环境而言，砂页岩型铜矿可分为海相和陆相两种类型。根据大地构造条件和沉积相进行归纳总结砂岩铜矿特点如表 2-1-3。

表 2-1-3　砂页岩型铜矿分类

大地构造	造山区		地台区	
沉积岩相	海相	陆相	海相	陆相
沉积岩及沉积岩相特征	分布于造山杂色建造中，其中含铜沉积以海相为主，在海进和海退序列中都可以形成含铜建造。赞比亚铜矿带可以作为海进序列代表，以陆源碎屑碳酸盐岩建造为主；哈萨克斯坦杰兹卡兹甘矿为海退序列代表，以陆源碎屑泥质建造为主	分布于造山杂色建造的陆相中，以山间盆地和冲积相为主，粗碎屑在沉积层中占主要地位。以玻利维亚的科罗科罗为代表，含铜岩系以杂色杂砂岩、蒸发岩和凝灰岩为主	分布于地台的陆源碎屑碳酸盐岩杂色建造中，海湾相、潟湖相、滨海相均有	分布于地台活化区的陆相杂色建造中，以冲积相湖盆相为主，含铜层往往产于水动力条件较活跃的地段
含铜层位及矿石特征	含铜层有多个层位，在时间和空间上存在很宽的范围	含铜层位相对较少，时空相对受到限制	含矿层较薄，但分布十分广泛	含矿层虽然在剖面上延续很长时间，但一个地区仅有一定部位矿层受紫色岩系和浅岩系的交互带控制，矿体呈矿卷状产于浅紫交互的浅色岩带一侧
亚洲矿床实例	世界上大多数砂页岩型超大型铜矿为此类，例如俄罗斯乌多坎、哈萨克斯坦杰兹卡兹甘和中国东川等	中国唐古拉造山带的北侧的可可西里盆地含铜砂岩（风火山）		阿富汗埃达克铜矿、中国滇中盆地、川西大铜厂盆地、湖南衡阳盆地和麻阳盆地

3. 火山成因块状硫化物（VMS）型铜矿床

火山成因块状硫化物（VMS）型铜矿床是亚洲主要的铜矿类型，占亚洲铜矿床总数量的 15%，总资源量的 7%，25% 为大型、超大型矿床，平均品位为 1.32%，单个矿床平均资源量为 58 万 t。其中 2 座超大型矿床分别为印度尼西亚 Tujuh Bukit（资源量 875 万 t，品位 0.412%）和缅甸 Monywa（资源量 545 万 t，品位 0.38%）。亚洲 VMS 型铜矿床主要分布在土耳其安纳托利亚地区、哈萨克斯坦-俄罗斯南乌拉尔地区、哈萨克斯坦-中国阿尔泰地区、沙特希贾兹地区、中-缅-泰三江-湄公河地区、中国华南地区和印度尼西亚苏门答腊-爪哇地区（图 2-1-7）。

图 2-1-7　亚洲 VMS 型铜矿分布图

火山成因的块状硫化物矿床（VMS）是硫化物以层状形式形成的矿物聚集体。它主要赋存于海相火山地体中，在空间上、时间上和成因上与同时代的火山作用密切相关，为火山喷发成因。该类矿床主要由两部分组成，一是整合产出的块状硫化物透镜体（硫化物含量>60%），二是发育于底盘地层的不整合的脉状矿化，这些脉状矿化又可分为细脉带和网脉带（图 2-1-8）。下部的网脉带是热液流体上升的通道，它主要由脉状的硫化物组成。热液蚀变围绕网脉带呈筒状，从内到外，逐渐由绿泥石化带变化到绢云母化带，薄层的层状喷气岩围绕硫化物带边缘分布。喷气岩主要由黄铁矿、赤铁矿及硅质矿物组成，它们主要是由富含金属的热液流体在海底喷发而形成，与形成于现代扩张洋中脊的“黑烟囱”成因类似。这些矿床具有高品位、低吨位的特点，是世界上 Cu、Zn、Pb、Au 和 Ag 等矿产资源的主要来源。脉石矿物主要由石英、绿泥石、重晶石、石膏和碳酸盐矿物组成。

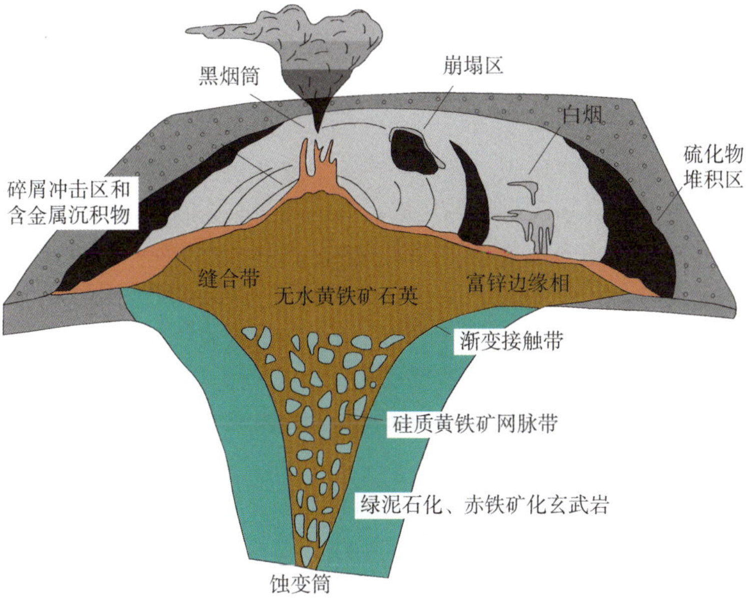

图 2-1-8　VMS 型铜矿床剖面示意图

（据 Hannington et al.，1996）

火山成因块状硫化物矿床主要形成于伸展和裂谷期间的碰撞环境（洋-洋或者洋-陆汇聚），包括年龄从 3.4Ga 前到现代海底扩张过程中和洋弧地体中正在形成的矿床，在现代火山活动的浅部海底和湖泊环境中也可以发现 VMS-浅成低温过渡类型矿床。在裂谷期间，由于地壳的拆沉、减薄，热的软流圈地幔物质上涌，软流圈侵入到基底地壳，造成双峰式幔源的铁镁质和地壳来源的长英质火山作用的发生。

4. 矽卡岩型铜矿床

矽卡岩型铜矿床占亚洲铜矿床总数量的 12%，资源量占比 2%，88% 为中小型矿床，平均单个矿床资源量仅为 24 万 t，主要产于大陆边缘和岛弧环境的活动带，分布于环太平洋成矿域，包括中国华南和东部沿海地区，与中生代—新生代花岗岩类岩体或者古生代中酸性侵入岩体有关；其次分布在古亚洲成矿域的乌拉尔-蒙古成矿带，包括哈萨克斯坦巴尔喀什地区、阿尔泰地区、俄罗斯得耳布尔地区及特提斯成矿域的三江-湄公河地区。

（1）成矿特征

矽卡岩型铜矿是指在中酸性-中基性侵入岩类与碳酸盐岩（或其他钙镁质岩石）的接触带上或其附近，由含矿气水溶液进行交代作用而形成的铜矿床。该类型矿床一般产在与大洋和（或）大陆消减带相关的大陆边缘和岛弧带中，成矿具有明显的多期次、多阶段性，其典型成矿演化模式为变质作用-进化交代作用-退化交代作用-硫化物沉积。

A. 赋矿围岩特征

大部分矽卡岩型铜矿与I型、磁铁矿系列、钙碱性和斑岩型的深成岩体相关，很多矿床都具有相同成因的火山岩石，而且其网状脉、脆性裂隙、角砾岩化、强烈的热液蚀变等特征指示了一种相对较浅成的环境。中酸性岩浆岩对于形成大型矽卡岩铜矿最为有利，其岩性主要为钙碱系列的花岗岩-斜长花岗闪长岩-花岗闪长岩-石英闪长岩-闪长岩。岩浆作用具有多期次活动的特点，常组成复式岩体。

B. 构造特征

在矽卡岩型铜矿区，发育断裂、裂隙、网脉、角砾和可渗透的岩层，构成成矿流体运移通道是不可缺少的。矽卡岩型铜矿的形成，与区域和矿区的构造发育程度有关。矽卡岩型铜矿床的控矿构造主要有基底断裂和盖层构造，它们是矿床形成和富集的主要控制因素，含矿岩体和矿田常分布于盖层构造与基底断裂的交汇部位。当断裂与含矿岩浆连通时，将起到导岩、导矿的作用。断裂的长期活动，在多组盖层断裂结点及其与背斜轴挠曲部等褶皱构造的复合部位，加上合适盖层的遮挡，有利于形成容矿构造。导岩与导矿构造、布岩与布矿构造、容矿构造的有利组合和同生断裂的发育，是形成区域性成矿构造的有利条件。

容矿构造可分为圈闭构造（包括褶皱、网状断层、捕虏体等）、热动（塑性）构造、岩体接触带、断裂、裂隙带、层间构造等，矿体的位置和产状通常受到多种构造的共同影响。

C. 矿体产状特征

该类型矿床形式多样，有的矿体形状为板状透镜体，有的则是垂直岩管，其不规则的矿石带受侵入接触面控制。大型的矽卡岩铜矿通常与斑岩型铜矿伴生，且这种与斑岩铜矿侵入体矿化相关的矽卡岩型铜矿床常常具有规模较大、品位较低的特点。侵入体和周围的围岩中都存在矿化现象，矿化形式为网脉状和浸染状。这类矿床的主要矿物是黄铜矿，也含有斑铜矿和黝铜矿。总体上，矽卡岩铜矿以规模较小、品位富为特征。全球矽卡岩型铜矿平均品位为Cu 1%~2%，矿床规模多为中小型，也有大型，伴生Fe、Pb、Zn、W、Sn、Au、Ag及REE，具有重要的综合开采利用价值。

D. 蚀变与矿化分带特征

矽卡岩型铜矿床外接触带的蚀变通常以矽卡岩化、角岩化为主，而内接触带主要为岩体的绢云母化、硅化、绿泥石化等。矿化体主要以似层状、透镜状、囊状产于外接触带中，在远离接触带的矽卡岩化灰岩、角岩化粉砂岩中还可见脉状矿化，而内接触带的矿化主要为细脉状、浸染状矿化。

矽卡岩化可分为早期矽卡岩化和晚期退化蚀变岩化。早期矽卡岩化主要为铁-钙铝石榴子石矽卡岩，含少量透辉石、钙铁辉石、磁铁矿等，同时还有少量铜矿物的沉淀。表明形成矽卡岩的热流携带有金属成矿物质。晚期退化蚀变岩化主要是透闪石-阳起石、绿泥石、绿帘石、石英、方解石交代石榴子石矽卡岩，并伴随着硫化物的沉淀，通常为矽卡岩型铜矿形成的主要阶段。在晚期退化变质作用中，绿泥石、绿帘石通常沿石榴子石中心、环带或边缘进行交代，以及在石榴子石微裂隙中充填绿帘石和孔雀石。

矽卡岩型矿床一般是在含矿气液与围岩的接触交代作用下形成的。由含矿气液中各组分活动性不同、扩散能力强弱不一，在接触交代作用进行的过程中，活动性越大的越易随气液面进行，而达到反应带的边缘，惰性组分也参与反应，但多滞留在原地附近或迁移不远，因而形成矿化蚀变分带现象。这种蚀变分带，在深成岩体附近产出块状石榴子石矽卡岩，且随着远离接触带辉石含量增加，最后以大理石接触带出现符山石和（或）硅灰石为结束标志。

（2）找矿标志

A. 构造与地层找矿标志

a）成矿环境与斑岩型铜矿接近，一般产在与大洋和（或）大陆消减带相关的大陆边缘和岛弧带中。地台坳陷带和增生褶皱带有碳酸盐岩分布的地区，是矿床产出的有利区域，区域褶皱、断裂发育是其重要的区域构造标志。

b）深断裂与深断裂或深断裂与盖层断裂交叉部位及其附近，是矿田展布的有利部位。

c）古生代—早中生代地层是重要的成矿与赋矿场所。

d）岩浆流动前缘的凹陷部位（围岩凸出的部位）形成富矿。

e）岩层界面与侵入体交切的部位和多次断裂活动与接触带相复合的部位，是矿体重要的产出部位。

B. 岩石学找矿标志

a）与矽卡岩铜矿有关的侵入体主要为中生代—新生代及少量古生代的中酸性岩体。化学成分与同等酸度的同类岩浆岩相比较，K、Na 总量偏高，Mg、Fe、Ca 含量偏低，岩体含铜量高。

b）燕山期岩浆活动是中国矽卡岩型铜矿成矿的关键性因素，往往具有多期次、多阶段性，容矿的岩体一般为分异程度较高的复式岩体。

C. 围岩及其蚀变找矿标志

a）围岩主要为白云质、泥质或碳质灰岩等，发育膏盐层和高硫层对成矿更为有利。

b）区域围岩多有蚀变，外接触带蚀变以矽卡岩化、角岩化为主，内接触带主要为绢云母化、硅化、绿泥石化等，有的存在铁帽。

c）含矿矽卡岩多为复合矽卡岩，包括（进化）蚀变矽卡岩与退化蚀变矽卡岩。

d）从矽卡岩内带至外带，可能存在石榴子石-辉石-符山石、硅灰石的矿化蚀变分带特征。而且石榴子石可能存在着颜色分带，从毗邻深成岩体的深红褐色到远端的绿色、黄色变化。硫化物矿物及金属比例相对于成因岩体可能也存在着系统的分带特征。一般来说，黄铁矿和黄铜矿在深成岩体附近最多，且随着远离岩体黄铜矿含量增加，最后在大理石接触带的硅灰石带出现斑铜矿（图 2-1-9）。在含钙镁橄榄石的矽卡岩铜矿中，主要矿物是斑铜矿-黄铜矿，而不是黄铁矿-黄铜矿。

D. “多位一体”成矿分带组合

矽卡岩型与斑岩型、沉积岩容矿的块状硫化物型、火山岩中的脉型可能复合出现。例如，矽卡岩矿床通常与斑岩铜矿在成因类型上相同或相似，且有着密切的时空分布联系。岩体内部主要为斑岩型矿化，接触带及其附近为矽卡岩型矿化。通常发育矽卡岩带，距接触带较远的外围出现热液脉型矿化，构成完整的斑岩-矽卡岩铜-钼（钨）-金等多金属成

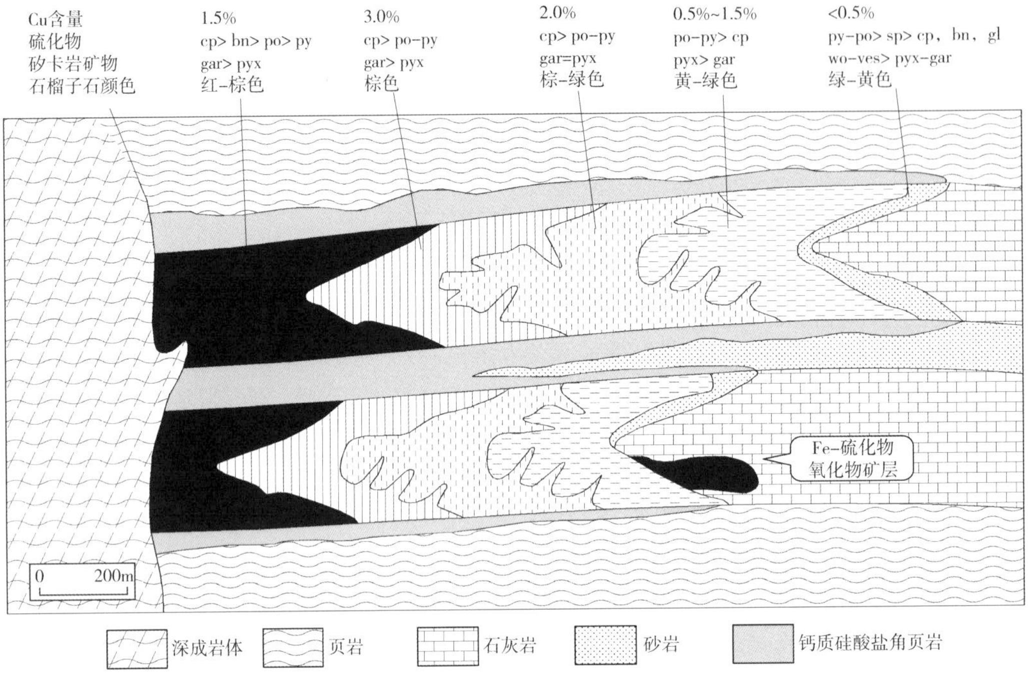

图 2-1-9　矽卡岩铜矿矿化蚀变分带标志组合

（据 Meinert，1993，有修改）

cp—黄铜矿；bn—斑铜矿；po—磁黄铁矿；py—黄铁矿；sp—闪锌矿；gl—方铅矿；
gar—石榴子石；pyx—辉石；wo—硅灰石；ves—符山石

矿体系。空间上，脉状铜矿化位于地势较高处，矽卡岩矿化位于中下部，斑岩型矿化则位于平缓低洼处，从而构成鲜明的矿化垂直分带。这种特征在长江中下游成矿带表现为“多位一体”成矿分带组合，其中以“三位一体”最为典型，即 3 种成矿分带类型共存于 1 个矿床之中。

E. 地球物理找矿标志

a）沿接触带常有磁、电异常。

b）常有重力梯度带异常或重力异常、激电异常。

c）具有遥感环形影像特征，环形构造是识别岩体和矿田的重要标志。可能会有隐伏岩基环、热变质晕、蚀变矿化晕、岩浆柱环、矿化环等，可根据环的形状、规模大小、垂向起伏、色调结构等特征，以及分布的成群性和环群的排列形式，来识别和区分与矿化有关的各种因素。

F. 地球化学找矿标志

a）矽卡岩型铜矿床通常存在着明显的化探异常浓度分带，成矿元素异常值高且分布范围较大。沿接触带常分布有 Cu、Au、Ag、Mo 等元素次生晕异常。铜矿物、金作为主要的重砂矿物，是成矿异常的重要指示标志。

b）矿区的矿石原生晕分带特征明显，且不同矿石类型具有不同的特征元素组合及指示元素（表 2-1-4）。表 2-1-4 中的标型元素组合可作为预测相应隐伏或盲矿体的矿化类型。

表 2-1-4　矽卡岩型铜矿不同矿石类型的特征元素组合与指示元素

矿石类型	特征元素组合	分带异常	指示元素组合	重要指示元素	标型元素组合
铜-铁型（黄铜矿-磁铁矿型）	Cu、Ag、Bi、Zn、W、Mo、As、Co、Pb、Mn	前缘	Cu、Ag、Zn、As、W、Hg 中外带异常	Cu、Ag、Zn、Pb、w、Mo、As、Co、Hg	Cu、Ag、Zn
		中部	Cu、Ag、Mo、Zn、As、W 中内带异常		
		尾部	Cu、Mo、Ag、Pb 中外带异常		
铜型（辉铜矿-斑铜矿型）	Cu、Ag、Bi、As、Zn、Mo、Sn、Hg、W	前缘	Cu、Ag、Bi、As、Zn、Sn、Hg 组合异常	Cu、Ag、Bi、As、Zn、w、Sn、Mo	Cu、Ag、Bi
		中部	Cu、Ag、Bi、As、Zn、Mo、Sn、Hg 组合异常		
		尾部	Cu、Ag、Bi、Mo 组合异常中部		
铜-钨矿（含铜黄铁矿-白钨矿型）	Cu、Ag、Zn、Pb、W、Mo、As、Co、Cu、Ag、Zn	前缘	Cu、Ag、Bi、Mo 组合异常	Cu、Ag、W、Mo、Co、Hg	Cu、Ag、Mo、W
		中部	Cu、Ag、W、As 内带和 Mo 外带异常		
		尾部	Cu、Ag、W 外带和 As、Mo 中带异常		

（据李惠等，1986）

c）矽卡岩铜矿含矿岩体中多富集 Fe、Cu、W、Mo，且与碱值（Na_2O+K_2O）有密切关系。一般情况下，当碱值大于 9%时，产出单一的铁矿床；碱值为 8.8%～7.6%时，产出铁-铜矿；碱值为 7.6%～7.16%时，产出铜-铝矿床；碱值小于 7.16%时，则产出钨-铜-铝矿床。随着碱值的降低，依次出现铁→铁、铜→铜、铝→钨、铜、钼矿床。随着岩体碱值呈规律性的变化，成矿元素的富集也表现出明显的分区分带性。

5. 喷流沉积型（SEDEX）型铜矿床

喷流沉积型（SEDEX）铜矿床占亚洲铜矿床总数量的 7.1%，总资源量的 3.6%，平均品位为 1.96%，单个矿床平均资源量为 65 万 t，主要分布在俄罗斯（乌拉尔地区）、日本（Hokuroku）和中国白银厂等地区。矿床成因与火山-沉积作用或火山喷流作用有关，主要产于太古宙和古生代以来各个地质时期的地槽褶皱带中。矿床规模多为中小型，多数在 300 万 t 以下，矿石品位高，一般含铜量在 2% 以上，共伴生矿产多为铅、锌、金、银和硫等，综合利用经济价值高。

SEDEX 矿床的内部格架主要受流体卸载口附近的海底硫化物所控制。临近喷气口的矿床主要是由热液流体的浮力形成的，而远离喷气口的矿床则是由于流体比凹陷盆地中海水重，导致在远离喷气口的海底沉淀。最后，临近喷气口的矿床以带状为特征，这是热液流体与喷气口上方的层状硫化物反应的结果。

临近喷气口的矿床可以分为 4 个相：①层状硫化物；②喷气口混杂物；③硫化物细脉带；④远端热液蚀变沉积物。靠近流体上升的中心往往是细脉带，层状硫化物以充填、脉状和被高温硫化物交代为特征，而远端的热液沉积物可能代表了喷出的散落物。这些物质由于海底海水的流动及重新活动的硫化物丘的交替碎屑流体而分散。远端的矿床的分带性不是很明显，与盆地的形貌呈层状整合关系。

不管是近端矿床，还是远端矿床，层状相主要由硫化物、热液产物和一些非热液的碎屑、化学和生物沉积岩组成。在许多矿床中，黄铁矿或磁黄铁矿是主要的硫化物。

在层状矿体的边缘相，通常称为“远端相”，主要由没有经济价值的层状热液产物组成。远端相包括流纹状的黄铁矿、磁黄铁矿和铁、锰、钙碳酸盐矿物，以及氧化铁、重晶石和硫酸盐等。

喷气口混合物是不均匀的，一般由块状、交代残片，以及不规则的脉体和浸染状的硫化物、碳酸盐矿物、硅质（主要是石英）组成。矿物组合有黄铁矿、磁黄铁矿、方铅矿、闪锌矿、铁碳酸盐矿物、电气石和少量的白云母、绿泥石、黄铜矿、毒砂、硫酸盐矿物组成。

6. 铜镍硫化物型矿床

铜镍硫化物矿床是指与镁铁质-超镁铁质岩浆成矿作用有关的以硫化物为主的铜矿床，是赋存 Cu、Ni 及铂族元素的重要矿床类型（汤中立等，2006）。铜镍硫化物矿床分布较局限，主要集中分布在古老地块（地台和地盾区）、中生代坳陷区和古生代地槽褶皱带。岩浆侵入岩体受旁侧的深大断裂控制，与分异良好的镁铁质（Mg/Fe 值 5~7）基性岩体有关。含矿岩体常呈岩床、岩盆状产出。矿体赋存于岩体底部的苏长岩、橄榄岩或辉橄岩岩相带内，矿体形态、产状受岩体的形态、产状控制。铜镍硫化物型矿床主要矿产为镍和铜，矿床规模不等，其中巨型矿床中共生铜的储量可达 500 万~1000 万 t，矿体多埋藏较深，矿石品位高（一般含 Cu 量为 1%左右），主要金属矿物是黄铜矿、黄铁矿、磁黄铁矿等，矿石为块状或浸染状构造。共伴生矿产多（镍、钴、铂族、金、银和锗等），综合利用经济价值高。

世界级超大型铜镍硫化物矿床的形成时代都比较早，主要形成于新太古代（澳大利亚的卡姆巴尔达（Kambalda）成矿年龄为（2705±4）Ma）、古元古代（南非的布什维尔德（Bushveld）成矿年龄为 2050Ma，加拿大的肖德贝里（Sudbury）成矿年龄为（1850±1）Ma）和中元古代（加拿大的沃伊塞湾（Voisey's Bay）成矿年龄为（1333±1）Ma）。而亚洲的铜镍硫化物矿床形成时代普遍较晚（表 2-1-5），世界上最年轻的俄罗斯诺里尔克斯-通古斯加（Noril'sk-Talnakh）超大型矿，形成于（251±0.3）Ma。这些成矿事件是由大规模的地幔柱活动所引起的初始地壳生长，原始科马提质和拉斑玄武质岩浆的发展演化，以及与同源溢流玄武岩有关的矿化镁铁质±超镁铁质侵入岩形成所导致。中国的岩浆型 Ni-Cu-PGE 硫化物矿床的成矿时代集中在元古宙（如：金川、宝坛和煎茶岭）和二叠纪（如：喀拉通克矿床、黄山东矿床、白马寨矿床等）。其构造环境多样，缺乏大型的层状侵入体矿床，多为含矿小岩体矿床。

表 2-1-5　亚洲铜镍硫化物矿床特征一览表

时代	构造环境	与矿床有关的岩石类型	矿床实例及年龄	岩浆系列
显生宙	大陆内部裂谷	溢流玄武岩侵入体	Noril'sk（俄罗斯），246Ma（Re-Os）	拉斑玄武岩
			白马寨，258Ma	拉斑玄武岩
	活动造山带	铁质中性-基性侵入体	喀拉通克，287Ma（锆石 SHRIMP）	钙碱性玄武岩
		铁质超基性侵入体	红旗岭，216Ma（锆石 SHRIMP）	拉斑玄武岩
		铁质基性-超基性侵入体	黄山东，282Ma（Re-Os）	拉斑玄武岩
			香山，286Ma（单颗粒锆石 U-Pb）	拉斑玄武岩
元古宙	大陆边缘裂谷	镁质超基性侵入体	煎茶岭，878Ma（Re-Os）	拉斑玄武岩
		镁铁质基性岩	宝坛，982Ma（Re-Os）	科马提岩浆
		铁质超基性侵入体	金川，1.5Ga（Sm-Nd 法）；1408Ma（Re-Os）；827Ma（SHRIMP）	苦橄质拉斑玄武岩
		铁质基性-超基性侵入体	Pechenga（俄罗斯），1.9Ga	铁质苦橄岩

（二）主要成矿带

本书在裴荣富院士等在 2007 年编制的全球大型超大型矿床成矿图的基础上，将亚洲划分为 5 个成矿域、10 个成矿省和 35 个铜矿成矿单元，具体见图 2-1-10。

1. 环太平洋成矿域

环太平洋成矿域是著名的斑岩型铜矿聚集区。

（1）Ⅰ-1. 楚科奇-鄂霍次克成矿省

楚科奇-鄂霍次克成矿省属于环太平洋成矿域的西环北段，其展布范围大致为俄罗斯勒拿河以东、鄂霍次克以北地区，主要构造单元有前里菲期的古老地块、中新生代褶皱区及现代构造活化带（梅燕雄等，2009）。该成矿省产出 2 个超大型斑岩型铜矿床，即 Oroyek（资源量 1100 万 t）和 Baimskaya（资源量 980 万 t，品位 0.4%），主要为金-铜-钼建造，出现在凹地与刚性地块交接部位的巨大断裂带中，并控制着鄂霍次克-楚科奇火山作用带边缘各种各样侵入体（花岗岩类）的分布。围岩属于晚侏罗世沉积岩（砾岩、砂岩、细砂岩），普遍遭受强烈的热液蚀变作用。金-铜-钼型矿床的矿化特征很复杂，是多阶段形成的，铜金矿化主要与晚阶段的辉钼矿-石英、黄铜矿-石英和辉铋锑矿-石英共生组合有关。矿床脉体的形成温度变化范围大（50~650℃），压力变化范围也非常大（2~100MPa），溶液的盐度也不稳定（鲍庆中等，2015）。

（2）Ⅰ-2. 东亚成矿省

东亚成矿省属于环太平洋成矿域的西环中段，其展布范围包括西太平洋地区的日本、中国台湾、菲律宾群岛、加里曼丹岛及中国华南南部地区，主要构造单元有西太平洋岛弧链、中国东南沿海陆缘火山-深成岩带及华南褶皱系（梅燕雄等，2009）。

1）Ⅰ-2-2. 菲律宾-苏拉威西弧铜矿带。位于欧亚板块、太平洋板块和印度-澳大利亚板块三大板块结合点的正北面，为火山岛弧地区，矿床形成于地壳或洋壳之上，地壳厚度较薄，绝大部分铜矿床产在俯冲板块的上盘，与岩浆弧共生，成矿带平行于岛弧展

亚洲铜矿成矿单元划分

成矿域	成矿省	成矿带
Ⅰ.环太平洋成矿域	Ⅰ-1.楚科奇-鄂霍次克成矿省	
	Ⅰ-2.东亚成矿省	Ⅰ-2-1.中国华南铜矿带
		Ⅰ-2-2.菲律宾-苏拉威西弧铜矿带
		Ⅰ-2-3.印度尼西亚新几内亚岛中央山脉铜矿带
Ⅱ.特提斯成矿域	Ⅱ-1.西亚成矿省	Ⅱ-1-1.伊朗中部Sahand-Bazman斑岩型铜矿带
		Ⅱ-1-2.土耳其北部Pontides斑岩型铜矿带
		Ⅱ-1-3.土耳其中部Pnatolides斑岩型铜矿带
		Ⅱ-1-4.巴基斯坦Chagai斑岩型铜矿带
		Ⅱ-1-5.阿富汗Kabul砂岩型铜矿带
	Ⅱ-2.喜马拉雅成矿省	Ⅱ-2-1.中国班公湖铜矿带
		Ⅱ-2-2.中国冈底斯斑岩铜矿带
		Ⅱ-2-3.中国玉龙斑岩铜矿带
		Ⅱ-2-4.中国中甸铜矿带
	Ⅱ-3.中南半岛成太省	Ⅱ-3-1.缅甸西部中央火山弧铜矿带
		Ⅱ-3-2.老挝泰国思茅-大叻斑岩铜矿带
		Ⅱ-3-3.老挝长山铜矿带
		Ⅱ-3-4.印度尼西亚苏门答腊-爪哇斑岩型铜矿带
Ⅲ.劳亚成矿域	Ⅲ-1.乌拉尔-蒙古成矿省	Ⅲ-1-1.俄-哈乌拉尔铜矿带
		Ⅲ-1-2.哈萨克斯坦杰兹卡兹甘铜矿带
		Ⅲ-1-3.哈萨克斯坦巴尔喀什铜矿带
		Ⅲ-1-4.哈-吉-中中天山铜矿带
		Ⅲ-1-5.中-哈北天山铜矿带
		Ⅲ-1-6.中国中南天山铜矿带
		Ⅲ-1-7.中-哈-蒙阿尔泰铜矿带
		Ⅲ-1-8.蒙古-中国南戈壁东乌旗铜矿带
		Ⅲ-1-9.蒙古外贝加尔铜矿带
		Ⅲ-1-10.中-蒙-俄得耳布尔铜矿带
		Ⅲ-1-11.中国多宝山-大兴安岭铜矿带
		Ⅲ-1-12.中国昆仑-大别铜矿带
	Ⅲ-2.西伯利亚成矿省	Ⅲ-2-1.俄罗斯诺里尔斯克成矿带
		Ⅲ-2-2.俄罗斯乌多坎铜矿带
		Ⅲ-2-3.俄罗斯佩琴加成矿带
	Ⅲ-3.中朝成矿省	Ⅲ-3-1.中国华北陆块铜矿带
		Ⅲ-3-2.中国扬子陆块铜矿带
Ⅳ.冈瓦纳成矿域	Ⅳ-1.印度铜成矿省	Ⅳ-1-1.印度阿拉瓦利-德里褶皱铜矿带
		Ⅳ-1-2.印度巴斯塔克克拉通铜矿带
Ⅴ.阿拉伯成矿域	Ⅴ-1.阿拉伯-也门希贾兹成矿省	

图 2-1-10　亚洲铜矿成矿带分布图

（据裴荣富等，2007，有修改）

布。矿床以斑岩型 Cu-Au-Mo 矿为主，矿体赋存于闪长质-石英闪长质和花岗闪长质岩株和岩基中，与浅成低温热液金矿伴生。该区产出了亚洲第六大铜矿床——Tampakan 斑岩型铜金钼矿床（资源量 1525 万 t，品位 0.52%）。由于板块形成的撕裂带影响，形成了北西向切割造山带的正断层为特征的断裂系统，这是控制含矿斑岩浅成侵位和矿床空间分布的重要构造系统，特别是大型线性构造或线性构造的交汇部位，是沟通浅表与深部的高渗流带和含矿斑岩岩浆上升侵位的重要通道，与板块俯冲形成的撕裂构造窗相联结，更趋于形成大型斑岩铜矿。成矿时代为白垩世—更新世，主要集中在中新世—上新世。其中宿务为白垩纪，新维斯盖亚省和内格罗斯岛东南为渐新世，吕宋岛中央山脉（中科迪勒拉山）地区为晚中新世—上新世。

2）Ⅰ-2-3. 印度尼西亚新几内亚岛中央山脉铜矿带。位于新几内亚岛伊里安查亚中部的查亚维查亚山脉（Jayawijaya）地区，产出了世界级、亚洲第二大铜矿格拉斯贝格（Grasberg）斑岩型铜矿床。该地区主要产出斑岩型与矽卡岩型矿床，格拉斯贝格铜金矿床矿体赋存于格拉斯贝格火成混杂岩体内，矿化面积非常大，岩体深部增储潜力巨大。格拉斯贝格杂岩体形成时代为上新世，尽管其形成过程中包含几个侵入和蚀变旋回，但每个旋回持续的时间非常短，表明其并非长期的热液活动所形成。

2. 特提斯成矿域

（1）Ⅱ-1. 西亚成矿省

西亚成矿省位于特提斯成矿域的中段，东与喜马拉雅成矿省相接，西与地中海成矿带相接，北与欧洲成矿省、乌拉尔-蒙古成矿省为邻，南与非洲-阿拉伯成矿区、印度成矿省为邻。其展布的主体范围为伊朗高原。

1）Ⅱ-1-1. 伊朗中部 Sahand-Bazman 斑岩型铜矿带。位于伊朗中部地块西缘，赋存在新生代 Sahand-Bazman 火山岩浆带中。古新世以来该带普遍发育始新世、中新世、第四纪三期岩浆活动，与成矿有关的是中新世碰撞环境的埃达克质高 K 花岗闪长斑岩。含矿岩体空间上与区域走滑断裂密切共生。Sahand-Bazman 斑岩铜矿带与 Zagros 构造带平行，从土耳其东部北西向延伸到伊朗南部，长约 1700km，包括两个超大型（萨尔切什梅 Sar Cheshmeh、松贡 Sungun）、一个中型（Meiduk）以及众多小型铜矿床，成矿年龄从北西（如松贡，20Ma）地区向南东地区（如萨尔切什梅，12.2Ma）逐渐变小（张洪瑞等，2009）。

2）Ⅱ-1-2. 土耳其北部 Pontides 斑岩型铜矿带。位于土耳其北部 Pontides 造山带中，南部以 Izmir-Ankara-Erzincan 缝合带与 Anatolides 造山带相隔，西接 Balkanic 造山带，东连高加索（Caucasus）造山带。Pontides 造山带在中生代一直位于活动大陆边缘，广泛分布与弧相关的火山岩浆岩。斑岩铜矿即产于这条火山岩浆带中，矿床类型为斑岩铜钼矿，其西部 Rhodope-Strandja 区伴生 W，东部 Sakarya 区伴生 Au。成矿时代为晚白垩世到古新世（张洪瑞等，2009）。斑岩铜矿带成矿年龄从西向东逐渐变小，主要矿床有 Derekoy、Gǖzelyayla、Salikvan 等。

3）Ⅱ-1-3. 土耳其中部 Anatolides 斑岩型铜矿带。位于土耳其中部，大地构造上夹持于欧亚大陆、阿拉伯板块和非洲板块之间。所含斑岩矿床数量不多，星点状散布、成矿时代变化较大，无法划分出带，多为含 Mo 高的斑岩金矿（张洪瑞等，2009）。典型矿床有 Kisladag、Copler 等。

4）Ⅱ-1-4. 巴基斯坦 Chagai 斑岩型铜矿带。位于伊朗-鲁特-阿富汗地块东南缘，被认为是伊朗 Sahand-Bazman 斑岩铜矿带的延伸；北东向延伸不连续出露直至被 Chaman 走滑断层截断。成矿类型为斑岩铜金矿，含矿围岩为复杂杂岩体，矿体赋存在花岗闪长斑岩、石英闪长斑岩中，主要矿床有赛因德格（Saindak）、雷科迪克（RekoDiq）、Koh-i-Dalil、Dasht-e-Kain 等（张洪瑞等，2009）。

5）Ⅱ-1-5. 阿富汗 Kabul 砂岩型铜矿带。横跨于印度-巴基斯坦板块和古亚洲板块碰撞带，中—新元古代，古特提斯洋打开，至今一直接受扩张沉积，与全球大多数砂页岩型铜矿带（矿集区）一样经历海相沉积成矿全盛期；晚古生代以来，冈瓦纳古陆裂解，断块连续增生，拼贴到劳亚古陆活动边缘，形成区域构造基本格架；新近纪—第四纪喜马拉雅造山运动使区域地质构造由陆内环境转向汇聚造山环境。因此，该区地质构造属于陆块拼贴并且被多条断裂带分隔形成的集合体，这为不同成矿作用形成沉积岩型、矽卡岩型、斑岩型和脉岩型等不同类型铜矿床创造了有利条件。该区产出了亚洲最大的待开发的铜矿 Aynak 砂页岩型铜矿床，矿体赋存于绿片岩相变质的文德系下部洛伊赫瓦尔组白云质大理岩和石英-黑云母-白云质片岩中，属于典型的地台式陆相沉积矿床（高辉等，2012）。

（2）Ⅱ-2. 喜马拉雅成矿省

喜马拉雅成矿省位于特提斯成矿域的东段，西与西亚成矿带相接，北、东、南分别与乌拉尔-蒙古成矿省、中朝成矿省、印度成矿省、中南半岛成矿省为邻。其构造背景为喜马拉雅造山带。

1）Ⅱ-2-1. 中国班公湖铜矿带。位于班公湖-怒江缝合带北侧的多不杂构造岩浆弧中，已发现尕尔穷和多不杂 2 处斑岩矿床。尕尔穷矿区主要由斑岩与围岩接触带上的矽卡岩型铜矿体构成，为斑岩-矽卡岩型矿床（曲晓明等，2006）；多不杂矿区铜资源量超过 200 万 t，伴生金，为大型斑岩型铜金矿床；含矿斑岩为白垩纪中期侵位的石英闪长玢岩、花岗闪长斑岩，呈岩株状产出（曲晓明等，2006；李光明等，2007）。

2）Ⅱ-2-2. 中国冈底斯斑岩型铜矿带。产于雅鲁藏布江缝合带北侧、拉萨地块南缘的冈底斯构造-岩浆带中。西起尼木县冲江，东至工布江达县吹败子，东西长约 400km，南北宽约 50km，已发现 1 处超大型斑岩铜矿床（驱龙），3 处大型斑岩铜矿床（厅宫、冲江、甲玛），4 处中-小型铜矿（白荣、南木、拉抗额、帮浦）及一系列矿点和矿化点（侯增谦等，2001）。这些矿床和矿点整体上东西成带，南北成串，含矿斑岩规模一般小于 $1km^2$，零星孤立分布，侵位于古新世—渐新世末同碰撞花岗岩基中。岩性主要为二长花岗斑岩、石英二长斑岩，少数为花岗闪长斑岩、花岗斑岩等，属钾玄岩至高钾钙碱性岩系。

3）Ⅱ-2-3. 中国玉龙斑岩型铜矿带。总体上处于昌都-思茅陆块上，夹持于金沙江缝合带和澜沧江缝合带之间，北起青海南部，经藏东江达-芒康，南延至滇南哈播，长超过 300km，宽 15~30km，由 20 多个斑岩体组成。含矿岩体浅成侵位（1.5~3km）于三叠纪地层中，属于高钾的钙碱质、钾玄质系列，岩石类型为花岗斑岩-二长花岗斑岩-二长斑岩和少量正长斑岩。岩体就位受古新世以来印度与欧亚大陆碰撞形成的北北西向大规模走滑断裂的控制，成矿作用发生在晚碰撞期构造转化环境之压扭/张扭转换阶段（侯增谦等，2006）。

4）Ⅱ-2-4. 中国中甸铜矿带。位于云南西北部，赋存于义敦岛弧带南部的中甸弧内，为晚三叠世甘孜-理塘洋向西俯冲形成（侯增谦等，2004）。含矿岩体为印支期浅成-超浅成相侵入体，岩石组合为闪长玢岩-石英闪长玢岩-二长斑岩-石英二长斑岩-花岗斑岩，呈小岩株、岩瘤、岩墙状成群、成带产出。

（3）Ⅱ-3. 中南半岛成矿省

中南半岛成矿省位于特提斯成矿域的东南段，在大地构造上属东南亚古陆，后者是冈瓦纳大陆分离北移部分，在古生代末及中生代初与欧亚大陆碰撞嵌接在一起并遭受中新生代构造-岩浆作用的叠加改造。

1）Ⅱ-3-1. 缅甸西部中央火山弧铜矿带。位于缅甸西部的中央火山弧带内，呈近南北向延伸，构造上位于西缅地块内。铜矿床主要分布在曼德勒西部和北部，矿床类型有VMS型和斑岩型，产出了Monywa超大型VMS型铜矿床（资源量545万t，品位0.38%）。

2）Ⅱ-3-2. 老挝泰国思茅-大叻斑岩型铜矿带。从老挝的琅勃拉邦，经泰国的彭世洛盆地，向东延伸至柬埔寨东部和越南南部，在大地构造上处于冈瓦纳与欧亚两大构造域的过渡地带，古特提斯洋于晚二叠世闭合之后，又经历了中、新特提斯的构造演化，形成“岛-弧”构造格局，发育中新生代红层盆地。在盆地坳陷区发育砂岩型铜矿床，走滑拉断裂带发育形成脉状铜矿床（郭林楠等，2022）。

3）Ⅱ-3-3. 老挝长山铜矿带。位于马江断裂带与三岐-福山断裂带之间的长山褶皱带内，呈北西—南东向延伸，位于特提斯构造成矿域东南段，发育大量古特提斯旋回岩浆岩和铜-金-铁-锡等多金属矿床，该区经历了晚石炭世—中二叠世（317~264Ma）哀牢山-马江洋的俯冲、中二叠世—晚三叠世（263~235Ma）华南地体与印支地体的碰撞以及晚三叠世（234~202Ma）碰撞后伸展等构造演化过程，形成了俯冲期斑岩-矽卡岩型Fe-Cu-Au和浅成低温热液型Cu-Au-Ag（305~279Ma）矿床（王天瑞等，2022）。

4）Ⅱ-3-4. 印度尼西亚苏门答腊-爪哇斑岩型铜矿带。呈向南凸的弧形从苏门答腊岛的班达亚齐，向东经过爪哇岛，断续延伸至东帝汶岛东部地区，属于欧亚板块与印度-澳大利亚板块过渡带——喜马拉雅期铜（金）成矿区的苏门答腊-爪哇铜、金成矿带，铜矿床类型主要为斑岩型铜（钼、金）矿床、矽卡岩型铜（铅、锌）矿床。该区矿化主要发育在新生代石英闪长（斑）岩、英安斑岩岩株中，岩株规模不大，侵入由闪长岩、石英闪长岩、花岗岩组成的深成杂岩体中（胡鹏等，2020）。矿化作用与苏门答腊岛弧新生代中酸性次火山岩系关系密切，北西向苏门答腊断裂及其次级断裂起到控岩控矿的作用，该区产出了3个超大型斑岩型铜（金）矿床，即Onto（资源量1500万t，品位0.89%）、Tujuh Bukit（资源量875万t，品位0.412%）、Elang-Dodo（资源量587万t，品位0.32%）。

3. 劳亚成矿域

（1）Ⅲ-1. 乌拉尔-蒙古成矿省

乌拉尔-蒙古成矿省位于劳亚成矿域中东部，东北主要与西伯利亚成矿省相接，西、南分别与欧洲成矿省、中朝成矿省、西亚成矿省、喜马拉雅成矿省为邻。该成矿带地处欧亚大陆腹地，在大地构造上主要由乌拉尔造山带和天山-兴蒙造山带等组成（梅燕雄等，2009）。

1）Ⅲ-1-1. 俄-哈乌拉尔铜矿带。从北部的喀拉海拜达尔山口到南部的北咸海沿岸，沿乌拉尔山脉南北向展布主，联结了欧洲和亚洲板块，构造背景主要是显生宙造山带，主要成矿时代以中生代和古生代为主，其次是新生代及元古宙，分布中小型沉积型和斑岩型铜矿床（周永恒等，2017）。

2）Ⅲ-1-2. 哈萨克斯坦杰兹卡兹甘铜矿带。位于东哈萨克斯坦格架状构造体系的西部，它北部与田吉兹区相接，西部与乌卢套为邻。该区为华力西期的准地台，成矿特性取决于华力西旋回，在西南部发现了哈萨克斯坦最大的杰兹卡兹甘砂页岩型铜矿床，矿体产于华力西旋回早期和中期的杂色沉积岩中（为大陆浅水盆地的充填产物），呈现细脉浸染状和条带状斑铜矿-辉铜矿-黄铜矿的层状和带状矿层，分两期成矿：第一阶段为顺层浸染矿化，与沉积作用的时代相同（早石炭世）；第二阶段为沉积作用后的交代和矿脉充填阶段（二叠纪末）（万维等，2007）。

3）Ⅲ-1-3. 哈萨克斯坦巴尔喀什铜矿带。位于巴尔喀什湖北缘，属于中哈萨克斯坦马蹄形构造带内缘被圈闭的石炭纪残余洋盆，区内出露的地层以石炭系、二叠系为主体，成矿作用受古生代末期分裂的古陆壳发生的多旋回性构造-岩浆改造（活化）影响，火山活动是明显的双峰式特征，石炭纪—二叠纪晚期岩浆发育，形成了与其有关的斑岩型、热液型、矽卡岩型矿床，是哈萨克斯坦最重要的斑岩型铜矿带（孟广路等，2013）。该区产出 2 个超大型斑岩型铜矿床；Aktogy（资源量 1110 万 t，品位 1.67%）和 Aidarly（资源量 581 万 t，品位 0.38%）。

4）Ⅲ-1-4. 哈-吉-乌中天山铜矿带。位于天山造山带，地处中亚造山带南部，夹持于北部西伯利亚板块和南部塔里木板块之间，具多旋回多样式复杂造山演化历史，是古生代陆缘增生-碰撞造山作用和新生代晚期陆内造山作用形成的，其近东西向延伸超过 2000km（王宗秀等，2017）。区内岩浆活动非常强烈，中元古代、新元古代、早古生代、晚古生代侵入岩体均有出露，该带已发现诸多大型-超大型铜矿床，含矿建造一般为晚石炭世与俯冲作用有关的中酸性斑岩体，成矿时代集中在 319~306Ma，成矿元素以铜为主，伴生金、含铂组等元素，如乌兹别克斯坦 Almalyk 斑岩型铜矿床（资源量 447 万 t，品位 0.346%），吉尔吉斯斯坦 Kuru Tegerek 斑岩型铜矿床（资源量 102 万 t，品位 0.59%），中国土屋-延东斑岩型铜矿床（资源量 502 万 t，品位 0.588%）（薛春纪等，2014；曹积飞等，2016）。

5）Ⅲ-1-7. 中-哈-蒙阿尔泰铜矿带。沿阿尔泰山脉分布，基底由元古宇捷列克塔组变质岩组成，该区经历新元古代和奥陶纪区域变形变质期、早—中泥盆世裂谷带及火山-沉积盆地期、晚泥盆世—早二叠世强烈挤压造山期及晚二叠世松弛拉张期的地质构造演化过程，主体构造呈北西向展布，区内岩浆活动强烈，岩浆岩以广泛的中酸性与超基性、基性岩浆侵入活动为特征。广泛分布泥盆纪火山-沉积岩系，主要发育中小型 VMS 型铜铅锌矿床和斑岩型铜矿床（卢琦园等，2018）。

6）Ⅲ-1-8. 蒙古-南戈壁-中国东乌旗铜矿带。其中，蒙古南戈壁铜矿带位于蒙古南部，大致呈东西向延伸，但在奥尤陶勒盖地区因受到北东走向的准巴彦（Zuunbayan）左旋走滑断层活动影响而发生明显位移，南戈壁成矿带在古生代时期，属西伯利亚东南缘陆缘增生带；中生代受到滨太平洋构造活动的强烈影响，处于古亚洲和滨太平洋两大构造域的叠加交汇部位。该成矿带发育在晚古生代泥盆纪—石炭纪火山-深成岩带上，以奥尤陶勒盖、查干苏布尔加（Tsagaan Suvarga）等为代表的斑岩型铜多金属矿床（点）与浅成斑岩的侵位密切相关（江思宏等，2019）。中国东乌旗成矿带位于蒙古南戈壁成矿带的东向延长线上，位于贺根山构造混杂岩带以北，此成矿带南界大致位于中国查干敖包-贺根山一线，北界位于蒙古赛音山达-额尔德尼查干一线，向东可延入中国东北，向西可进入中国新疆东准噶尔地区，长达数千千米，宽几十到近百千米，是中国北方和蒙古南部重要的成矿区带。目前东乌旗一带已知的铜矿床（点）和铜多金属异常达百余处，以斑岩型铜多金属矿床为主，晚古生代泥盆纪—石炭纪是成矿的高峰期之一；在该成矿带寻找泥盆纪—石炭纪与岩浆活动有关的铜钼金等金属矿产还有巨大潜力，矿产大多数都与晚古生代构造-岩浆活动有关，但目前为止仍未发现特大型矿床（齐程元等，2017）。

7）Ⅲ-1-9. 蒙古外贝加尔铜矿带。该区跨越蒙俄两国边界呈东北向延伸，在中生代构造岩浆活化隆起阶段形成，从南西向北东向依次发育3个隆起，即二叠纪—三叠纪的杭爱隆起、晚三叠世—侏罗纪的肯特隆起和晚侏罗世—白垩纪的外贝加尔隆起（江思宏等，2019）。著名的超大型Erdenet斑岩型铜矿床（资源量736万t，品位0.46%）产出于肯特隆起区，矿化位于受近东西向断裂带与北西向横向断裂带交切部位控制的鄂尔浑-色楞格坳陷的中部，区内地层为晚二叠世早期的火山-沉积建造，岩浆岩主要有二叠纪—三叠纪的辉长岩-正长岩组合和较晚期的花岗岩-花岗正长岩组合，岩浆作用晚期出现的浅成相和次火山相斜长花岗斑岩、花岗闪长斑岩、花岗斑岩、花岗正长斑岩的岩株和小侵入体为含矿岩体，其时代属三叠纪（秦增刚等，2014）。

8）Ⅲ-1-10. 中-蒙-俄得耳布尔铜矿带。位于华北克拉通与蒙古-鄂霍次克洋缝合带之间，呈北北东向展布，该区在晚古生代—中生代，经历了古亚洲洋及蒙古-鄂霍次克洋的闭合，发育以片岩为主的古元古代变质结晶基底之上广泛分布中生代火山岩及中-新生代沉积盆地（王颖等，2020）。该区主要产出矽卡岩型中小型铜矿床。

（2）Ⅲ-2. 西伯利亚成矿省

西伯利亚成矿省位于劳亚成矿域东北部，西、南与乌拉尔-蒙古成矿省相接，东与楚科奇-鄂霍次克成矿省为邻。其展布范围包括中西伯利亚高原及泰梅尔半岛，在大地构造上属于西伯利亚地块。

1）Ⅲ-2-1. 俄罗斯诺里尔斯克成矿带。位于西伯利亚地台的西北部，是俄罗斯最大的铜矿集中区，储量占全俄罗斯的三分之一。主要产出通镍硫化物型铜矿床，与塔尔那赫基性-超基性侵入体密切相关，该侵入体呈板片状，多顺层侵入，围岩为二叠纪或泥盆纪的陆源碳酸盐岩。侵入体从下到上依次为火山角砾岩、辉长岩、辉长-辉绿岩、含石英辉绿岩，无橄榄石的辉绿岩、苦橄岩、橄榄岩、接触蚀变带。矿体多形成于侵入体下部的接触带附近，呈板片状或透镜状。矿石主要呈浸染状，矿石矿物主要为磁黄铁矿、镍黄铁矿和黄铜矿（周永恒等，2018）。该区最著名的矿床是世界级的十月矿床和塔尔纳赫矿床，此外还产出了大型矿床诺里尔斯克1号、中型矿床马斯洛夫（Масловское）和小型矿床切尔诺戈尔（Черногорское）。

2）Ⅲ-2-2 俄罗斯乌多坎铜矿带。位于赋存在西阿尔丹花岗岩-绿岩地体之上的科达尔-乌多坎盆地，俄罗斯的后贝加尔边疆地区。科达尔-乌多坎盆地的形成被认为是古元古代时期西伯利亚克拉通边缘裂解形成的被动大陆边缘裂谷盆地，盆地内沉积了巨厚（超过 10km）的主要由陆源碎屑岩和少量碳酸盐岩组成的古元古代杂色乌多坎群，并被带状的基性-超基性岩体和花岗岩所侵入（周永恒等，2018）。主要成矿类型为砂岩型铜矿，如乌多坎铜矿，该矿床含矿层超过 90% 是由砂岩构成，矿体一般产于短轴向斜或背斜的翼部，矿体呈透镜状、层状或雁形状分布。矿石中常见的原生矿物有辉铜矿、斑铜矿、黄铜矿、黄铁矿、磁铁矿。

（3）Ⅲ-3. 中朝成矿省

中朝成矿省位于劳亚成矿域东南部，北、西、西南与乌拉尔-蒙古成矿省、喜马拉雅成矿省、中南半岛成矿省相接，东与东亚成矿省为邻。其展布范围与包括中国中部和朝鲜半岛若干古老陆块的中国地块相当。

1）Ⅲ-3-1. 中国华北陆块铜矿带。可划分出 4 大成矿期：古元古代、中-新元古代、石炭纪—二叠纪和侏罗纪—白垩纪。不同时期铜矿成矿类型不同，侏罗纪—白垩纪为最主要的成矿时期，以斑岩型、接触交代型为主（唐文龙等，2021）。

2）Ⅲ-3-2. 中国扬子陆块铜矿带。主要成矿类型为斑岩型铜矿床，其时空分布具有三段划分特征，且处于 170~150Ma 和 100Ma 左右两个成矿期。与成矿有关的斑岩主要为钙碱性岩浆系列的中酸性岩，岩石类型主要为花岗闪长斑岩、花岗斑岩和二长花岗斑岩等。燕山期的斑岩具岛弧岩浆作用特点，即古俯冲带物质在中生代活化成矿。而 100Ma 左右斑岩铜矿的形成，则与太平洋俯冲换向扰动有关（梁锦等，2015）。

4. 冈瓦纳成矿域

冈瓦纳成矿域的亚洲部分主要包括印度成矿省，位于冈瓦纳成矿域的东北部，西、南、东南分别与非洲-阿拉伯成矿区、南极成矿区和澳大利亚成矿区相望，北与西亚成矿省、喜马拉雅成矿省和中南半岛成矿省相接。其展布范围与印度地块基本相当，包括恒河以南的印度半岛。

1）Ⅳ-1-1. 印度阿拉瓦利-德里褶皱铜矿带。位于印度地盾北部的阿拉瓦利-德里褶皱带，带内发现数十个矿点，以及一个大型脉型铜矿床 Khetri（资源量 100 万 t，品位 1.38%），成矿作用是在褶皱作用、基性和酸性岩浆活动及岩石受区域变质作用之后发生的，即是在最后侵入、与成矿时间最接近的“年轻”粗玄岩之后矿化的。由于与成矿密切相关的角闪石化、黑云母化和绿泥石化作用，粗玄岩变为交代-粗玄岩。成矿年龄大约相当于粗玄岩黑云母化的年龄（81±35）Ma。

2）Ⅳ-1-2. 印度巴斯塔克克拉通铜矿带。位于印度中央邦，产出一座大型的 Malankjhand 元古宙斑岩铜矿床（资源量 281 万 t，品位 0.92%）（Sikka et al.，1990）。

三、典型矿床

1. 蒙古奥尤陶勒盖斑岩型铜（金）矿床

奥尤陶勒盖斑岩型铜（金）矿床位于蒙古南戈壁省，北距蒙古首都乌兰巴托市约 550km，南距中蒙边境约 80km。大地构造位置处于南蒙古晚泥盆世构造-岩浆岩带中段，西伯利亚板块南缘近东西向和北东向深大断裂所夹持的晚古生代岛弧带内。奥尤陶勒盖铜（金）矿探明铜矿资源量4057万t，金矿资源量1314t，另有推测的钼矿资源11万t，是世界级超大型斑岩型铜（金）矿床。

奥尤陶勒盖矿区内存在4个斑岩铜金矿化和高硫化低温热液系统，分别为奥尤西南部、奥尤南部、奥尤中部和雨果杜梅特地区（图2-1-11）。空间上，奥尤4个矿化系统的矿体如同一个“品”字形，矿化范围分别为1500m×400m（奥尤西南部）、600m×300m（奥尤南部）、1300m×600m（奥尤中部）和2000m×1200m（雨果杜梅特）（方俊钦等，2013）。矿床围岩为泥盆系阿拉嘎巴彦群的玄武质火山岩和矿化碎屑岩序列。受多次热液活动的影响，近矿体围岩蚀变以强度大、类型复杂和面积大为特点，自矿体中心向外依次为硅化-钾长石化、黑云母化、石英-绢云母化、泥化和青磐岩化，其中钾硅酸盐蚀变与铜金矿体空间分布关系密切。铜金矿石大体可划分为氧化型、混合型和原生型3种，其中氧化型矿石主要由辉铜矿、斑铜矿、铜蓝、自然铜、明矾石、伊利石、叶蜡石、迪开石、氟氯黄晶、高岭石和石英构成；混合型矿石由辉铜矿、铜蓝、斑铜矿、砷黝铜矿、硫砷铜矿、硫钒铜矿、黄铜矿、闪锌矿、磁黄铁矿、锡石、石英、绢云母、电气和绿柱石组成。

矿区范围内北西向、东西向和北东向断裂广泛分布，其中北东向和北西向断裂交汇处常常产出有具工业价值的铜（金）矿体。整个矿区是一个北北东向的矿化走廊，一条弧形的近东西向北倾断层将其分隔成北部雨果杜梅特（Hugo Dummett）地区和南部奥尤陶

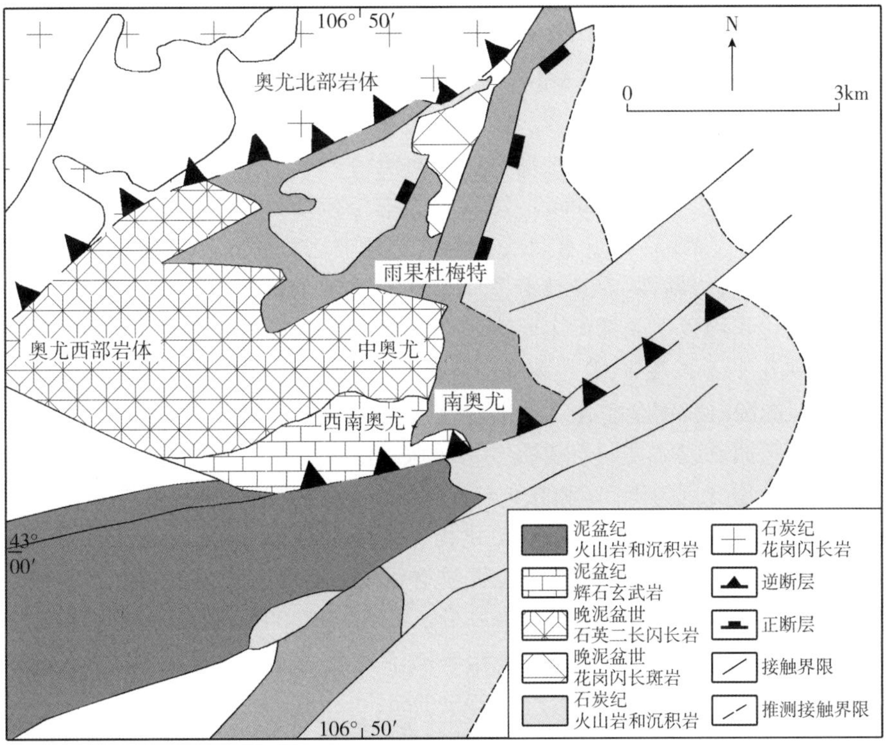

图2-1-11 奥尤陶勒盖矿床地质图
（据方俊钦等，2013，有修改）

勒盖地区（图2-1-11）。在矿化走廊北部，石炭纪花岗闪长岩体与泥盆纪围岩以逆冲断层相接触；在南部，北北东向的泥盆纪岩石与一系列上泥盆世—石炭纪盖层序列以走滑断层相接触。

矿区内侵入体主要是泥盆纪—二叠纪花岗岩类岩体。矿区内共包含两期与成矿有关的热液系统，第一期为与主矿化作用相关、矿化同期的石英二长闪长岩，其锆石U-Pb年龄368~374Ma；第二期为具弱矿化作用、矿化后期的花岗闪长斑岩，其锆石U-Pb年龄363~367Ma。上泥盆统或者更老的地层被这两期岩体所侵入。另外，矿区还出露有后期无矿化的320~350Ma的花岗闪长岩、闪长岩墙、流纹岩脉及区域性的花岗岩类侵入体等（齐程元等，2017）。

奥尤陶勒盖矿床成矿相关岩体形成于晚泥盆世，而周围地区岩体的形成时代皆为石炭纪—二叠纪（图2-1-11），矿体仅产出于石炭纪地层局部被剥蚀后形成的“天窗”中。奥尤陶勒盖地区在晚泥盆世弧岩浆与矿化作用之后，经历了显著的剥蚀和埋藏过程，矿化相关岩体及围岩被埋藏于两期不整合及后期石炭纪地层之下。

2. 印度尼西亚格拉斯贝格斑岩型铜矿床

格拉斯贝格斑岩型铜金矿床位于新几内亚岛伊里安查亚中部的查亚维查亚山脉（Jayawi Jaya）地区，铜、金和银的储量分别为2761万t，2610t和8500t，其平均品位分别为1.1%，1.04g/t和3.4g/t，是亚洲最大的铜矿床和世界上最大的单体金矿床及露天矿场。

格拉斯贝格杂岩体的围岩是中新生代澳大利亚板块北缘的被动大陆边缘地层，区域最老的地层为白垩系肯贝蓝甘组（Kembelangan）硅质碎屑岩。该地区最主要的岩体是格拉斯贝格斑状和艾茨伯格等粒的侵入岩，区域成矿与这两个岩体在时间和空间上都有很密切的联系。格拉斯贝格火成杂岩体为被动侵位，面积约3km^2，其形成过程主要可以划分为3期岩浆活动，依次形成达兰（Dalam）侵入岩、主格拉斯贝格（Main Grasberg）侵入岩、卡里（Kali）侵入岩（MacDonald et al.，1994）。其中达兰侵入岩侵入最早，随后被主格拉斯贝格侵入体侵入，最后两者又被卡里侵入岩体切穿（图2-1-12）。

该矿床的矿化作用发生的部位主要集中在达兰侵入岩和主格拉斯贝格侵入岩内，而在卡里侵入岩中则几乎不发生矿化（图2-1-13）。达兰相为第一矿化阶段，主要为海拔3500m以下强烈的浸染状铜金矿化，上部矿化带发育少量石英网脉，占总体积5%~15%，脉呈扩散不连续弯曲肠状，类似于变质岩。网脉矿化有黄铜矿、斑铜矿，少量蓝辉铜矿和辉铜矿，铜和金品位分别为1.2%和0.4g/t，斑铜矿相对黄铜矿随深度明显变大；主格拉斯贝格相中发育大量的石英、磁铁矿和硫化物交代形成网脉，脉宽变化于0.2~2cm之间，占总体积额10%~70%，平均为30%，磁铁矿含量可达到15%，在主格拉斯贝格相和卡里相中间存在一期较强的细脉状高品位铜金矿化，在海拔2700~4200m钻孔中铜和金平均品位分别高达1.5%和2g/t，未封闭。卡里相岩浆活动发育最弱矿化，铜平均品位0.3%~0.5%，早阶段含金1g/t，晚阶段不含金（MacDonald et al.，1994）。

该矿可分为3个成矿期，高硫带（HSZ）期、Grasberg铜金期和铜矿晚期，其中高硫带期的矿化是指发育在格拉斯贝格火成杂岩体的边缘的黄铁矿细脉，在这些细脉中的黄铁矿颗粒间见有少量的黄铜矿，偶尔可见自然金；Grasberg铜金期为主成矿期，从地表

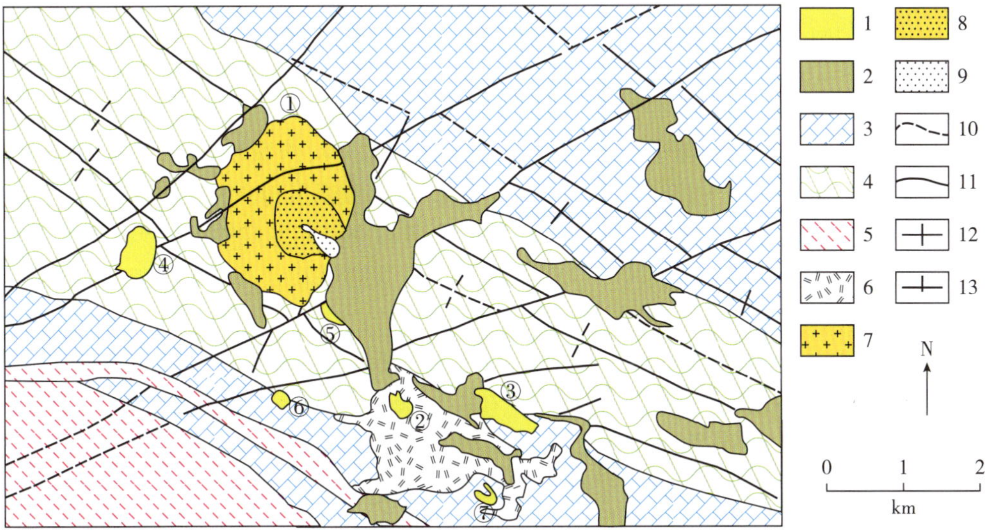

图 2-1-12　格拉斯贝格区域地质图

（据 MacDonald et al.，1994）

1—矿床；2—第四纪冲积物；3—福梅组；4—艾诺德组；5—肯贝蓝甘组；6—艾茨贝格侵入岩；7—达兰侵入岩；8—主格拉斯贝格侵入岩；9—卡里侵入岩；10—推断断层；11—断层；12—背斜；13—向斜。矿床（点）：①格拉斯贝格铜金矿床；②艾茨贝格铜金矿床；③艾茨贝格东铜金矿床；④雷姆巴赫蒂姆巴伽铜金矿床；⑤库星莱尔铜金矿床；⑥大铁帽铜金矿床；⑦杜姆铜金矿床

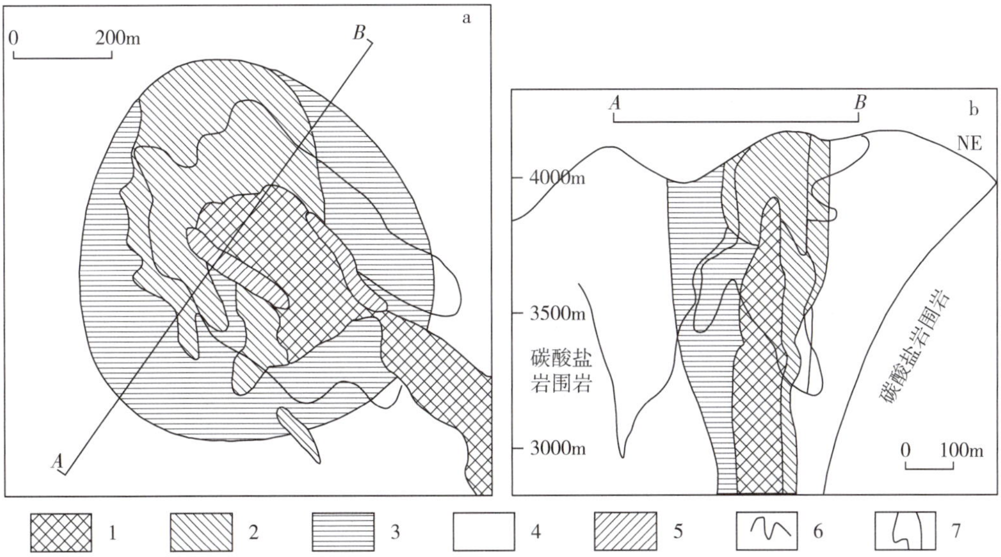

图 2-1-13　格拉斯贝格矿床地质图（a）和剖面图（b）

（据卢焕章，2000）

1—粗斑石英二长岩；2—细粒斑状石英二长岩；3—中粒斑状石英二长岩角砾；4—火山角砾；5—石英磁铁矿脉；6—Cu 高品位（>1.5%）矿化带；7—网脉状矿体（网脉>20%）

（4600m）到钻孔（1800m）均发育呈裂隙产出的黄铜矿、斑铜矿、黄铁矿、自然金和赤铁矿，叠加早期高硫带（HSZ）之上；铜矿晚期可分为 2 个成矿阶段，早期形成的矿物有黄铜矿、斑铜矿、蓝辉铜矿、辉铜矿、铜蓝和硫钒锡铜矿，晚期形成的矿物有黄铁矿、白铁矿、铜蓝、硫砷铜矿和少量黄铜矿（张伟波等，2013）。

格拉斯贝格铜金矿床的围岩蚀变作用十分普遍，并且与网脉状矿化几乎是同时（或稍前）进行的，类型主要有钾化、磁铁矿化、阳起石化和绢云母化等。最早期发生钾化，分布于内带中，岩浆热液与石英二长岩的造岩矿物进行交代而形成热液成因的钾长石、黑云母和石英，热液交代石英二长岩中的暗色矿物而形成磁铁矿。外带矿物组合为绢云母、黄铁矿和硬石膏等（卢焕章，2000）。

格拉斯贝格铜金斑岩矿床的成矿流体是高盐度、高温和高成矿金属的岩浆流体，具有形成超大型矿床的条件（卢焕章，2000）。在 Grasberg 侵入杂岩含有基性成分、Kali 和 Ertsberg 中基性包体，表明基性岩浆侵位在深部岩浆混合时导致流体循环和蚀变，基性岩浆提供流体、金属元素和硫为成矿系统，形成巨量金属堆积（Pollard et al.，2005）。

3. 俄罗斯乌多坎砂岩型铜矿床

乌多坎砂岩型铜矿位于俄罗斯西伯利亚赤塔州境内，是世界上时代最老的铜矿床之一，产于古元古界乌多坎群（2000Ma）碳酸盐岩-陆源地层中，铜资源量 2670 万 t，平均品位 0.96%。

该矿床产于科达尔-乌多坎成矿带内，成矿带赋存在西阿尔丹花岗岩-绿岩地体之上的科达尔-乌多坎盆地中，走向呈近东西向，延伸达 250km。科达尔-乌多坎盆地是古元古代时期西伯利亚克拉通边缘裂解形成的被动大陆边缘裂谷盆地，沉积了巨厚（超过 10km）的由陆源碎屑岩和少量碳酸盐岩组成的乌多坎群，并被带状的基性-超基性岩体和花岗岩所侵入。科达尔-乌多坎成矿带是一个沿着盆地西南部边缘分布的近东西向延伸的巨大复式向斜，轴部是巨大的短向斜褶皱，乌多坎铜矿床就产在轴部的纳明加短向斜中。乌多坎矿床的矿体呈透镜状、层状或雁列状分布在纳明金短轴向斜的北翼，它们均向西南方向倾斜，在南翼矿体的厚度明显减薄，矿体平均厚 57m，主要矿体沿走向可稳定延伸达 2~3km。

乌多坎砂岩型铜矿床赋存于乌多坎群中，乌多坎群厚约 10km，自下而上可分为科达尔亚群、奇涅伊亚群和卡科明亚群，其中有 2 个具有工业意义的含铜层位，即卡科明亚群中部的萨库坎组（发现乌多坎矿床）和奇涅伊亚群上部的奇特康丁组（发现翁库尔、布尔帕拉第等矿床）。具体而言，乌多坎矿床的含矿层位于萨库坎组上部亚组的中部（图 2-1-14），含矿层从下到上又可分为 3 个矿段：矿下段、含矿段、矿上段。矿下段厚约 250m，由灰色或粉灰色的细粒-中粒含斜纹理的长石石英砂岩组成，含有非常贫的浸染状的铜硫化物，不具开采意义；矿上段厚约 100m，由浅灰色、浅灰-粉红色、细粒、水平-波状层理的长石石英砂岩和极少的粉砂岩组成，该层中缺乏铜的矿化；含矿段的岩石类型较多，90% 由灰色、细-中粒和不等粒的石英砂岩组成，3%~5% 泥质岩，呈现出有规律的韵律沉积（从底到顶，依次为角砾岩、砾岩、砂岩、粉砂岩）。

乌多坎矿床的矿石具有浸染状构造，也有呈层状构造，原生的辉铜矿、斑铜矿、黄铜矿、黄铁矿等呈浸染状沿岩石层理分布，出露的矿石均受到氧化作用，按氧化程度，可分为硫化物矿石（氧化铜含量<30%）、混合矿石（30%~70%）和氧化矿石（>70%），以

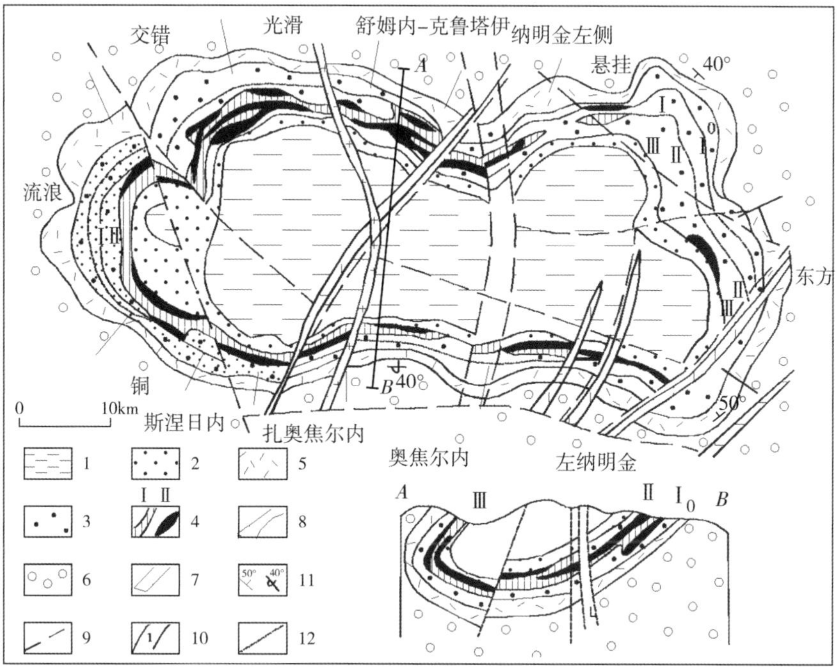

图 2-1-14　乌多坎铜矿床地质简图

（据周永恒等，2018）

1—纳明金组砂岩-泥岩-粉砂岩岩层；2~5—上萨库坎亚组粉砂岩-砂岩岩层：2—矿上段，3—含矿段，4—含铜砂岩层（Ⅰ为贫矿、Ⅱ为富矿），5—矿下段；6—中萨库坎亚组砂岩岩层；7~8—岩墙：7—辉长岩-辉绿岩，8—煌斑岩及石英斑岩；9—断裂破碎带；10—含矿地层层位及其编号；11—岩层产状；12—矿化界线

上 3 种矿石分别占资源量的 50%、45% 和 5%。

乌多坎砂岩型铜矿床形成的机理为：①沉积成岩阶段来自阿尔丹地盾和恰尔地垒的含铜质碎屑沉积物于有利的部位（三角洲、近岸浅海、河床或古隆起斜坡上的还原带等）沉积，形成细微浸染状矿石或层状矿石，以及含硫化物的碎屑沉积岩；②后成矿化阶段浸染状矿石粒度增大，局部发生矿化再分配现象，出现脉石矿物，一些矿物出现再生镶边等；③区域变质作用使得矿物颗粒增大，形成部分新的脉状、似角砾状等矿体及新的矿石矿物共生组合；④接触变质作用在岩墙或岩脉的接触带上，局部形成较富的铜矿体（周永恒等，2013）。

4. 哈萨克斯坦杰兹卡兹甘砂岩型铜矿床

杰兹卡兹甘铜矿位于哈萨克斯坦中西部，地处乌拉尔-天山地槽系的一个叠加向斜构造中，即杰兹卡兹甘向斜内（图 2-1-15），有 2 条区域性断层（捷列克特断层和东乌卢套断层）切过并限定金属富集区范围。区内岩浆岩有华力西旋回早期阶段法门期出现的火山岩和辉绿岩、辉长辉绿岩的次火山侵入体。区内含铜岩系为中石炭统杰兹卡兹甘组，该组主要由含矿的灰色砂岩、粉砂岩和不含矿的红色粉砂岩、泥岩和细砂岩组成，厚 600~650m，其中砂岩属于硬砂岩类，以酸性喷出岩的岩屑为主，推测为萨雷苏-捷尼兹隆起上的查克赛康群的岩石及硫化物矿体剥蚀供给的。查克赛康群本身为优地槽绿岩和花岗岩。

杰兹卡兹甘铜矿是一个大型的含铜砂岩型铜矿田，铜资源量 801 万 t，平均品位 0.927%，是哈萨克斯坦重要的有色金属矿物原料基地。早年发现后，陆续勘查，又发现几个矿床与矿点，与主矿床一起构成杰兹卡兹甘铜矿田。

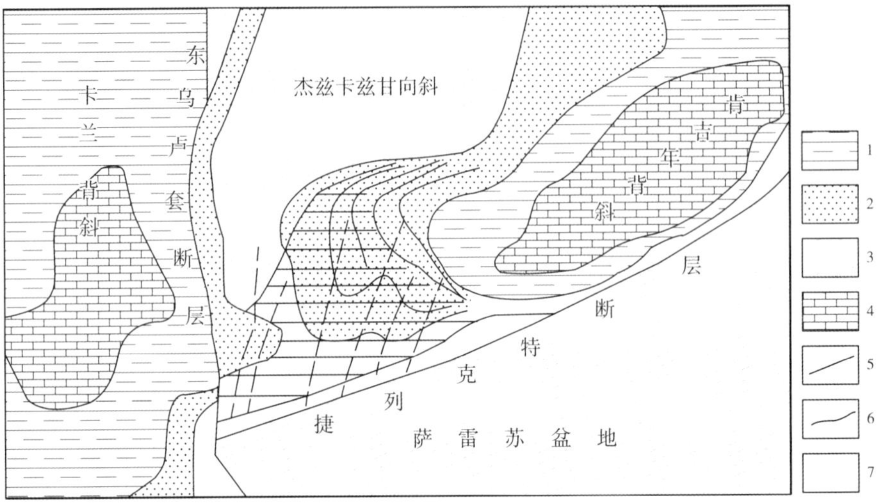

图 2-1-15　杰兹卡兹甘矿田地质构造图

（据刘春涌，2006，有修改）

1—二叠纪地层；2—杰兹卡兹甘含矿地层；3—维宪阶；4—杜内阶段；

5—断裂构造；6—背斜褶皱轴；7—杰兹卡兹甘矿田

该矿分布在杰兹卡兹甘萨雷苏盆地的西北缘，由 5 个有经济价值的矿床组成，包括中杰兹卡兹甘（Central Zhezkazgan）、伊陶兹（Itauz）、基帕查克贝（Kipchakbay）、萨雷奥巴（Saryoba）和阿克恰-斯巴斯科依（Akchy-Spasskoe）。含矿地层为中石炭统杰兹卡兹甘组，它整合地产在法门纳缪尔期灰岩、白云岩、砂岩及泥灰岩之上，其上被晚石炭世—早二叠世红色粉砂岩、砂岩和灰岩覆盖。杰兹卡兹甘组由灰色和红色富矿砂岩、粉砂岩和砾岩的 51 个韵律层组成，偶尔夹火山灰凝灰岩层，属浅水三角洲潟湖相沉积，总厚 650m。灰色砂岩层的厚度为 7～42m，红色砂岩层的厚度为 2～28m。含矿岩石是高镁（MgO 含量 1.5%～2%）和高钙（CaO 含量 4%～7%）的灰色砂岩。砂岩的胶结物由方解石、水云母、绿泥石和氧化硅等组成。

矿床的成矿环境属于潟湖三角洲环境，是一个复杂的沉积体系，它既受河流作用，又受海洋作用的影响，因而它的沉积物无论在横向上还是在纵向上均发生急剧变化，其中的有色金属硫化物矿石分布复杂。岩性、岩相分析表明，层状硫化物矿石受岩相控制，即主要的层状硫化物矿体产在水下三角洲砂质沉积中（中石炭统杰兹卡兹甘组），部分矿体产于内陆海海滨水下流动带的砂质沉积中（下石炭统伊陶兹组的维宪阶—纳缪尔阶）。含铜建造为造山期上叠盆地的杂色磨拉石和类磨拉石建造。各种岩相-陆相（冲积湖泊相）、水下三角洲相、海湾潟湖相、滨海相的含铜砂质沉积分布在很厚（10km 或 10km 以上）的容矿构造建造组合剖面的中部。在沉积作用的岩相构造旋回中，相当于海退初期和中期的堆积物。建造剖面结构具有清晰的韵律，但韵律层在侧向上不稳定。含铜建造产在灰色陆源碳酸盐岩系（有时含盐）中，上面是海退晚期的红色陆源岩岩系和陆源蒸发岩岩系。各建造自下而上的顺序是：含铜少的杂色磨拉石建造，陆源碳酸盐岩类建造，含铜杂色磨拉石建造，红色陆源建造和陆源碳酸盐岩-蒸发岩建造。在侧向系列中，岩石建造在凹陷的中心附近为含盐蒸发岩或陆源碳酸盐岩-灰色岩层，而在其边缘（朝大陆方向）为滨海冲积平原的红层代替。矿床是多层的，产在灰色岩层中，占容矿建造总厚度的很大一部分。铜含量偏高的标志是有冲积三角洲相和潟湖三角洲相地层存在。

5. 哈萨克斯坦尼古拉耶夫 VMS 型铜锌矿床

哈萨克斯坦尼古拉耶夫（Nikolaevskoye）铜锌矿床位于阿尔泰南扎帕德纳裂谷带的阿列伊复背斜的南西翼，火山盆地控制矿床的分布，潜火山岩控制矿体的分布。矿区内发育北西、北北东和北东向断裂，北西向为主构造方向，控制矿体分布方向。卡利耶尔和多林两个北东向的逆掩-平移断裂属成矿后构造。

区域上出露地层为志留系—下泥盆统绿片岩、泥盆系双峰式火山沉积岩和上泥盆统—下石炭统沉积岩（图 2-1-16）。广泛分布酸性和基性潜火山岩和岩脉，帕米亚特尼克潜流纹斑岩填充在火山颈中，与矿化关系密切。

地表出露 2 个矿体，呈透镜状，向下 90m 复合成一个矿体，成半环状围绕帕米亚特尼克潜流纹斑岩体分布。矿体与围岩火山岩产状基本一致。矿体上部为流纹质角砾岩、角砾凝灰岩夹沉凝灰岩薄层。矿体被中-上泥盆统格里霍夫组玄武岩超覆。矿体最厚达 100m，最宽达 500m，向下延深达 900m。矿体具有明显的垂直分带，从下盘到上盘由细脉-浸染状黄铁矿矿石过渡到块状黄铁矿矿石、铜-黄铁矿矿石、结晶的铜-锌矿石，在矿体上部出现偏胶状铜锌矿石、偏胶状锌矿石和多金属矿石。在矿体北西翼，层状构造矿石发育，硫化物层和硅质-泥质粉砂岩组成韵律层（毛景文等，2012）。

尼古拉耶夫铜锌矿床成矿作用与火山作用有密切关系，其成矿过程如下：中泥盆世吉维特阶火山喷发间歇期，黏稠的残余岩浆侵位到海底的破火山口洼地，形成喷出穹隆和潜火山岩。脉冲式火山作用驱使热液穿过穹隆和潜火山岩，硫和金属物质被萃取到热液中，含矿热水流体向上运移，在海底热水喷口中喷出沉淀，形成矿化堤。同时在火山机构边部分散的矿化岩浆活动，发生了崩塌和垮落，导致火山机构瓦解，与其相关的矿化堤呈崩塌碎块堆积在海底斜坡根部。中泥盆统吉维特阶晚期，出现基性火山活动，在盆地底部形成火山碎屑岩和沉积岩，矿化碎屑成为新形成沉积物的一部分。矿化层被中-晚泥盆世喷发的格里霍夫组玄武岩覆盖。晚古生代，矿床部分被剥蚀，随后，再次被掩埋。新生代时矿床出露地表，部分被剥蚀和氧化（毛景文等，2012）。

6. 老挝纳勐矽卡岩型铜矿床

纳勐（Nameung）铜多金属矿构造上处于琅勃拉邦构造带和北西向长山构造带的交接部位，具体位于普康大型铜金（银）矿床东部 40km 处，区内东西向的普比亚（Phu Bia）燕山期—喜马拉雅期花岗岩基及近东西向的赛松奔-纳勐村断裂带控制了区域构造格架，在北东和北西向构造带之间，形成近东西向的构造格架（杨社锋等，2012）。该矿区的西北部为北东向展布的琅勃拉邦铜多金属成矿带，东部为北西向展布的长山铜多金属成矿

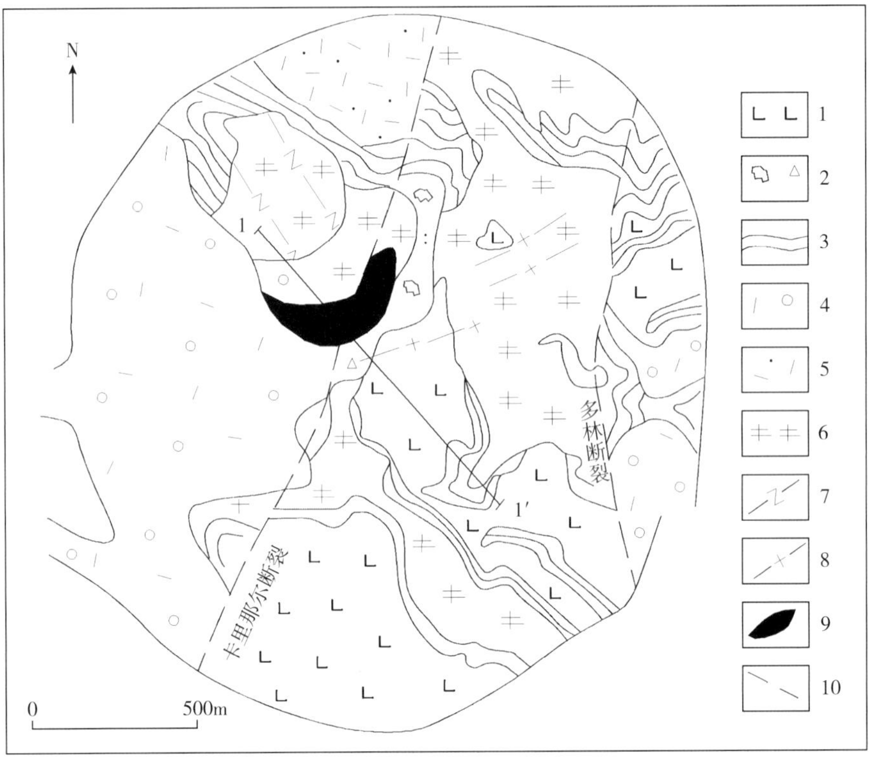

图 2-1-16　尼古拉耶夫矿床区域地质略图

（据 Daukeev et al.，2004）

1~4—中-上泥盆统格里霍夫组：1—玄武岩，2—酸性集块凝灰岩，3—上泥盆统—下石炭统塔克尔组陆源碎屑沉积岩，4—流纹质凝灰岩；5—中泥盆统塔洛夫组酸性凝灰岩；6—潜流纹斑岩；7—基性岩脉；8—酸性岩脉；9—矿床；10—断裂

带，两个带都为构造-火山岛弧区，主要由多个花岗岩类深成岩侵入的古生代—新生代变沉积岩和火山岩组成，主体成矿作用都与侵入到古生界中的中酸性侵入岩有关。这两个成矿带的交会处是老挝矿产分布最集中的区域，产有锡、铜、铅、锌和铁等矿产，主要矿床类型为矽卡岩型和斑岩型，其次有伟晶岩型和风化淋滤型，老挝目前找到的大型铜金矿床、铅锌矿床、锡矿床等都与这两个成矿带有关。近年来在这两个成矿带上找到了普康大型斑岩型铜金（银）矿和色潘大型沉积岩型金铜矿。

地层：区内出露的地层主要有石炭系、二叠系、侏罗系（图 2-1-17）。其中，泥盆系—下石炭统为一套海相沉积岩系，岩性主要为碎屑岩、钙质板岩夹灰岩透镜体及薄层浅变质中基性火山岩（以安山岩为主，夹玄武岩、安山质凝灰角砾熔岩）；上石炭统—下二叠统主要以碳酸盐岩沉积为主，岩性包括细晶灰岩、细晶白云岩夹白云质灰岩，底部为一套火山质砾岩，顶部为粉砂质泥岩及泥质粉砂岩；中二叠统—中三叠统的岩性主要以灰岩、泥灰岩为主，夹砂岩、页岩、硅质岩和中酸性火山岩，其中中酸性火山岩岩性主要为安山岩、流纹岩、英安岩、凝灰岩和集块岩，夹少量的玄武岩；上三叠统—下白垩统为一套红色陆源碎屑岩沉积岩系，岩性以石英质砾岩、长石石英砂岩及泥质岩石为主。

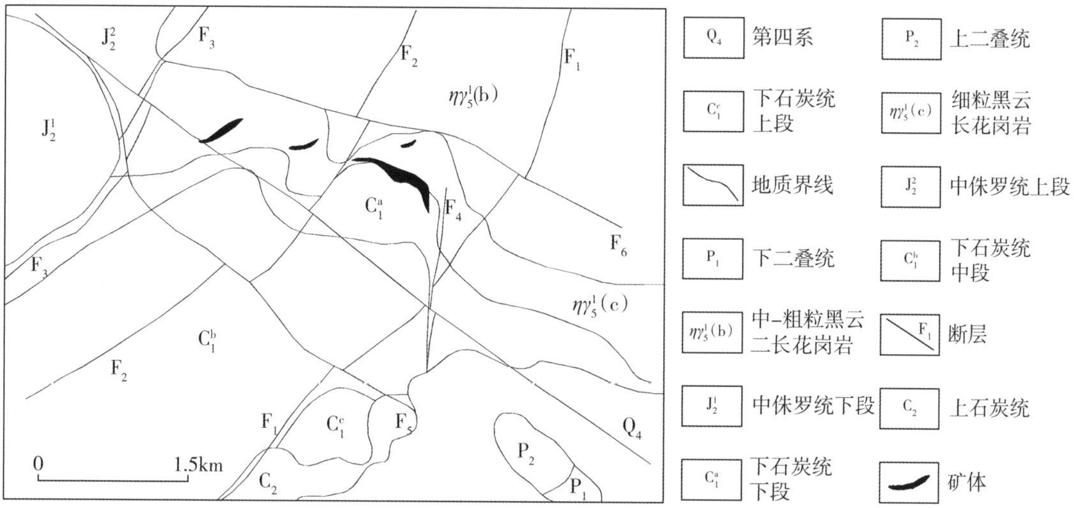

图 2-1-17 纳勐铜多金属矿区地质图

（据杨社锋等，2012）

构造：矿区构造受控于普比亚隆起南侧赛松奔北东向断裂带和近东西向纳勐弧形构造带，位于普比亚隆起南东缘，受赛松奔北东向构造带和近东西向纳勐弧形构造控制。

岩浆岩：与成矿有关的岩体主要为燕山期花岗岩及后期岩脉。

变质作用：有接触热变质作用和接触交代变质作用 2 类。矿区石炭系灰岩与侵入岩及派生的热液作用接触后，变质为结晶灰岩、大理岩化灰岩、大理岩等热变质岩石；灰岩中的砂泥质及硅质夹层变质为斑点板岩和角岩，新生矿物有绢云母和绿泥石。地表花岗岩零星出露，深部有较大的隐伏花岗岩体分布。接触热变质岩的出现和分布，对矿区间接找矿有指导意义。而接触交代变质作用出现在花岗岩与石炭系灰岩接触带，有大面积的钙矽卡岩分布，类型有透辉石硅灰石矽卡岩等，即是矽卡岩型铜多金属矿体、矿化体的赋存母体，也是本区残坡积型铜锌铁矿床的主要金属矿物来源。

围岩蚀变：主要有矽卡岩化、硅化、碳酸盐化、绿泥石化、绿帘石化、黄铁矿化、绢云母化和褐铁矿化等，与矿化密切相关的蚀变主要为矽卡岩化、硅化和碳酸盐化。

矿体特征：在纳勐铜多金属矿区发现的铜多金属矿化面积约 2.5km，铜矿体可划分为氧化型和原生型 2 类。

已圈出 3 条氧化型铜多金属矿体，主要呈层状，赋存在第四系残坡积层中，长 200~1000m，厚 9.4~21.5m，倾向南，缓倾斜，Cu 平均品位 1.3%，最高为 1.83%。

原生硫化物铜多金属矿体主要有 4 个，总体上呈近东西向带状分布，主要产于花岗岩裂缝和矽卡岩中（杨社锋等，2012）。1 号铜多金属矿体：产于北侧花岗岩裂中，呈脉状，长 116m，平均厚 20.34m，倾向西南，倾角 49°~60°，Cu 平均品位 0.96%。2 号铜多金属矿体：产于石榴子石透辉石绿帘石矽卡岩中，长度大于 400m，向东西两侧仍有延伸，最小深度为 38m、最大深度 95m，向深部也有延深，平均厚 3.55m，形态为不规则脉状、似层状，倾向南，倾角 55°，Cu 平均品位 0.46%。3 号铜多金属矿体：产于黄绿色含铜石榴子石磁铁矿矽卡岩和黑绿色石榴子石钙铁辉石矽卡岩中，形态为不规则透镜状，长度

265m，宽 20~50m，倾向南，倾角 45°，Cu 平均品位 0.65%。4 号铜多金属矿体：产于石榴子石透辉石矽卡岩中，长度大于 800m，向东西两侧仍有延伸，最小深度 39m，最大深度 127m，向深部也有延深，平均厚度 1.78m，倾向南，倾角 50°，呈不规则透镜体，在地表多已褐铁矿化，Cu 平均品位为 0.40%。

矿石矿物：主要有黄铜矿、黄铁矿、磁黄铁矿、闪锌矿、磁铁矿、斑铜矿、赤铁矿、方铅矿和褐铁矿等，脉石矿物主要有绿帘石、石榴子石、符山石、钙铁辉石、方解石、石英等。矿石结构主要有交代状、交代充填状、固溶体分离状和格状，矿石构造主要有浸染状、网脉状和块状。

第二节　铜矿勘查开发现状

亚洲是全球铜矿开发程度最高的大洲。亚洲铜矿处于勘查、预可研和可研等前期勘探阶段的项目占比为 60%，处于矿山建设和生产等后期生产阶段的矿业项目占比 35%，而全球平均水平分别为 82% 和 14%（图 2-2-1 和图 2-2-2）。

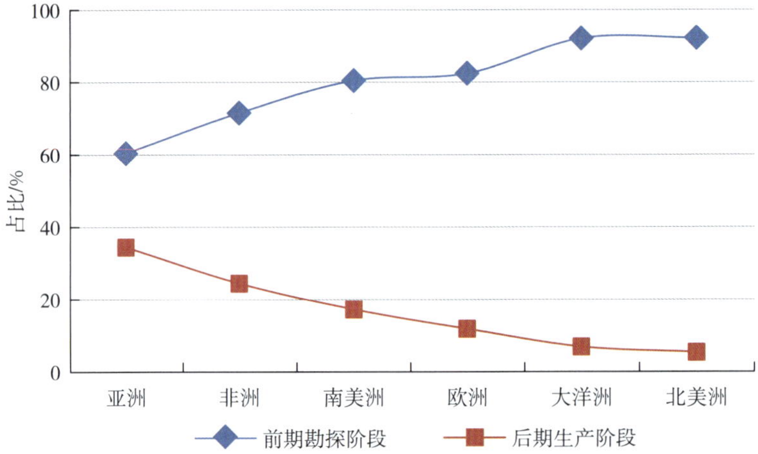

图 2-2-1　全球各大洲铜矿项目数量所处阶段占比

数据来源为 S&P Global Market Intelligence，2021

一、勘查现状与趋势

1. 勘查趋势特征

亚洲是全球铜矿勘查投入最少的大洲，近 10 年亚洲铜矿勘查投入在全球平均占比 14%，2016 年以来占比持续下降，2022 年更是下降到 10 年来的最低点 9.4%。近 10 年来，亚洲铜矿项目勘查投入呈低-波动走势，与全球矿业和经济发展趋势一致。2013 年，亚洲铜矿项目勘查投入为 5.7 亿美元，到 2017 年投资减少了 49%，仅为 2.9 亿美元，随后一直为波动态势，2022 年勘查投入为 2.97 亿美元（图 2-2-2）。

亚洲 90% 的铜矿勘查投入集中在中国、俄罗斯、哈萨克斯坦、印度尼西亚、菲律宾、伊朗、蒙古、印度、老挝和土耳其。由于东南亚国家矿业政策向推进产业链本土化发展倾斜，导致整体铜矿勘查投入有所下降；中亚和西亚国家，铜矿勘查投入呈现一定波动性，但整体稳定，值得一提的是沙特阿拉伯近年来加强了对铜矿的勘查，2022 年的投资额较 10 年前上升了近 3 倍，达到了 2170 万美元。

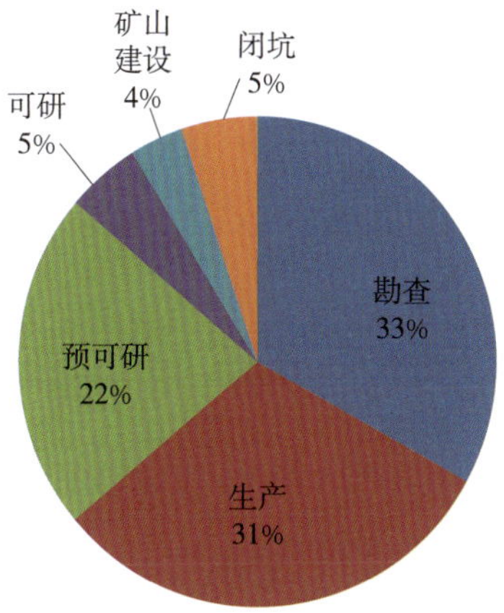

图 2-2-2　亚洲铜矿项目各阶段投入占比

近 10 年来，亚洲铜矿草根勘查和详查阶段的投资占比亚洲铜矿勘查总投资整体呈波动下降态势，矿山勘探波动上升，尤其是近 5 年来呈陡坡式增长，变化趋势与全球勘查预算结构变化基本一致。2022 年，草根勘查、详查阶段和矿山勘探投资分别为 4530 万美元、2930 万美元和 1.86 亿美元（图 2-2-3，图 2-2-4）。

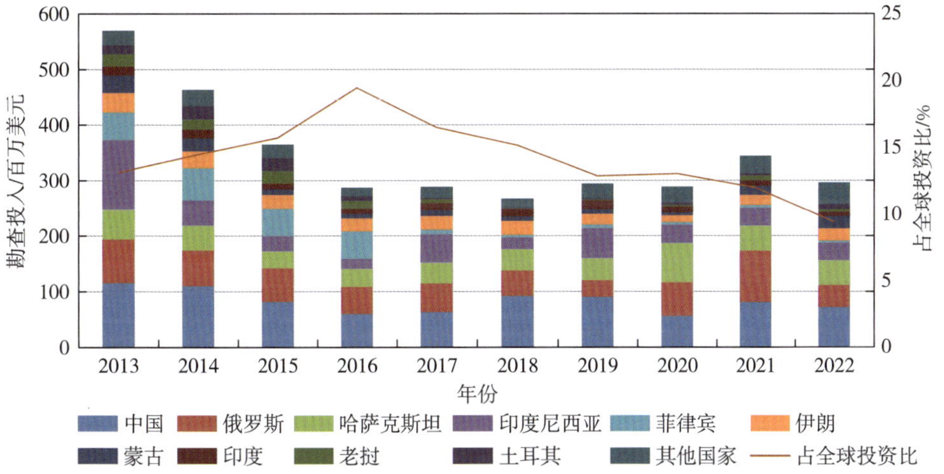

图 2-2-3　亚洲铜矿项目勘查预算

数据来源为 S&P Global Market Intelligence，2023

2. 勘查热点地区

2022 年亚洲各国的铜矿勘探预算中，中国位居榜首，铜矿勘探投入 7210 万美元；哈萨克斯坦位居第二，4430 万美元；俄罗斯位居第三，3950 万美元；印度尼西亚位居第四，3140 万美元；蒙古位居第五，2230 万美元；伊朗位居第六，2200 万美元；沙特阿拉伯位居第七，2170 万美元（表 2-2-1）。从亚洲发现铜矿的重大见矿钻孔分布来看，印度尼西亚、菲律宾、沙特阿拉伯和越南的重大铜矿化的见矿钻孔数量较多（表 2-2-2），表明这些国家勘探成果较好。其中，淡水河谷和印度尼西亚 Merdeka 矿业公司分别在印度尼西亚的第二大铜矿山 Noto 和第五大铜矿山 Wetar 投入了详查和矿山找矿工作，使得两个矿山分别增储 15% 和 42%，铜矿资源量增加到 1725 万 t 和 24.4 万 t；巴里克黄金公司在沙特

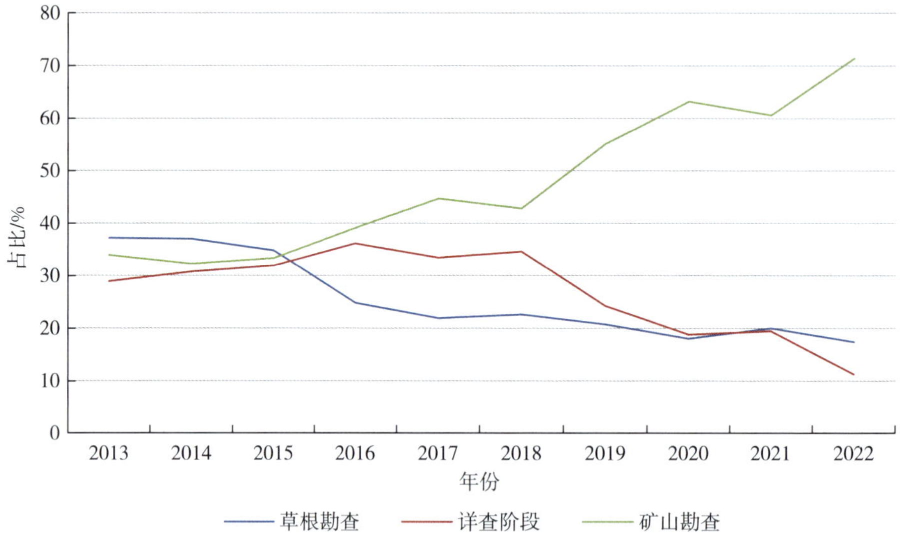

图 2-2-4 亚洲铜矿各阶段勘查投资占比变化趋势

数据来源为 S&P Global Market Intelligence，2023

阿拉伯的贾巴尔（Jabal）铜矿项目中投入了大量的矿山找矿工作，使得该矿山增储 10%，资源量达到了 80 万 t。

表 2-2-1 2022 年亚洲铜矿勘探预算

国家	勘查投资/万美元	占全球铜矿比/%	铜矿公司数量
中国	7210	2.58	22
哈萨克斯坦	4430	1.59	7
俄罗斯	3950	1.41	8
印度尼西亚	3140	1.12	6
蒙古	2230	0.80	5
伊朗	2200	0.79	1
沙特阿拉伯	2170	0.78	6
土耳其	860	0.31	4
印度	740	0.26	2
吉尔吉斯斯坦	600	0.21	1
老挝	550	0.20	2
阿塞拜疆	530	0.19	1
菲律宾	390	0.14	8
缅甸	200	0.07	1
亚美尼亚	160	0.06	1
塞浦路斯	120	0.04	2
巴基斯坦	100	0.04	1
阿富汗	50	0.02	1

续表

国家	勘查投资/万美元	占全球铜矿比/%	铜矿公司数量
泰国	20	0.01	1
马来西亚	10	0.00	1
阿曼	10	0.00	1
总计	29670		82

注：数据来源为 S&P Global Market Intelligence，2023。

表 2-2-2　2021—2022 年亚洲发现重大铜矿化的见矿钻孔数量统计

国家	发现铜矿的重大见矿钻孔数量
印度尼西亚	45
菲律宾	17
沙特阿拉伯	14
越南	1
合计	77

注：数据来源为 S&P Global Market Intelligence，2023。

3. 重大勘查发现

1990 年至 2020 年全球共探明铜金属量超过 100 万 t 的大型铜矿 229 个，这些铜矿床的资源量、储量及历史开采量合计达 11.2 亿 t，其中仅 3 个是 2016—2020 年中发现的。2020 年，全球新增铜矿储量 4600 万 t，均为已知矿山增储。

过去 20 年，拉丁美洲发现了 103 座 100 万 t 以上规模的铜矿，储量资源量合计 60461 万 t，全球占比 54%；亚洲发现了 60 座 100 万 t 以上规模的铜矿，储量资源量合计 26281 万 t；其次是北美洲、非洲和欧洲（图 2-2-5）。亚洲发现的 100 万 t 以上规模铜矿 60% 集中在中国、印度尼西亚、巴基斯坦、菲律宾这 4 个国家（图 2-2-6）。近 10 年内，亚洲仅发现了一座资源量超过 100 万 t 的大型铜矿床，2009 年，淡水河谷（Vale SA）与 Aneka Tambang 组建了一家合资企业，对印度尼西亚的胡湖项目区进行勘探，并于 2013 年 6 月发现了 Onto。2019 年 12 月，淡水河谷和 PT Aneka Tambang Tbk 的合资企业 PT Sumbawa Timur 宣布，在 Onto 矿床的预测资源量为 1500 万 t。

2011—2020 年，铜矿勘探投资额度巨大，但在找矿效果不佳。各阶段的铜矿勘探资金合计为 258 亿美元，远远高于 1990 年至 2008 年的勘探资金（154 亿美元）。然而，增加的勘探资金未能发现更多的新矿床。2011—2020 年中，21 个新发现仅确定了 1.024 亿 t 铜金属量，而在 2011—2020 年中，发现 199 个铜矿床，探获 9.93 亿 t 铜金属量。新发现铜矿资源量规模下降这一事实表明，我们仍然需要更多的勘探工作。铜矿重大发现减少主要是因为全球勘探部门的工作重点发生了重大转变。自 20 世纪 90 年代以来，基础的铜勘探预算份额几乎减半。投资者越来越注重扩大已知矿床的资源量规模和已有矿山探矿增储。尽管在后期项目和现有采矿项目中发现了一些新的重大发现，但在此类项目中新发现超大型铜矿的概率远低于风险更高的早期勘探项目。

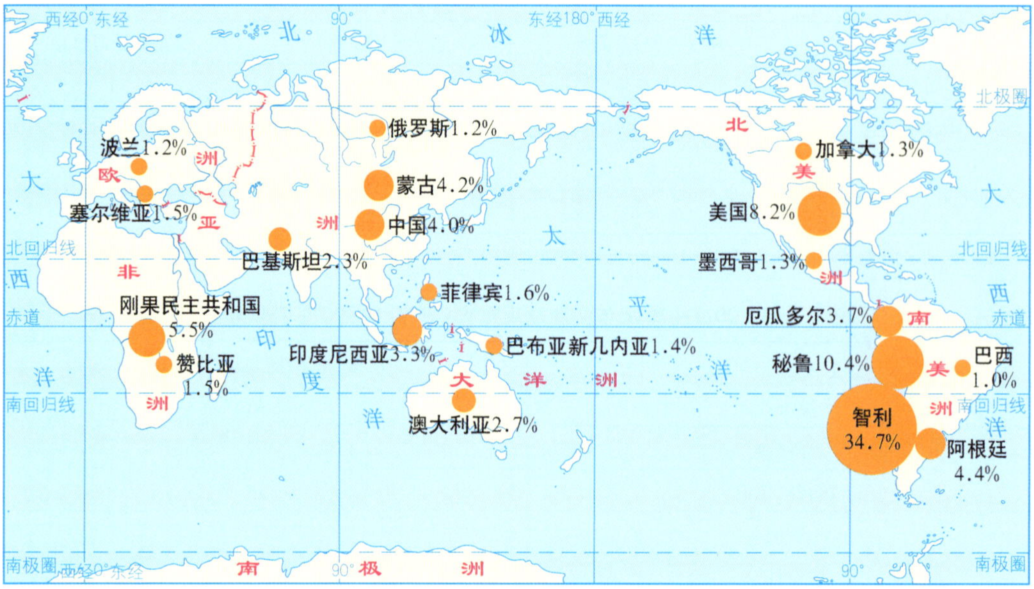

图 2-2-5　1990—2020 年全球新发现资源量 100 万 t 以上铜矿分布

数据来源为 S&P Global Market Intelligence，2021

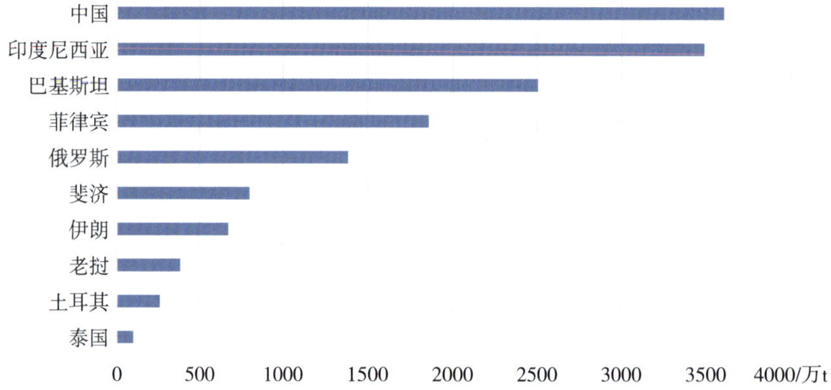

图 2-2-6　1990—2020 年亚洲新发现 100 万 t 以上规模铜矿资源量

数据来源为 S&P Global Market Intelligence，2021

二、开发现状与趋势

1. 铜矿产量分析

亚洲的铜矿山产量 91% 以上集中在中国、印度尼西亚、哈萨克斯坦和蒙古 4 个国家，2022 年亚洲合计铜矿山产量约 236. 14 万 t（表 2-2-3，图 2-2-7）。

2015 年，印度尼西亚矿山铜产量位居第一，产量约 57 万 t；俄罗斯矿山铜产量位居第二，年产量 45 万 t；蒙古矿山铜产量位于位居第三，年产量约 20 万 t。中国矿山铜产量

表 2-2-3　1990—2020 年亚洲新发现超大型大型铜矿

矿床名称	发现时间	发现者	所在国家	当前阶段	当前所有者	品位/%	储量资源量/万 t	储量资源量及历史开采量合计/万 t	项目类型
Oyu Tolgoi (Hugo Dummett)	2001	艾芬豪矿业公司	蒙古	生产	力拓集团（经营者）；投资者：绿松石山资源有限公司 66%；蒙古政府 34%	1.07	2840	2840	绿地
RekoDiq	1997	必和必拓集团	巴基斯坦	可研	安托法加斯塔矿业公司 37.5%；巴里克黄金公司 37.5%；俾路支省政府 25%	0.42	2435	2435	绿地
Tampakan	1992	WMC 资源公司	菲律宾	可研	Indophil 资源公司 100%	0.52	1525	1525	绿地
Onto	2013	淡水河谷	印度尼西亚	预可研	淡水河谷 80%；印度尼西亚安塔姆镍业公司（Aneka Tambang）20%	0.89	1500	1500	绿地
区隆	2005	中国政府	中国	生产	紫金矿业集团股份有限公司 50.1%；私企 25%；西藏藏阁创业投资集团有限公司 13.25%；四川永宏实业股份有限公司 4.84%；其他 1.25%	0.41	1041	1046	绿地
Tujuh Bukit	1997	黄金谷矿业公司（Golden Valley）	印度尼西亚	生产	印度尼西亚默迪卡铜金公司（Merdeka）100%	0.41	875	875	绿地
Namosi	1992	泛太平洋矿业公司（Placer Pacific）	斐济	预可研	纽克雷斯特矿业公司（Newcrest）72.49%；三菱材料株式会社 25.51%；Nittetsu 矿业株式会社 2%	0.35	800	800	绿地
甲码	1995	中国政府	中国	生产	China Gold International Resources Corp. Ltd.（Owner）100%	0.38	712	746	绿地
Oyu Tolgoi (Heruga)	2007	绿松石山资源有限公司 80%；Entrée Resources 20%	蒙古	生产	力拓集团（经营者）；投资者：绿松石山资源有限公司 66%；蒙古政府 34%	0.42	645	645	绿地

续表

矿床名称	发现时间	发现者	所在国家	当前阶段	当前所有者	品位/%	储量资源量/万 t	储量资源量及历史开采量合计/万 t	项目类型
Elang-Dodo	1990	努沙登加拉（Nusa Tenggara）矿业公司 68.5%；纽蒙特矿业公司 31.5%	印度尼西亚	储量评估	努沙登加拉（Nusa Tenggara）矿业公司 56%；PT Multi Daerah Bersaing24%；PT Pukuafu Indah 17.8%；PT Indonesia Masbaga Investama2.2%	0.32	587	587	绿地
Oyu Tolgoi（Southern Oyu）	1997	BHP 矿业公司	蒙古	生产	力拓集团（经营者）；投资者：绿松石山资源有限公司 66%；蒙古政府 34%	0.38	572	710	绿地
Malmyzh	2008	自由港-麦克莫兰矿业公司	俄罗斯	储量评估	俄罗斯铜矿公司 51%；自由港-麦克莫兰矿业公司 49%	0.34	565	565	绿地
Sungun	1991	伊朗国家铜业公司（NICICO）	伊朗	生产	伊朗国家铜业公司 100%	0.60	508	613	绿地
土屋延东	1997	新疆有色金属有限责任公司	中国	生产	云南铜业股份有限公司 51%；上海东方明珠集团 49%	0.59	502	514	绿地
波龙-多不杂	2000	中国西藏地质矿产勘查开发局	中国	储量评估		NA	478	478	绿地
Grasberg（Deep Mill Level Zone）	2002	自由港-麦克莫兰矿业公司	印度尼西亚	生产	自由港-麦克莫兰矿业公司 81.28%；印度尼西亚政府 18.72%	0.89	391	396	棕地
Batu Hijau	1990	纽蒙特矿业公司	印度尼西亚	生产	PT Amman Mineral Nusa Tenggara（Owner）100%	0.39	380	819	绿地
Grasberg（KucingLiar）	1994	自由港-麦克莫兰矿业公司	印度尼西亚	生产	由港-麦克莫兰矿业公司 81.28%；印度尼西亚政府 18.72%	0.92	323	323	棕地
羊拉	2002	云南铜业股份有限公司	中国	生产	云南铜业股份有限公司 75%；云南楚雄矿业冶炼有限责任公司 16.67%；迪庆发展投资有限公司 8.33%	0.50	300	304	棕地

续表

矿床名称	发现时间	发现者	所在国家	当前阶段	当前所有者	品位/%	储量资源量/万 t	储量资源量及历史开采量合计/万 t	项目类型
谢通门	2005	中国政府	中国	可研	金川集团股份有限公司 55%；紫金矿业集团股份有限公司 45%	0.34	291	291	绿地
Beutong	1996	太平洋高地矿业公司	印度尼西亚	预可研	Asiamet 资源有限公司 80%；私企 20%	0.48	244	244	绿地
Miheevskoye	1997	南乌拉尔矿业公司	俄罗斯	生产	俄罗斯国家铜业公司 100%	0.45	211	211	绿地
Kharmagtai	1998	QGX 有限公司	蒙古	预可研	Xanadu 矿业有限公司 76.5%；私企 13.5%；QGX 有限公司 10%	0.32	198	198	绿地
Boyongan-Silangan (Boyongan)	2000	英美资源集团 70%；菲莱克斯矿业公司 (Philex) 30%	菲律宾	可研	菲莱克斯矿业公司（Philex）100%	0.50	180	180	绿地
Uchaly	1990	俄罗斯政府	俄罗斯	生产	乌拉尔矿业冶金公司 100%	1.35	171	295	棕地
Cevizlidere	2003	力拓集团 67%；Alacer 黄金 33%	土耳其	储量评估		0.38	169	169	绿地
Luobolin	2008	紫金矿业集团股份有限公司	中国	储量评估	紫金矿业集团股份有限公司 100%	0.34	165	165	棕地
Zijinshan	1994	紫金矿业集团股份有限公司	中国	生产	紫金矿业集团股份有限公司 100%	0.48	161	223	绿地
Maalinao-Caigutan-Biyog	2006	自由港-麦克莫兰矿业公司	菲律宾	储量评估	Celsius 资源有限公司 100%	0.48	150	150	绿地
普朗	1999	中国政府	中国	生产	云南铜业股份有限公司 70%；云南金矿业集团股份有限公司 20%；迪庆发展投资有限公司 10%	0.51	144	157	绿地
尼姆	2007	四川省冶金地质勘查院	中国	勘查	西藏矿业 75%；金川集团 25%	NA	137	137	棕地
Grasberg (Big Gossan)	1992	自由港-麦克莫兰矿业公司	印度尼西亚	生产	由港-麦克莫兰矿业公司 81.28%；印度尼西亚政府 18.72%	2.30	122	135	棕地

续表

矿床名称	发现时间	发现者	所在国家	当前阶段	当前所有者	品位/%	储量资源量/万 t	储量资源量及历史开采量合计/万 t	项目类型
Phu Kham Copper-Gold	1995	Normandy Mining 50%/ Anglo American 50%	老挝	生产	PanAust 有限公司 90%；老挝政府 10%	0. 53	109	206	绿地
Kingash	1993	俄罗斯诺里尔斯克镍公司	俄罗斯	预可研	ONEXIM 集团 100%	0. 18	109	109	绿地
Puthep	1993	Padaeng Industry	泰国	可研		0. 50	101	101	绿地
Boyongan-Silangan (Bayugo)	2003	菲莱克斯矿业公司(Philex) 50%；英美资源集团 50%	菲律宾	可研	菲莱克斯矿业公司（Philex）100%	0. 57	100	100	绿地
木吉	2010	中国政府	中国	储量评估	河北省国资委 100%	NA	98	98	绿地
Halilaga	2006	泰克资源有限公司 60%；先锋黄金公司 40%	土耳其	预可研	泰克资源有限公司 60%；Cengiz 投资公司 40%	0. 25	90	90	绿地
龙脖河	1992	中国政府	中国	靶区优选	中国政府 100%	0. 75	75	75	绿地
Tanjeel	1999	Taung 黄金国际有限公司	巴基斯坦	勘查	RekoGarok 黄金矿业有限公司 100%	0. 73	69	69	绿地
包古图	2002	中国政府	中国	生产		0. 28	63	63	绿地
ChahFirooz	2005	伊朗国家铜业公司（NICICO）	伊朗	生产	伊朗国家铜业公司 100%	0. 41	61	61	棕地
Kalayaan	2000	英美资源集团 70%；菲莱克斯矿业公司(Philex)30%	菲律宾	预可研	菲莱克斯矿业公司（Philex）60%；Manila 矿业公司 40%	0. 44	54	54	绿地
Sepon Copper	1998	力拓集团	老挝	生产	赤峰吉隆黄金矿业有限公司 90%；老挝政府 10%	2. 09	53	177	绿地
Severnye	1993	Soviet 矿业公司	俄罗斯	生产	乌拉尔矿业冶金公司 100%	1. 63	51	51	绿地
Bilugangan	2007	北京建隆集团 50%；金地矿业股份有限公司 50%	中国	可研	北京建隆集团 50%；金地矿业股份有限公司 50%	1. 00	50	50	绿地
Grasberg (Deep Ore Zone)	1998	自由港-麦克莫兰矿业公司 90. 64%/印度尼西亚政府 9. 36%	印度尼西亚	生产	由港-麦克莫兰矿业公司 81. 28%；印度尼西亚政府 18. 72%	0. 55	4	111	棕地

位居第四，铜产量约 19 万 t。2016 年后，中国矿山铜产量平稳增加，并位居亚洲各国第一，矿山铜产量大致在 80 万~100 万 t 之间；印度尼西亚矿山铜产量位于位居第二，年产量大致在 35 万~70 万 t 之间；俄罗斯产量位居第三，年大致在 40 万~45 万 t 之间；其次是哈萨克斯坦和蒙古，矿山铜产量分别在 33 万~45 万 t 和 13 万~15 万 t 之间。2018—2022 年期间，中国矿山的合计铜金属产量最大，占比约 35%。印度尼西亚合计铜金属产量位居第二，占比约 22%。哈萨克斯坦和俄罗斯合计铜金属产量位居第三、四位，占比均为 15%；蒙古合计铜金属产量位居第五，占比约 6%。

表 2-2-3　亚洲矿山铜金属产量统计表

国家	2022 年	2021 年	2020 年	2019 年	2018 年	2017 年	2016 年	2015 年	2014 年	2013 年	年产能
中国	83.88	101.34	97.07	90.79	86.65	84.43	76.68	19.04	17.56	36.78	333.17
印度尼西亚	73.03	73.10	73.7	130	63.80	60.56	71.06	56.63	36.75	49.40	116.27
哈萨克斯坦	45.14	36.68	32.11	39.26	38.11	33.67	22.66	16.49	34.75	39.41	87.96
蒙古	12.95	16.30	14.96	14.63	15.91	15.74	20.13	20.22	14.84	7.67	17.74
沙特阿拉伯	6.85	6.89	6.80	5.99	4.99	3.90	2.69	0.54	0.00	0.00	8.24
俄罗斯	6.72	40.49	48.47	48.62	45.56	38.76	44.80	45.08	44.88	44.95	198.60
菲律宾	5.95	5.16	6.08	7.19	6.74	6.81	8.36	8.47	8.89	9.46	81.84
土耳其	1.15	1.48	1.33	1.67	1.99	1.65	2.53	2.43	2.94	3.15	9.48
巴基斯坦	0.00	1.88	1.32	1.30	1.25	1.01	1.41	1.31	1.31	1.35	2.00
老挝	0.00	0.00	4.84	6.93	8.37	15.33	16.77	16.77	15.97	15.49	15.50
印度	0.00	0.00	0.00	3.24	3.18	3.06	3.44	2.56	3.57	3.26	0.55
其他国家	0.46	0.68	0.57	0.63	0.32	0.33	0.40	0.62	0.52	0.21	157.00
总计	236.14	284.01	250.80	255.37	276.88	265.25	270.93	190.16	181.97	211.12	1028.35

注：这里仅统计铜矿山生产的铜金属，不包括进口铜矿石后加工冶炼生产的铜金属。数据来源为 S&P Global Market Intelligence，2023，中国数据根据自然资源部官方网站。单位为万 t。

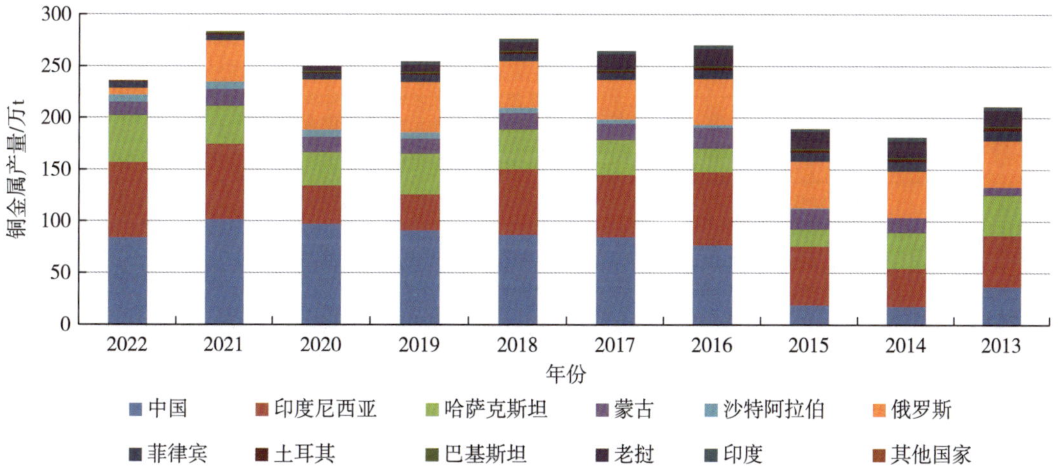

图 2-2-7　亚洲铜矿山的铜金属产量变化情况

数据来源为 S&P Global Market Intelligence，2023

2. 铜矿在产矿山

按矿山产量排名统计，2018—2022 年铜产量前 20 位矿业项目的总产量占亚洲铜矿总产量的 80%。排名第一的 Grasberg 矿山由印尼国家铝业公司和自由港麦克莫兰公司经营；排名第二的 Polar Division 矿山由俄罗斯诺里尔斯克镍业公司控股；第三是中国的德兴铜矿，由江西铜业有限公司经营（表 2-2-4）。

表 2-2-4　亚洲 2018—2022 年合计铜产量前 20 位矿业项目信息统计

铜矿项目	所属国家	所属企业	2018—2022 年总产量/万 t
Grasberg	印度尼西亚	印尼国家铝业公司 51.24%；自由港麦克莫兰公司 48.76%	251.5621
Polar Division	俄罗斯	诺里尔斯克镍业公司 100%	137.5761
德兴	中国	江西铜业有限公司 100%	78.832
Aktogay	哈萨克斯坦	KAZ 矿业有限公司 100%	77.42
Oyu Tolgoi	蒙古	力拓集团 66%；蒙古政府 34%	74.7577
Bozshakol	哈萨克斯坦	KAZ 矿业有限公司 100%	54.34
多宝山	中国	紫金矿业集团股份有限公司 100%	43.1878
乌奴格吐山	中国	中金黄金股份有限公司 90%；中国黄金集团有限公司 10%	36.0814
紫金山	中国	紫金矿业集团公司 100%	32.051
Jabal Sayid	沙特阿拉伯	巴里克黄金公司 50%；沙特阿拉伯矿业公司 50%	31.5246
甲玛	中国	中国黄金国际资源有限公司 100%	28.6017
East Region	哈萨克斯坦	KAZ 矿业有限公司 100%	27.26
Kola Division	俄罗斯	诺里尔斯克镍业公司 100%	26.2273
Bystrinskoye	俄罗斯	诺里尔斯克镍业公司 50.01%；CIS 自然资源基金 39.32%；高地基金 10.67%	26.0607
Kazzinc	哈萨克斯坦	Kazzinc 有限公司 100%	24.31
Batu Hijau	印度尼西亚	安曼努萨登加拉矿业公司（PT Amman Mineral Nusa Tenggara）100%	22.9472
阿舍勒	中国	紫金矿业集团股份有限公司 51%；新疆有色金属工业（集团）有限责任公司 34%；甘肃省政府 15%	22.2596
Atlas Toledo	菲律宾	阿特拉斯（Atlas）联合矿业开发公司 100%	20.7301
Phu Kham	老挝	PanAust 有限公司 90%；老挝政府 10%	20.1397
铜矿峪	中国	北方铜业股份有限公司 100%	17.933
合计			1053.802

3. 铜矿生产商

按公司产量统计，在 2018—2022 年期间合计铜产量最大的 10 个铜矿生产公司总产量占亚洲铜矿总产量的 78%。其中，印尼国家铝业公司控股的亚洲铜矿山（印尼的 Grasberg 铜金矿）的产量最大，约 252 万 t；俄罗斯的诺里尔斯克镍业公司（Norilsk Nickel）控股的亚洲铜矿山（俄罗斯的Bystrinskoye、Kola Division和Polar Division铜矿山）产量位居第二，约190万t；英国的卡兹矿业有限公司（KAZ Minerals）控制的亚洲铜矿山（哈萨克斯坦的Aktogay、Bozshakol和East Region铜矿山）产量位居第三，约159万t；中资企业紫金矿业、江西铜业、中金黄金、中国黄金的产量分别位列第四、五、七和九位，主要经营中国境内的铜金矿山（表2-2-5）。

表2-2-5　亚洲2018—2022年合计铜产量前10名生产企业信息统计

公司名称	公司所属国家	所属项目	项目所属国家	2018—2022年总产量/万t
印尼国家铝业公司（Asahan Aluminium）	印度尼西亚	Grasberg	印度尼西亚	251.56
诺里尔斯克镍业公司（Norilsk Nickel）	俄罗斯	Bystrinskoye	俄罗斯	26.06
		Kola Division	俄罗斯	26.23
		Polar Division	俄罗斯	137.58
卡兹矿业有限公司（KAZ Minerals）	英国	Aktogay	哈萨克斯坦	77.42
		Bozshakol	哈萨克斯坦	54.34
		East Region	哈萨克斯坦	27.26
紫金矿业集团有限公司	中国	阿舍勒	中国新疆	22.26
		德尔尼	中国青海	3.68
		多宝山	中国黑龙江	43.19
		曙光	中国吉林	7.30
		驱龙	中国西藏	1.57
		紫金山	中国福建	32.05
江西铜业有限公司	中国	城门山	中国江西	5.09
		德兴	中国江西	78.83
		武山	中国	4.56
		银山	中国	4.78
		永平	中国	6.93
力拓集团	英国	Oyu Tolgoi	蒙古	74.76
中金黄金集团有限公司	中国	鸡笼山	中国	0.86
		三鑫	中国	6.79
		乌奴格吐山	中国	36.08
巴里克黄金集团	加拿大	Jabal Sayid	沙特阿拉伯	31.52
中国黄金集团	中国	甲玛	中国	28.60
Kazzinc有限公司	哈萨克斯坦	Kazzinc Consolidated	哈萨克斯坦	24.31
其他公司				289.51
总计				1303.11

注：数据来源为S&P Global Market Intelligence，2023。

4. 铜矿生产成本

亚洲铜矿的平均生产成本（除中国外）为全球最低，是全球平均成本的42%，2022年总现金成本为11.3万美元/t。2013—2022年，总现金成本整体呈波动上升态势。其中，采矿成本在3.06万~4.62万美元/t之间，选矿成本在4.7万~6.07万美元/t之间，运营成本在0.62万~1.44万美元/t之间（表2-2-6，图2-2-8）。

表2-2-6　亚洲铜矿山近10年各类成本统计　　单位：万美元/t

年份	采矿成本	选矿成本	运营成本	总现金成本
2013年	4.57	5.49	0.92	10.98
2014年	4.37	6.07	0.82	11.27
2015年	3.71	5.84	0.69	10.24
2016年	3.06	4.70	0.62	8.39
2017年	3.43	5.52	0.86	9.81
2018年	4.01	5.65	1.00	10.66
2019年	4.01	5.59	0.89	10.49
2020年	3.80	4.81	0.92	9.54
2021年	4.62	5.87	1.44	11.93
2022年	4.53	5.34	1.43	11.30

注：数据来源为S&P Global Market Intelligence，2023。

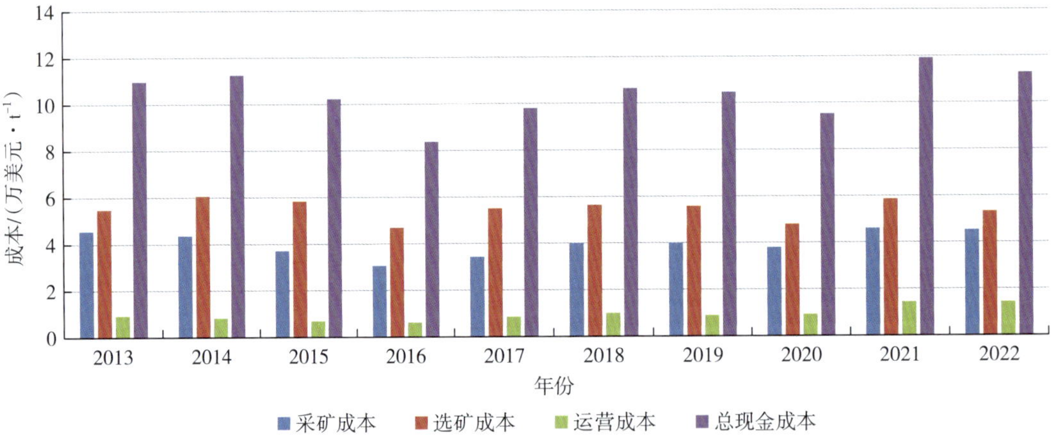

图2-2-8　亚洲铜矿山2013—2022年采矿、选矿平均成本对比

数据来源为S&P Global Market Intelligence，2023

从国家来看，中国的铜矿山各类成本为全球最高，总现金成本是全球平均水平的3.6倍，为724.75万美元/t。其次，俄罗斯和哈萨克斯坦的铜矿山各类成本较高，菲律宾、蒙古、印度尼西亚、亚美尼亚、吉尔吉斯斯坦和老挝的铜矿山各类成本居中，沙特阿拉伯、伊朗和土耳其的成本较低（表2-2-7）。

表 2-2-7　亚洲主要国家 2022 年各类成本对比表　　单位：万美元/t

国家	采矿成本	选矿成本	运营成本	总现金成本
中国	311.73	306.61	106.41	724.75
俄罗斯	16.85	13.32	5.28	35.44
哈萨克斯坦	7.40	14.84	3.71	25.95
菲律宾	7.04	7.07	1.47	15.57
蒙古	3.44	5.62	1.95	11.01
印度尼西亚	5.10	4.29	1.17	10.56
亚美尼亚	2.99	2.54	0.80	6.33
吉尔吉斯斯坦	1.71	2.23	0.72	4.67
老挝	1.32	2.29	0.47	4.09
土耳其	1.65	1.96	0.19	3.79
伊朗	0.99	2.78		3.77
沙特阿拉伯	1.33	1.74		3.07

注：数据来源为 S&P Global Market Intelligence，2023。

第三章 亚洲金矿分布特征与勘查开发现状

第一节 金矿资源分布特点与成矿规律

一、分布特征

亚洲金矿资源丰富，据美国地质调查局公布的数据，全球黄金储量为5.4万t（表3-1-1），亚洲占全球储量的26.24%，约为1.42万t（含俄罗斯），重要的成矿带不仅有乌兹别克斯坦向东，经吉尔吉斯斯坦到中国新疆西部号称“亚洲金腰带”的天山成矿带，还有蒙古-鄂霍次克金矿带、东南亚加里曼丹新生代金成矿带、蒙古肯特金铜矿带等。

表3-1-1 2022年世界金储量 单位：t

国家和地区	储量	国家和地区	储量
澳大利亚	11000	中国	2000
俄罗斯	6800	乌兹别克斯坦	1800
南非	5000	阿根廷	1600
美国	3000	墨西哥	1400
印度尼西亚	2600	巴布亚新几内亚	1100
巴西	2400	哈萨克斯坦	1000
加拿大	2200	加纳	1000
秘鲁	2000	其他国家	9200
全球合计	54100		

注：资料来源为Mineral Commodity Summaries，2023。

据标普数据库统计，亚洲金矿床（区）或共伴生铜、银矿床（区）共计2733个（其中，中国1067个），主要分布在中国，中亚的哈萨克斯坦、乌兹别克斯坦、塔吉克斯坦、吉尔吉斯斯坦，东北亚的蒙古，西亚的伊朗，横跨欧亚的俄罗斯和土耳其，以及东南亚的印度尼西亚、菲律宾等国家。中国金矿数量最多，其次是印度尼西亚和菲律宾（表3-1-2）。

表3-1-2 亚洲金矿储量、资源量统计表

国家	矿床数量	储量/t	资源量/t	（资源量+金属储量）/t
俄罗斯	399	5705.96	14477.17	20183.13
中国	1067	1790	—	15750.51
印度尼西亚	160	1706.88	5852.72	7559.6
菲律宾	206	692.31	2849.47	3541.78

续表

国家	矿床数量	储量/t	资源量/t	（资源量+金属储量）/t
哈萨克斯坦	149	1196.32	2266.33	3462.65
蒙古	137	438.09	2286.25	2724.34
乌兹别克斯坦	25	1757.79	643.59	2401.38
土耳其	113	596.84	1088.54	1685.38
吉尔吉斯斯坦	103	304.82	1187.59	1492.41
巴基斯坦	12	—	1170.85	1170.85
塔吉克斯坦	24	135.66	428.88	564.54
沙特阿拉伯	40	283.21	261.63	544.84
埃及	23	164.14	293.78	457.92
伊朗	16	81.88	323.14	405.02
亚美尼亚	20	90.18	294.63	384.81
马来西亚	24	29.17	181.73	210.9
老挝	19	50.64	136.08	186.72
印度	33	53.44	88.83	142.27
日本	19	136.48	2.17	138.65
泰国	13	—	126.1	126.1
阿塞拜疆	13	13.6	100.65	114.25
越南	17	13.84	78.02	91.86
也门	6	—	75.53	75.53
柬埔寨	28	25.68	8.92	34.6
缅甸	18	—	13.9	13.9
阿曼	9	—	13.8	13.8
韩国	22	—	12.34	12.34
阿富汗	6	—	8.17	8.17
朝鲜	11	4.25	—	4.25
土库曼斯坦	1	—	—	—

注：数据来源为 S&P Global Market Intelligence，2022；中国黄金金属储量来自《中国黄金年鉴 2022》。“—”表示数据未知。

二、成矿规律

（一）主要矿床类型

本书根据亚洲基础地质特征，以金矿床形成的不同地球动力学环境背景和金矿床产出的大地构造环境为主要划分依据，结合亚洲金矿的主要特点，将亚洲主要金矿类型划分为：①造山型金矿床；②卡林型-似卡林型金矿床；③浅成低温热液型金银矿床；④斑岩型铜-金矿床；⑤铁氧化物型铜-金矿床；⑥黑色岩系型金矿床；⑦富金火山成因块状硫化物（VMS）金矿床（刘文杰等，2009）。全球除了南非的兰德（Witwatersrand）金矿床和砂金矿床外，金资源禀赋（过去产量+储量+资源量）排在前4位的金矿床类型分别是造山型（41.0%）、斑岩型（20.9%）、浅成低温热液型（18.4%）和卡林型（5.2%），本书重点讨论以上4种类型的地质特征与成矿规律。

1. 造山型金矿床

造山型金矿床（Orogenic gold deposit，简称OGD）形成时代广，赋存深度宽，品位高且规模大，是全球金勘查的重要类型之一。造山型金矿是指与不同时代变质体有关的汇聚板块边缘增生造山带和碰撞造山带内受挤压和走滑挤压变形作用形成的金矿床，一般产于造山带、走滑挤压的俯冲-增生杂岩体、近地体边缘的地壳中部（4~16km）（图3-1-1，图3-1-2），也有部分产于板内地幔岩石圈拆沉或地幔柱上涌处。造山型金矿种类较多，包括比较常见的石英脉型、韧性剪切带型、构造蚀变岩型及一些网脉状的金矿床。造山型金矿床主要的形成环境是地壳中部的绿片岩相环境，由此，这些矿床也称为中温热液型矿床或中深成热液型矿床。造山型金矿的形成所需的温度和压力的变化范围都比较大，最深可达到25km以上，最浅接近于地表（李亚亚，2017）。

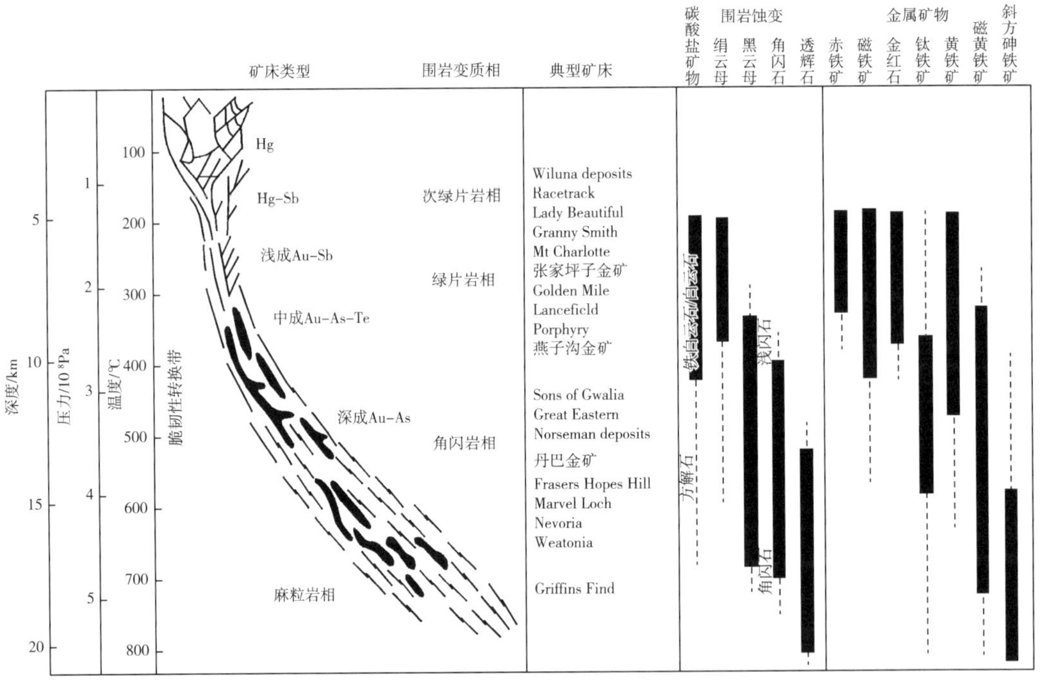

图3-1-1　地壳连续成矿模式示意

（据王庆飞等，2019）

（1）成矿特征

造山型金矿床具有以下共同特征：①富金成矿带与增生造山作用紧密相关，主要形成于外汇聚超大陆旋回或内汇聚超大陆旋回外缘；②许多富金成矿带位于重要跨岩石圈构造附近或复杂的变质火山-深成、沉积地体边界附近；③在增生造山带的造山期内，成矿作用同步或滞后峰期变质作用及构造作用晚期；④大部分超大型造山型金矿成矿带位于绿片岩相变质地体中；⑤矿体主要赋存于脆-韧性断裂石英脉或蚀变岩中，矿体形态、规模明显受构造作用控制，矿体呈平行斜列式脉群，以似层状、脉状产出；⑥绿片岩区域内的蚀变矿物共生组合主要以石英、碳酸盐矿物、云母、绿泥石和黄铁矿为主；⑦矿床间 Hg-Sb 具有相似地球化学特征，Au（As、Te、Sb、W、Bi、Mo、B）强富集，Cu、Pb、Zn、Hg 弱富集，成矿元素组合随深度变化，浅成为 Hg、Hg-Sb，中成为 Au-As-Te（图 3-1-1）；⑧成矿流体主要为低盐度富水含碳流体，具有低盐（≤6%）特性，CO_2+CH_4 的含量为 5%～30%；⑨脆-韧性剪切带内，成矿流体压力从超静岩压力逐渐变化为次静岩压力；⑩动力变质岩在矿区内表现略具有分带性，而围岩蚀变的分带性不明显；⑪就单个矿床分析，矿脉系统可超过 2km，蚀变和元素组合在垂向上延伸却无分带现象，或分带不明显（王庆飞等，2019）。

（2）矿床分类

造山型金矿所形成的深度和温度波动范围都比较大（图 3-1-2），可以依据矿床形成时所需要的深度和温度把造山带金矿分为 3 个亚类：即浅带矿床、中带矿床和深带矿床。浅带矿床的形成深度在 6km 以内，温度为 150～300℃；形成中带矿床所需深度为 6～12km，温度为 300～480℃；形成深带矿床的深度大于 12km，温度超过 480℃（李亚亚，2017）。

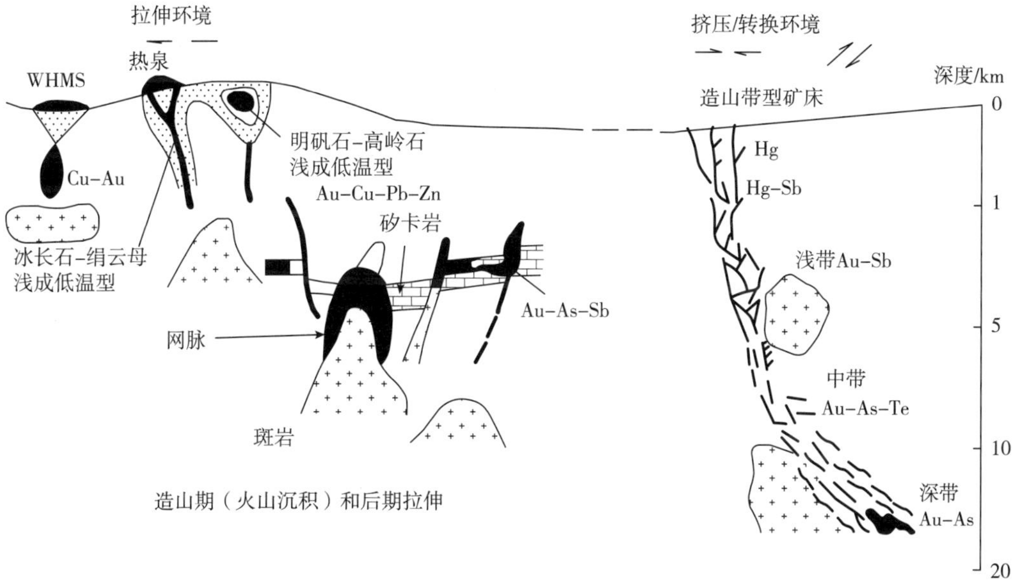

图 3-1-2　汇聚板块边缘地壳中热液金矿床形成深度和构造环境示意图
（据李亚亚，2017）

造山型金矿按赋存条件可分为 3 个亚类：绿岩带金矿、浊积岩型金矿和赋存于条带状铁建造（BIF）中的金矿（图 3-1-3）。造山型金矿中的绿岩带金矿主要受剪切带、转换断层控制；浊积岩型金矿受褶皱和层间走滑断层控制，而赋存于 BIF 中的金矿则受剪切带和断层所控制。绿岩带金矿的围岩为变质片岩、花岗岩和火山岩，变质为绿片岩相，与剪切带密切相关；浊积岩型金矿赋存于瓦克岩和页岩等浊积岩中，受褶皱和断裂所控制；BIF 中的金矿见于铁建造的剪切带中（卢焕章等，2018）。

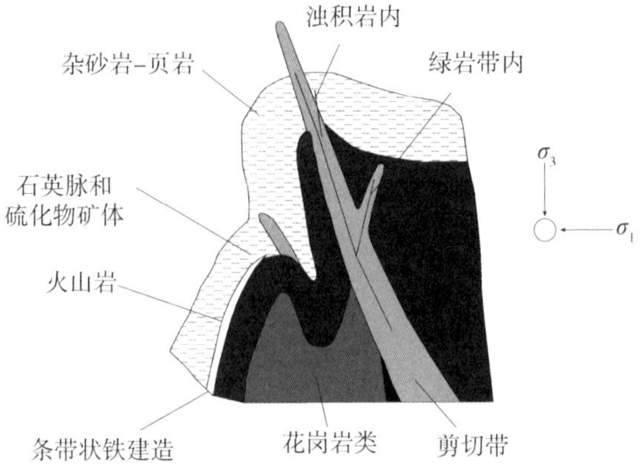

图 3-1-3　造山型金矿的分类
（据卢焕章等，2018）

（3）成矿时代

造山型金矿主要形成时间存在 3 个峰期，分别为新太古代 2.80～2.55Ga、古元古代 2.1～1.8Ga 和显生宙<0.57Ga，成矿峰期与陆壳增生速率的峰期和超大陆拼合峰期吻合较好：新太古代造山型金矿形成峰期与凯诺兰（Kenorland）超大陆的拼贴过程有关，此时形成的造山型金矿主要产于绿岩带内，包括澳大利亚卡尔古力（Kalgoorlie）金矿、津巴布韦奎克奎克（Kwekwe）金矿等（Goldfaıb et al.，2001）；古元古代造山型金矿形成峰期与哥伦比亚（Columbia）超大陆的拼贴过程有关，该时期形成的造山型金矿多发育于绿岩带和被动大陆边缘沉积岩系内，包括西非的依本（Eburnean）造山带；显生宙造山型金矿成矿峰期与冈瓦那（Gondwana）超大陆活动时期一致，大量造山型金矿分布在活动大陆边缘和古特提斯洋盆周缘，包括澳大利亚东南部的本迪戈-巴拉瑞特（Bendigo-Ballarat）金矿集区、中亚造山带的穆龙套（Muruntau）金矿集区、中国华北克拉通胶东金矿集区等（Goldfarb et al.，2005；王庆飞等，2019）。

（4）在亚洲分布情况

碰撞造山带中的造山型金矿床：此类金矿主要分布在冈瓦纳古陆与劳亚古陆相结合的部位，包括中国的雅鲁藏布江缝合带和哀牢山金矿带、伊朗的扎格罗斯造山带。

增生造山带中的造山型金矿床：比较著名的是中亚阿尔泰-天山增生造山带、昆仑-秦岭-大别山造山带。

克拉通边缘造山型金矿床：最典型的是华北克拉通东南缘胶东成矿带。

2. 卡林型-似卡林型金矿床

卡林型-似卡林型金矿床，又称微细浸染型金矿床，因 20 世纪 60 年代初期于美国西部内华达州卡林镇以北约 35km 发现而命名。此类矿床指产于渗透性良好的未经区域性变质的细碎屑岩、碳酸盐岩和硅质岩中的微细浸染型中低温热液金矿床。矿石多为浸染状，金的粒度多为显微-次显微级，又称为微细浸染型金矿床、渗透热（卤）水型金矿床、沉积岩型金矿床及“化学上有利于成矿的沉积岩层中的浸染状矿床”（Arehart，1993）。

（1）成矿特征

卡林型金矿床具有品位低、规模大、矿体与围岩界线不明显的特征，形成深度为0~5km，大多大于2km，大多数矿体产于大断层和现有岩体附近，位于渗透性和活动性强的围岩中的断裂交汇、连接、褶皱处，成矿与构造关系密切。主要形成3种不同的矿化类型：一是产于砂质碳酸盐岩层中的层控交代矿体，矿体一般是层控整合的；二是脉状矿体，矿石品位较高，金矿化和相关的蚀变局限于断裂构造中；三是网脉状矿体，矿化形成于构造交叉部位，含矿岩石强烈变形和破碎矿石具有浸染状构造（崔敏利等，2018）。

卡林型金矿床的含矿围岩时代广泛，主要为海相沉积岩，岩性是不纯的碳酸盐岩和细碎屑岩等，富含碳质（有机碳和石墨），含有大量活性铁或碳酸铁。在某些矿床中，少量的金矿化的围岩主要是火成岩。成矿围岩之上有渗透性较差的岩石盖，如：硅质页岩、页岩-灰岩互层、泥质火成岩。具体而言，卡林型金矿的含矿围岩可以分为3种类型：一是原地的大陆架碳酸盐岩及碎屑岩层序（即东部组合）；二是外来的硅质碎屑岩层序（即西部组合）；三是密西西比纪晚期的超覆层序。卡林型金矿床的围岩蚀变有去碳酸盐化、硅化、泥化和重晶石化等，形成了耐风化露头，一般去碳酸盐化、硅化与金矿化时间接近，矿化在晚期去碳酸盐化和硅化的岩石中最强烈。

卡林型金矿床的形成环境以中温为主，不是典型的浅成低温热液矿床和热泉型金矿床，普遍发育中低温热液矿物组合及Au、As、Hg等微量元素组合，常见矿石矿物包括黄铁矿、毒砂、辉锑矿、雄黄、雌黄及辰砂等，以缺少其他贱金属硫化物为特点。金脉石矿物以石英、方解石为主，其次为重晶石、伊利石、高岭石、蒙脱石、绢云母、明矾石等黏土矿物。金和成矿的毒砂、磁铁矿及热液构成有着非常紧密的关系，以细粒-微粒-超显微的形态存在。就砷硫化物而言，其形成时间大都是在成矿期的末期，形成位置则是在开裂的缝隙中。除此之外，在成矿形成阶段还会产生一定的含锑矿物及少量其他类型物质（韩雪，2012）。在金矿体的氧化带还时常有赤铁矿、明矾石及其他类型的氧化物，我国当前的卡林型金矿床氧化带有的深度已经达到了800m。

卡林型金矿主要形成于陆内裂谷带和弧后盆地内，从更大的大地构造背景来看，美国与我国的卡林型金矿主要构成基本相似，为地幔柱构造活动区。在几乎所有的卡林型金矿区内或者其附近都存在以岩墙和岩脉产出的长英质侵入体，成分从花岗闪长岩到变质花岗岩。这些浅成的侵入体有可能为卡林型金矿成矿作用的热源，也有可能提供热液流体。

（2）成因模式

卡林型金矿床的成因模式有很多种，与岩浆有关（由于岩浆活动而产生的岩浆流体或驱动外部流体循环）、变质成因（区域变质时释放的流体成矿）、盆地流体成因（盆地内热液活动引起成矿流体对流循环成矿）及综合成因（深部超压流体和浅部局部大气降水流体在地壳中等深度混合成矿）等，当前尚无权威定论，本书着重介绍综合成因模式。

该模式认为矿区处于挤压构造环境，沉积岩因为挤压作用而发生逆冲，形成了区域性的低地热梯度，可以保持较低的温度和较高的压力，由于岩浆的侵入作用、区域性水压差或者这两种因素综合影响，大气降水在矿床围岩及其以下岩石中循环，从中汲取金和硫。

由于岩石中有较多的有机碳，所以能使流体具有较强的还原性，使围岩中的重晶石和金溶解，成矿流体以二硫化物配合物的形式搬运金。流体在成矿同期的岩浆活动或构造活动的作用下，沿背斜顶部等构造向上流动，冲破压力圈闭带，与未蚀变的含碳酸盐岩石局部所含大气降水混合，金沉淀下来。在两种流体混合前锋区，混合作用和硫化作用可能引起金的沉淀；在前锋区后面，混合气体逸出造成的扩散氧化作用，可能使金二硫化物配合物和砷不稳定，并使溶于亚稳定砷黄铁矿中的金沉淀下来。热液系统的进一步演化，使脉体-构造中发生更广泛的氧化作用，沉淀热液重晶石和石英（图 3-1-4）。

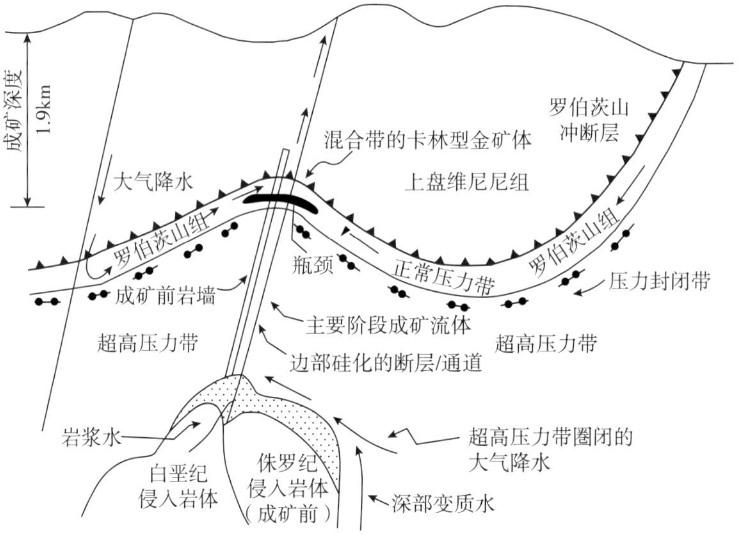

图 3-1-4　卡林型金矿床综合成因模式图
（据 Arehart，1996）

（3）在亚洲分布情况

卡林型金矿在中国主要分布在滇黔桂、川陕甘两个金三角内。我国卡林型金矿首先是湖南有色地质局 416 地质队早在 20 世纪 60 年代对湖南衡东石峡汞矿勘查中首次获得的伴生金，品位 3~7g/t。因未找到自然金（属不可见金），规模较小，并未引起足够的重视。但自 20 世纪 70 年代末至 80 年代初，随着对美国卡林型金矿成矿特征理论的引入，我国贵州、广西、云南、四川、陕西、甘肃、湖北、湖南、江西、安徽、广东等省、自治区相继发现了 40 多个大、中型卡林型金矿。滇黔桂金三角卡林型金矿已获得工业储量 800t 左右，远景储量 2000t 左右；川甘陕地区目前还未获得工业储量和远景储量具体数据，但粗略估计其工业储量达 500t，远景储量大于 1000t；甘肃阳山金矿远景储量就已在 500t 以上。卡林型金矿探明的金资源量占我国岩金总储量的 30% 以上。

在东南亚地区，主要分布在马来西亚沙捞越州、菲律宾棉兰老岛北苏里高等地，典型矿床例如石龙门（Bau）卡林型金矿、拉斯科贡（Lascogon）卡林型金铜矿；在中亚地区主要有哈萨克斯坦 Suzdal 金矿，吉尔吉斯斯坦的 Uluktau、Alai-Karabiy 等卡林型金矿。在西亚伊朗西北部的阿加雷（Agdarreh）和扎尔舒兰（Zarshouran）地区也有卡林式金矿矿化、土耳其东北部的莫拉卡拉（Mollakara）卡林型金矿正处于试开采阶段。

3. 浅成低温热液型金矿床

（1）成矿特征

浅成低温热液型金矿床指在成矿深度较浅（一般<1.5km）、与火山-侵入岩系有关、成矿温度200~300℃（少数情况<200℃或>350℃）和较低压力（10~50MPa）条件下形成的热液型金矿床。浅成低温热液型金矿具有以下成矿特征：①产出的大地构造背景多为活动大陆边缘和岛弧带，主体分布在年轻的火山岛弧；②成矿时代集中在中-新生代，特别是晚中生代和古近纪—新近纪，空间分布以环太平洋成矿域最为重要，特提斯成矿域也有重要分布；③容矿岩石主要为钙碱性（有时为钙碱性-碱性）喷出岩和浅成侵入岩；④构造条件是浅成低温金矿成矿的重要条件，矿床的容矿构造可以是各种类型的正向和负向火山机构，并受区域性质的断裂带和火山机构断裂系统的控制，岛弧带矿床主要分布在破火山口内，较少产在线型背斜构造和火山穹隆中，陆内火山岩带矿床形成于构造倾伏的破火山口地段，陆缘火山带矿床可出现在各种正向和负向火山机构内；⑤该类矿床普遍具有成矿温度低、成矿深度浅和成矿流体盐度小的特点；⑥矿体主要以脉状为主，包括复杂的树枝状脉、板状脉、细脉和网状脉，其次为浸染状矿层和产在爆发角砾岩中的细脉浸染状矿筒、囊状透镜体；⑦许多浅成低温矿床的形成与地热系统和热泉环境有关；⑧浅成低温矿床围岩蚀变主要有硅化、黄铁矿化、绢云母化、绿泥石化，其次为碳酸盐化、高岭土化、冰长石化、明矾石化，区域性的青磐岩化也波及矿脉附近的火山岩，一般具有较为明显的横向和垂向分带性；⑨矿床原生晕具垂向分带性，Hg、As、Sb为典型矿上晕，Mo、W、Co、Ni为典型的矿下晕。

（2）矿床分类

依据矿床地质特征及流体中硫的氧化还原状态，将浅成低温热液型金矿划分为低硫化型和高硫化型两类（表3-1-3）。

低硫化型金矿床产出位置与火山口距离为中等至较远，围岩为火山岩，也有一些产于基底岩石中。矿体主要以脉状和网脉状产出，少量以角砾岩筒和浸染状蚀变岩产出。矿体样式在垂向上具有分带性，地表为泉华沉淀（硅华或钙华），下部为网脉状，再向下为脉状。矿石类型以石英脉型和网脉型为主，有少量角砾岩型和硅质岩型。矿石构造主要有脉状构造、网脉状构造、条带状构造、纹层状构造、皮壳状构造、晶簇状构造、角砾状构造；矿石结构主要有胶状结构、格子结构、自形结构和半自形粒状结构。矿石矿物主要为黄铁矿、银金矿、自然金、硫银矿、磁黄铁矿、闪锌矿、方铅矿、毒砂，硫化物相对含量较低（一般为1%~5%）；脉石矿物主要为石英、玉髓、蛋白石、绢云母、冰长石、方解石、菱锰矿、伊利石、绿泥石、绿帘石。成矿元素以Au、Ag、Zn、Pb为主，少量Cu、Sb、As、Hg等（王义天等，2020）。

高硫化型金矿床产于火山机构附近，赋矿围岩主要是火山岩。矿体类型主要以浸染状蚀变岩型为主，少量火山角砾岩筒型和石英脉型。矿石类型包括硅质岩型、角砾岩型和石英型。矿石构造主要有浸染状构造、脉状构造、多孔状构造、角砾状构造、块状构造；矿石结构主要有交代结构、自形结构和半自形粒状结构。矿石矿物包括黄铁矿、硫砷铜矿、黄铜矿、砷黝铜矿、铜蓝、辉银矿、自然金、碲化物，硫化物相对含量高（10%~80%）；脉石矿物有石英、明矾石、重晶石、高岭石、叶蜡石。成矿元素以Cu、Au、Ag、As为主，少量Pb、Hg、Sb、Te等。

表 3-1-3　低硫化型和高硫化型浅成低温热液型金矿床对比

项目	低硫化型（Ls）	高硫化型（Hs）
矿石类型	石英脉型为主，少量热液角砾岩型和硅质岩型，类型多样	类型多样，包括热液角砾岩型、石英脉型和硅质岩型
矿体特征	脉状和网脉状	浸染状为主，不规则状多见
结构构造	细粒状结构；脉状、孔洞状、晶簇状、条带状、角砾状构造	交代结构；角砾状、脉状、多孔状、块状、胶状、条带状构造
围岩蚀变	冰长石-硅化-绿泥石化→绢云母化-伊利石化→泥化→青磐岩化	硅化-高级泥化→（高岭石-蒙脱石-）泥化→青磐岩化带
赋矿围岩	主要为钙碱性安山岩、英安岩和流纹质组合，碱钙性玄武粗安质、粗安质和粗面质火山岩	包括部分基底岩石碱钙性流纹质、流纹英安质、粗安质、粗面质火山岩，包括部分基底岩石
矿石矿物	主要为自然金、自然银、黄铁矿、辉银矿、银金矿，铜的含量少且变化较大，贱金属硫化物、硒化物及锰矿物可出现，不见硫砷铜矿和辉铋矿；脉石矿物主要为石英、冰长石、绢云母和绿泥石等	主要为硫砷铜矿、黄铁矿、自然金及贱金属硫化物，绿泥石及锰矿物少见，不见硒化物，有时有辉铋矿，贱金属含量变化大，铜含量较高；脉石矿物主要为石英、明矾石
金属元素组合	Au、Ag、Zn、Pb 为主，Cu、Sb、As、Hg、Se 为辅	Cu、Au、Ag、As 为主，Pb、Hg、Sb、Te、Sn、Mo、Bi 为辅
成矿流体特征	大气降水为主，含岩浆挥发分 S 和 C，流体 pH 近中性，相对还原，盐度 0~13%，多数<5%，贱金属含量低，岩浆组分中高钾	以岩浆水为主，pH 为酸性，氧化性强，贱金属含量较高，盐度 0~24%，多数<5%
成矿温度	100~320℃（主要为 150~250℃）	100~320℃
成矿深度总硫浓度	一般 0~1000m 变化大，一般较低	一般 500~2000m 变化大，一般较高
矿床规模	规模大，矿化带水平方向长宽比一般≥3∶1	规模较小，少数规模大，矿化带水平方向长宽比多为 1∶1
成矿与围岩时差	火山活动结束 1Ma 以后，个别可达 15~20Ma	火山结束后不超过 0.5Ma
典型矿床	菲律宾碧瑶，日本菱刈	

（据江思宏等，2004；崔敏利等，2018；王义天等，2020）

（3）成矿时代

浅成低温热液型金矿床的成矿时代与周边的火山岩带形成时代一致。在环太平洋地区，该类矿床主要发育于中-新生代的火山弧中，其东带成矿时代主要集中在晚白垩世中期—古近纪，且在晚白垩世末期矿化最为强烈；中国东部地区，燕山期的构造-岩浆活动异常强烈，成矿作用亦呈爆发趋势，成矿时代为 94~188Ma，主要集中于 188Ma、135~144Ma、115~127Ma 和 94~105Ma 等几个时间段；位于环太平洋成矿带内带（岛弧带）的西南太平洋地区，新生代大规模的浅成低温热液成矿作用与洋壳俯冲引发的岛弧岩浆活动有关，成矿时代大多为 20Ma 左右。地中海-喜马拉雅成矿带金矿成矿时代主要为晚白垩世—古近纪。古亚洲成矿带西部的中亚地区金成矿时代主要集中在古生代，如新疆阿希金矿的成矿时代为早石炭世，古亚洲东部由于叠加了太平洋板块的俯冲作用和鄂霍次克海闭合事件的影响，成矿时代从中生代延续到新近纪更新世，如俄罗斯东北部的成矿时代集中于晚侏罗世（147~151Ma）、早白垩世（100~138Ma）和新近纪更新世（7~60Ma）。

（4）在亚洲的分布情况

全球浅成低温金矿明显呈集中成带分布特点，绝大多数分布在著名的环太平洋带、古特提斯带和中亚-蒙古（蒙古-鄂霍次克）带，少部分分布在古克拉通内，如印度克拉通和中朝克拉通等。

环太平洋西带：金矿化受大陆边缘火山岩带和岛弧系控制，形成一个规模巨大的金矿带。根据成矿环境又可进一步划分为内、外带。内带北起俄罗斯的堪察加半岛，经日本冲绳、中国台湾奇美、菲律宾碧瑶、马来西亚沙巴、伊里安岛、巴布亚新几内亚利希尔岛至新西兰和斐济岛。该带发现储量在 10t 以上的金矿床 52 个，其中超大型矿床（>400t）5 个、大型矿床（100~400t）8 个。这些矿床位于俯冲带上的新近纪—第四纪火山深成弧形构造带上。外带北起俄罗斯的楚克奇，经中国辽吉黑东部、朝鲜进入中国东部沿海地区。构造环境为古老克拉通之上的中新生代上叠火山盆地。已经发现团结沟、刺猬沟、五凤、紫金山等金矿床。

古特提斯（地中海-喜马拉雅）带：该带包括西班牙、南斯拉夫、罗马尼亚、土耳其、伊朗、巴基斯坦、印度、中国等，金矿产于内陆和大陆边缘火山岩带。著名的矿床有罗马尼亚阿普塞尼山脉金矿、西班牙罗达尔基拉尔金矿田、保加利亚麦迪德斑岩型铜金矿床等。

中亚-蒙古（蒙古-鄂霍次克）带：该带西起中亚的乌兹别克斯坦，经吉尔吉斯斯坦、哈萨克斯坦、俄罗斯、蒙古至俄罗斯东北部，包括了中国的新疆、甘肃、内蒙古和黑龙江部分地区。已经发现的金矿有俄罗斯的巴列依金矿、达拉松金矿、克留切夫金矿、多峰金矿，蒙古的塔林金矿，中国的阿希金矿、伊尔曼得金矿、石英滩金矿、古利库金矿、大兴安岭地区“新类型”金矿，哈萨克斯坦的阿尔哈尔雷金矿等。中亚-蒙古成矿带主体为古生代构造岩浆活动带，成矿时代主要为古生代。其东部受太平洋板块俯冲影响，造成环太平洋西带与中亚-蒙古成矿带重叠在一起，处于活动大陆边缘，成矿时代以中生代为主。

4. 斑岩型铜-金矿床

（1）成矿特征

斑岩型铜-金矿床是上地壳金储量最大的金矿床类型之一，是指规模很大、中低品位、矿化时空均与中酸性斑状侵入岩密切相关的内生金属矿床。矿体形成深度相对较浅，一般不深于 4km，延伸可达上百米，网脉宽度仅数毫米至数厘米，斑岩的岩浆-热液系统的时间和空间的范围变化较大，空间范围上从小于 1mm 至大于 10km，持续时间可长达 5Ma（Seedorff et al.，2005）。

斑岩型铜-金矿床具有以下特点：①成矿斑岩需要具有高氧逸度，通常高于 ΔFMQ+

1.5；②成矿斑岩富含挥发分，有利于成矿物质的萃取富集；③受流体在岩浆中的溶解度控制，成矿深度通常小于5km，主要形成于2~4km；④受元素的活动性、矿物的稳定性、温压条件等的控制，矿体的蚀变、成矿元素分布均有明显的分带特征，从外向内依次是青磐岩化带、黄铁绢云岩/硅化带、钾化带等；⑤很多大型、超大型斑岩型金铜矿床与非震洋脊（海岭、海山链）及扩张洋脊俯冲有关。

斑岩型铜-金矿床中的细网脉和裂隙控制浸染状铜-铁硫化物矿物广泛散布于斑岩侵入体及其中性围岩的巨大范围内，与含钾硅酸盐、绢云母、青磐岩等蚀变岩共生，次为高级黏土化蚀变岩。在斑岩系统中，成矿小岩体与广泛散布的岩浆-热液蚀变和矿化有密切的时空关系。

成矿岩体具斑状结构，为中性到长英质岩石，直径小（<2km），成矿岩体内长石、石英和镁铁矿物斑晶被细晶基质包围。侵位较浅，一般为1~4km。侵入体具多相特征，可以有成矿前、成矿期和成矿后的侵入相，早期为不连续、不规律的细脉和网脉，过渡期为板状细脉，晚期为贯入脉和角砾岩体，呈递进演变。在斑岩侵入体和邻近围岩中广泛发育裂隙构造控制的蚀变和矿化：每个成矿侵入体都伴随多期次热液蚀变，受元素的活动性、矿物的稳定性、温压条件等的控制，矿体的蚀变、成矿元素分布均有明显的分带，从外向内依次是青磐岩化带、黄铁绢云岩/硅化带、钾化带等；同时，硫化物和氧化物的矿物组合从早期斑铜矿-磁铁矿，经黄铜矿-黄铁矿，向晚期黄铁矿-赤铁矿、黄铁矿-硫砷铜矿或黄铁矿-斑铜矿组合演变，早期蚀变和铜矿化温度范围为400~600℃，成矿流体为盐度在30%~60%之间的岩浆水，晚期蚀变和矿化流体包括大气降水组分，盐度低（<15%），温度低（200~400℃）（Kerrich et al.，2000）。

（2）矿床分类

根据含矿斑岩体的形态、岩性组合和形成深度，可将斑岩型铜-金矿床划分为经典型、火山岩型和深成岩型。

经典型斑岩型铜-金矿床大多与浅成-超浅成复式侵入杂岩体有关，赋矿围岩可以是斑岩岩体、火山岩，也可以是与岩浆活动无关的沉积岩。在矿田或矿区范围内，各类岩脉和角砾岩分布广泛，极为发育。从矿床热液蚀变分带看，矿体的核部为钾化带，向外为石英绢云母碳酸盐化黄铁矿（千枚岩化），最外侧为绿泥石化、碳酸盐化绿帘石（青磐岩化）。美国西南部和加拿大不列颠哥伦比亚省的一些大型-超大型斑岩型铜金矿床及我国德兴、玉龙和多宝山斑岩铜金矿床均属经典型斑岩型铜或铜金矿床。

火山岩型斑岩型铜-金矿床主要在古火山喷口的根部带内产出，含矿火山岩既可以是钙碱系列的，也可以是碱质系列的。二者在空间分布上大多伴生有浅成-超浅成侵入岩株、墙、枝和脉群。铜金矿化一般在各类火山岩、角砾岩和岩脉内部及旁侧产出，青磐岩化可从矿体中心地带一直延伸到围岩中。

深成岩型斑岩型铜-金矿床主要在深成岩体（岩基）内产出，局部地段发育有大量的岩脉和角砾岩。具有工业价值金属矿床的元素组合主要为铜钼，金含量相对较低（通常<1g/t）。在热液蚀变方面，矿体的核心部位为硅化带，向外依次为钾化带、泥化带、千枚岩化带和青磐岩化带。最典型的实例为加拿大海兰德谷和澳大利亚凯蒂亚大型铜钼或铜金矿床矿集区。

(3) 成矿时代

尽管一些前寒武纪金铜矿床具有斑岩型矿床的某些特点，但是具有确凿证据的最古老的斑岩型铜金矿床的形成时代为古生代。对于绝大多数钙碱性斑岩型铜金矿床来讲，其形成时代为中生代、古近纪—新近纪或更年轻。相比之下，许多碱质类斑岩型铜金或金矿床的形成时代为早侏罗世。在斑岩型铜金矿床集中区，不同期次和各种规模岩浆岩分布广泛、极为发育，铜金矿化往往同最年轻一期的侵入岩相有关。另外，铜金矿床的形成时间往往滞后于侵入岩体，时间差变化范围为 0.5~3Ma。

(4) 在亚洲的分布情况

绝大多数斑岩型铜金矿床分布在古生代以来的汇聚板块边缘，如环太平洋成矿域、古亚洲成矿域和特提斯-喜马拉雅成矿域。

环太平洋成矿域中的西太平洋俯冲带主要分布在亚洲，斑岩型金矿床主要集中在菲律宾岛到东帝汶之间，这些矿床均是西南太平洋年轻弧后盆地闭合的产物，金含量较高，很多矿床的铜金比在 1 万左右。中国东部的德兴和长江中下游斑岩铜金矿床的地球化学特征显示成矿可能与太平洋早期俯冲有关。

古亚洲成矿域是三大成矿域中最老的。该成矿域隶属于古亚洲洋闭合形成的中亚造山带。这里曾经有过类似于太平洋的板块俯冲体系，俯冲起始于新元古代，在晚石炭世洋壳俯冲基本结束，是全球最大的增生型造山带。中亚造山带的斑岩型铜金矿床主要形成于板块俯冲的后期，洋盆即将闭合的志留纪、石炭纪。其中蒙古的奥尤特勒盖（Oyu Tolgoi）和乌兹别克斯坦的卡马克（Kal'makyr）是斑岩型铜金矿床，铜金比分别约为 2.5 万和 0.8 万，均低于原始地幔值。

特提斯-喜马拉雅成矿域有多个巨型斑岩型铜金矿床，如印尼的格拉斯伯格（Grasberg）和伊朗的撒差士买（Sar Cheshmeh）矿床。其中，印尼的格拉斯伯格矿床形成于（3.33±0.12）~（3.01±0.06）Ma，是世界上最大的斑岩型金矿床，金平均品位为 1g/t，铜金比值接近 1 万，显示俯冲晚期-碰撞早期斑岩型铜矿的特点。与其附近的太平洋构造域的斑岩型铜金矿床一样，格拉斯伯格基本不含钼。伊朗的撒差士买矿床形成于约 12.2Ma，是斑岩型铜金钼矿，其铜金比值约为 4.4 万，低于东太平洋斑岩型铜金矿床，高于西太平洋斑岩型铜金矿床。近些年，在青藏高原的冈底斯岩基取得了重大的找矿突破，大量的大型斑岩型铜矿床被发现，如驱龙、甲玛、朱诺、邦铺等，构成冈底斯斑岩铜矿带。

5. 铁氧化物型铜-金矿床

(1) 成矿特征

铁氧化物型铜-金矿床（IOCG 型）是指一类具有贫硫化物、富铁氧化物（低钛磁铁矿、赤铁矿）矿石的热液型 Cu-Au 多金属矿床。一般出现在大陆边缘伸展带（包括弧后裂谷和造山带中的局部伸展带）及大陆裂谷带（毛景文等，2008），矿化作用受早期存在的构造影响，由岩浆结晶和热液形成阶段的构造所控制，与同期侵入岩无明显空间关系。其成矿区的磁场和重力效应明显，以重力高、中等到高幅度磁异常为标志。

IOCG 型铜金矿床具有高储量、低品位的特征，富含磁铁矿和赤铁矿，大多数矿床含有铜铁硫化物和金矿化，硫化物含量低，不含或极少含与硫化物同期的石英脉，特征性的金属共生组合为Fe-Cu-Au-REE，Cu/(Cu+Zn+Pb）值高。

IOCG型铜金矿床的围岩蚀变普遍存在钠化和钾化，或以钠化为主，或以钾化为主，在个别矿床中这两种蚀变同时发育，下部为钠化，上部为钾化。钠化以长石-磷灰石-阳起石-方柱石（或钠柱石）-绿泥石-磁铁矿为特征；钾化则以钾长石-绢云母-黑云母-碳酸盐矿物为特征。

（2）矿床分类

依据铁氧化物铜金矿床形成的原因和其构造环境，可将矿床分为以下3类：第一类为非岩浆型铁氧化物铜金矿床，该类型矿床成矿流体主要来源于地表水、洼地水或者变质水，是否与岩浆有关尚未明确，而矿床成矿物质主要来源于岩浆或者地层，成矿物质主要由Cu-Au-Co-U组合为主，一般情况铁氧化物的含量不低于15%；第二类为岩浆型铁氧化物铜金矿床，这类矿床的成矿流体主要来源于岩浆水，特别是与其中的中酸性的钙碱性-碱性岩浆关系非常密切，成矿物质主要来源于岩浆本身，主要以Cu-Au组合为主，磁铁矿所占含量一般为5%~15%；第三类为混合型铁氧化物铜金矿床，该类矿床成矿流体为混合型来源，与岩浆有一部分关系，可以看到斑岩型矿化，但是二者之间的关系还尚不明了，矿床成矿物质主要来源于岩浆及地层，一般情况铁氧化物的含量不低于15%，目前发现的大型及超大型铁氧化物铜金矿床都属于混合型矿床。

（3）成矿时代

IOCG型铜金矿床的成矿时代从太古宙一直延续到第四纪。如巴西Carajas地区的Salobo、Igarapé Bahia和Cristalino矿床，年龄在2500~2800Ma之间。元古宙形成的IOCG矿床有南非的Phalaborwa矿床（约2060Ma），澳大利亚的Ernest Henry矿床（1504~1530Ma）和奥林匹克坝矿床（1590Ma），加拿大的Wernecke矿床（约1600Ma），中国的白云鄂博矿床（1200~1300Ma）和美国的Pea Ridge矿床（约1470Ma）等。古生代形成的IOCG矿床主要分布在中亚地区，并从中亚向外延伸，沿阿尔泰造山带经哈萨克斯坦、乌拉尔山脉至土耳其，如泥盆纪的Peschnask矿床、Teyskoe矿床和石炭纪的Kachar矿床。中生代形成的IOCG矿床沿智利安第斯山脉分布，如智利的Mantos Blancos矿床（约140Ma）、Mantoverde矿床和La Candelaria矿床，秘鲁的Marcona矿床和Mina Justa矿床（65~175Ma）。此外，美国西南部三叠纪形成的铜泉、铁泉矿床和我国长江中下游晚侏罗世—早白垩世斑岩型铁矿也属于这一类型。新生代形成的IOCG矿床较少，仅分布在智利东部和墨西哥。最年轻的IOCG矿床是墨西哥的Boleo矿床（<8Ma）。

（4）在亚洲的分布情况

铁氧化物铜金矿床在亚洲分布有限，主要分布于中国、印度西北部的Khetri省、伊朗的Bafq省、俄罗斯的乌拉尔（Urals）地区，土耳其安纳托利亚中部最大的Divrigi含Fe地区和土耳其东南部的Avnik（Bingol）中部地区也有发现IOCG型铜金矿床的可能。据前人研究，中国IOCC成矿的地区主要有：①四川-云南中西部的康滇成矿带；②内蒙古白云鄂博矿床；③长江中下游宁芜-庐枞盆地铁-铜成矿带；④新疆东天山雅满苏铁-铜成矿带；⑤新疆东准噶尔铁铜金矿带；⑥海南五指山地区的石碌铁钴铜矿区。

6. 黑色岩系型金矿床

（1）成矿特征

黑色岩系是指含有较多有机碳及硫化物的暗灰黑色的硅岩、碳酸盐岩、泥质岩及其相应变质岩石组合的总称。黑色岩系型金矿床在遥感解译的过程中，其控矿地层在图像上多呈灰黑色夹灰白色色调，地层形态在影像上多表现为板状、条带状。控矿韧性剪切带构造总体呈灰黑色调，断续的线性影像。以褐铁矿化为主的蚀变类型呈褐黄色调不连续的带状或块状影纹。硅化、绿泥石化、绿帘石化表现为暗灰白色夹浅紫色，呈浸染状、面状分布、密点、纹理较细腻（表3-1-4）。

表3-1-4　黑色岩系型金矿遥感影像特征

地质背景	黑色岩系型金矿多产于弧后盆地、前陆盆地及岛弧带中，受断裂构造控制明显，容矿岩系为含碳黑色碎屑岩系	
遥感影像特征（ETM）	色调	含矿黑色岩系的色调多为灰褐色、灰黑色夹白色等
	形态	含矿黑色岩系在影像上多表现为板状、条带状地形
	纹理	含矿黑色岩系为平行状、羽状纹理
	线性构造	线性构造的交汇处是黑色岩系型金矿的找矿重点部位，特别是韧性剪切带对成矿最有利
	环形构造	在含矿黑色岩系内常见地貌环、岩浆环等环形构造

（据裴亚伦等，2018）

（2）矿床特点

黑色岩系型金矿多产于弧后盆地、前陆盆地及岛弧带中，反映的是黑色岩系形成时正处于一个比较稳定的构造环境。黑色岩系型金矿控矿断裂具有压性的韧性剪切带性质，属区域构造应力挤压成矿，其成矿环境为构造应力挤压成矿环境，这种含矿的韧性剪切带规模巨大，一般长度达数十千米至上千千米，成矿在韧剪带中具有分段集中、局部富集的特点。

矿体主要由大量的石英粗脉、细脉及网脉组成，各种石英脉是金矿成矿的核心，是成矿物质的主要载体和金矿储量的主要来源，矿体规模大，顺层展布，品位低。产出的地层岩石建造为一套远离火山机构的含碳质较高（一般>0.5%）的陆源细碎屑岩-碳酸盐岩建造，有时也夹有火山碎屑岩，含碳岩石主要为碳质页岩、碳质板岩、碳质泥质页岩、含碳硅质泥质页岩、石墨化碳质页岩、碳质泥质板岩、碳质粉砂岩等，矿床均产于含碳质的陆源细碎屑岩中，而碳酸盐岩中不产金矿床，但碳酸盐岩可说明黑色岩系的形成环境（表3-1-5）。黑色岩系型金矿一般金属硫化物为黄铁矿，少量毒砂，深部可见到磁黄铁矿，属于低温矿床，具明显黄铁矿化、绢云母化、绿泥石化、碳酸盐化、硅化及石墨化蚀变特征，具有明显的低温热液成矿的特点。金多以包裹金和裂隙金等微细金形式产出，金粒度微小，除粗大石英脉外，很难见到明金。黑色岩系型金矿形成的环境应为宁静的滨浅海环境，海水富含 CO_2 且较浅，有利于有机体的形成和碳酸盐岩发育，浅海富碳质还原环境是黑色岩系形成的最基本条件，还原环境的富碳质有机体利于吸附金（刘春涌等，2007）。

表 3-1-5 亚洲主要黑色岩系金矿成矿地质特征

矿床名称	构造环境	容矿围岩	矿体特征	规模及品位
俄罗斯纳塔尔卡	西伯利亚克拉通的东缘，一套寒武纪的变质岩不整合于太古宙变质地层上形成的博代博复向斜中	一套新元古代黑色沉积页岩，主要由黑色含碳高的千枚岩、粉砂质页岩和粉砂岩组成	金主要赋存于受背斜内小构造控制的细脉浸染状含硫化物石英脉。矿体呈层状、细脉状、透镜状、囊状	资源储量 1920t，平均品位 2.8g/t
俄罗斯苏霍依洛格	俄罗斯远东马加丹地区雅娜-科累马造山带西南侧	晚二叠世碳酸盐岩	区域上受控于北西向滕卡断裂，矿体赋存于“Z”形走滑断层	探明储量 450t，平均品位 4g/t
俄罗斯奥林匹亚达金矿	东西伯利亚克拉通西南缘贝加尔褶皱带，在 Panimba 复背斜和 Bolshepit 复向斜交汇处的金矿带内	晚前寒武纪早里菲 Kordian 组浅变质含碳碎屑岩系	矿体呈层状、薄片状、马鞍状、似透镜状及透镜状	资源储量 1473t，平均品位 3.27g/t
哈萨克斯坦巴克尔奇克	斋桑-准噶尔华西力岛弧带库兹洛夫坳陷西南边缘西卡尔巴北西向断裂与库兹洛夫近东西向断裂的交汇部位	晚石炭世黑色页岩，互层的灰岩、复矿砂岩、碳质粉砂岩等海相含碳细碎屑岩建造	矿体呈条带状、似层状和透镜状产出，均向北西倾斜	探明储量 277t，平均品位 9.4g/t
吉尔吉斯斯坦库姆托尔	中天山陆缘活动带，受控于图尔盖-中天山加里东-华力西期褶皱带，地处伊塞克地块南缘缝合带（尼古拉耶夫断裂带）南侧	一套碳质含量较高的千枚岩、砾岩和粉砂岩，部分已石墨化	矿体受近东向（局部东西向）断裂破碎带控制，赋存于黑色岩系中，呈板状和脉状	资源储量 334t，平均品位 3.2g/t
乌兹别克斯坦穆龙套	卡拉库姆板块和中哈萨克斯坦-北天山板块的碰撞缝合带	下古生界别索潘组含碳质黑色岩系（C-O）	矿床总体为一规模巨大、构造复杂、向东微倾的陡立柱状矿体	资源储量 6100t，平均品位 2.5g/t

（据崔敏利等，2018）

（3）成矿时代

亚洲主要黑色岩系型金矿的特点有相似之处，但各自的特点也很显著：赋矿地层时代从新元古代到晚古生代，一些世界级矿床的赋矿地层时代为新元古代（如库姆托尔）和中奥陶世—早志留世（杨富全，2005）。中亚黑色岩系型金矿主要特征见表 3-1-6。

表 3-1-6 中亚黑色岩系型金矿主要特征

矿床名称	国家	赋矿地层时代	矿床规模	品位/$(g \cdot t^{-1})$
查尔库拉（Zharkulak）	哈萨克斯坦	元古宙	100t	10~15
苏兹德尔斯克（Suzdalskoe）	哈萨克斯坦	晚古生代	小型	
热列克（Zherek）	哈萨克斯坦	晚古生代	中型	
米亚里（Miyaly）	哈萨克斯坦		小型	
埃斯佩（Espe）	哈萨克斯坦		小型	

续表

矿床名称	国家	赋矿地层时代	矿床规模	品位/$(g\cdot t^{-1})$
博尔什维克（Bolshevik）	哈萨克斯坦	晚古生代	小型	
巴克尔奇克（Bakyrchik）	哈萨克斯坦	晚古生代	320t	3~6
格鲁博吉洛格（Glubokyi Log）	哈萨克斯坦	晚古生代	小型	
阿克扎尔（Akzhal）	哈萨克斯坦	晚古生代	小型	
申塔斯（Sentas）	哈萨克斯坦	晚古生代	小型	
巴勒德扎尔（Baladzhal）	哈萨克斯坦	晚古生代	中型	
中姆巴（Zhumba）	哈萨克斯坦	晚古生代	小型	
库鲁宗（Kuludzhun）	哈萨克斯坦	晚古生代	中型	
麦梅尔（Maimer）	哈萨克斯坦	晚古生代	小型	
库姆托尔（Kumtor）	吉尔吉斯斯坦	新元古代	590t	3.6
萨瓦亚尔顿（Savoyardi）	吉尔吉斯斯坦	古生代	40t	6.1~8.7
什什坦贝尔格（Ishtanbergy）	吉尔吉斯斯坦	古生代	35t	6.5
塔姆德布拉克（Tamdybulak）	乌兹别克斯坦	古生代	55t	
巴尔潘套（Balpantau）	乌兹别克斯坦	晚古生代	70t	>1
阿里斯坦套（Aristantau）	乌兹别克斯坦	古生代	36t	0.5
道吉兹套（Daughyztau）	乌兹别克斯坦	中奥陶世—早志留世	储量180t，资源量540t	2~5
阿曼泰会（Amantaitau）	乌兹别克斯坦	中奥陶世—早志留世	储量120t，资源量180t	4.7

（据杨富全，2005）

（4）在亚洲的分布情况

目前发现的大型、超大型与黑色岩系相关的金矿床主要分布在乌兹别克斯坦的南天山地区，哈萨克斯坦的北部、斋桑-准噶尔、楚伊犁、北天山、西伯利亚地台南缘，吉尔吉斯斯坦的天山地区，中国天山造山带、塔里木盆地北部、北山等地。

7. 火山成因块状硫化物（VMS）金矿床

（1）成矿特征

火山成因块状硫化物矿床（Volcanogenic Massive Sulfide Deposits，简称VMS矿床）是指产于海相火山岩系中，与海相火山-侵入活动有关的，在海底环境下由火山喷气（热液）作用和喷气-沉积作用形成的块状或次块状的硫化物矿床，也称作与火山岩有关的或赋存于火山-沉积岩系中的块状硫化物（VMS）矿床（“块状”并非结构意义）。金是与火山相关块状硫化物矿床的常见伴生金属，矿床之间和同一矿床之内金品位的变化很大，一般在0.2~2g/t之间，有时可高达2~20g/t。

（2）矿床特点

VMS矿床系统的基础是海底数百米之下有一个次火山岩床，在岩床尤其是边部，具强烈的高温蚀变，它是侧向延伸的由绿帘石、钠长石和石英蚀变组成的板状蚀变体的一部分。成分上，这些蚀变带被热液淋滤走了金属，伴随强烈的碱金属、碱土金属蚀变改造和硅质的加入。

矿床成矿物质来源也是一个存在争议的问题，有学者认为矿床中的硫主要源于海水硫酸盐和岩浆硫，岩浆硫可能直接来源于岩浆喷气作用或者从火山岩中淋滤出来的硫。通过对比不同海底热液区硫化物和硫酸盐中的硫同位素组成，发现硫酸盐中的硫主要来源于海水；而硫化物的硫同位素范围在不同热液区乃至同一热液矿床中有较大的差异（Herzig et al.，1998；曾志刚等，2001），且硫化物与硫酸盐的硫同位素分馏程度不同，不同矿床中硫源差异很大。此外，目前认为现代海底热液沉积物中硫化物的硫有3种来源：①以火成岩中硫的来源为主，并有海水硫的加入；②以沉积物中硫的来源为主，并有海水硫和有机还原硫的加入；③以火成岩中和沉积物中混合硫为主，并有海水硫的加入。而对于成矿金属元素的来源有以下3种观点：来源于含矿围岩和其下伏基底物质的淋滤，深部岩浆房挥发分的直接释放，以及二者的共同作用的结果。第一种来源于VMS矿床的地层深部的高温反应区域里，海水对流淋滤出围岩中的金属元素。在该过程中，围岩提供了金属元素和硫等成矿物质。第二种来源于岩浆，由岩浆直接提供金属元素和硫等成矿物质。第三种并不是单一的来源，而是围岩和岩浆都提供了成矿物质。一般认为，在洋中脊构造背景下，有沉积物覆盖时，沉积物为海底热液成矿作用提供了部分甚至主要的物质来源；而在无沉积物覆盖时，洋脊玄武岩是成矿金属的主要供应者；在弧后盆地构造背景下，有关热液沉积物来源的问题可能更为复杂，成矿物质可能来源于围岩和岩浆。在部分富金的VMS矿床中发育后期变质作用，可能对矿床改造并叠加成矿，金的来源可能与区域变质作用相关，见图3-1-5（Reich et al.，2013；戴宝章等，2004；翟裕生等，2010；杨立强等，2011；张志超，2018）。

矿床具体特点如下所述。

构造位置：大陆裂谷或被动大陆边缘长期沉陷的断陷盆地。

成矿环境：盆地接受了巨厚的陆源碎屑沉积物。矿床形成于同沉积断裂附近或由同沉积断裂控制的二级及三级盆地中。

赋矿岩石：主要是中元古代和古生代以含有机质的黑色页岩、粉砂岩、细砂岩、碳酸盐岩、燧石岩等为主的细碎屑及海相沉积岩。

矿体特征：矿体可分为喷流-沉积成因和热液充填-交代成因2类。前者为主要矿体成因，呈层状、似层状、凸镜状整合地产于上述容矿岩层中；热液充填-交代成因的矿体仅在部分矿床中可见，为沿热液上升通道分布的不整合矿体。

矿石的矿物组合：矿石中主要的金属矿物是黄铁矿、闪锌矿、方铅矿、磁黄铁矿，次为黄铜矿，还可见少量其他一些铁、铜、铋、钼的硫化物及硫砷化物等矿物；主要的脉石矿物有石英、方解石、铁白云石、重晶石、白云石等。

矿石组构特征：矿石多为细粒结构，次可见交代结构、固溶体分离结构；条带及条纹状构造、浸染状构造、块状构造、角砾状构造、细脉及网脉状构造。

围岩蚀变：常见的围岩蚀变有硅化、电气石化、钠长石化、白云石化、铁白云石化、重晶石化、菱铁矿化及绿泥石化。

（3）*矿床分类*

据金属元素组合可以将VMS矿床分为2类，即铜-锌矿床和铅-锌铜矿床，2类矿床均有富金的实例。前者通常以典型的网脉带为特征，产于以铁镁质火山岩为主、长英质火

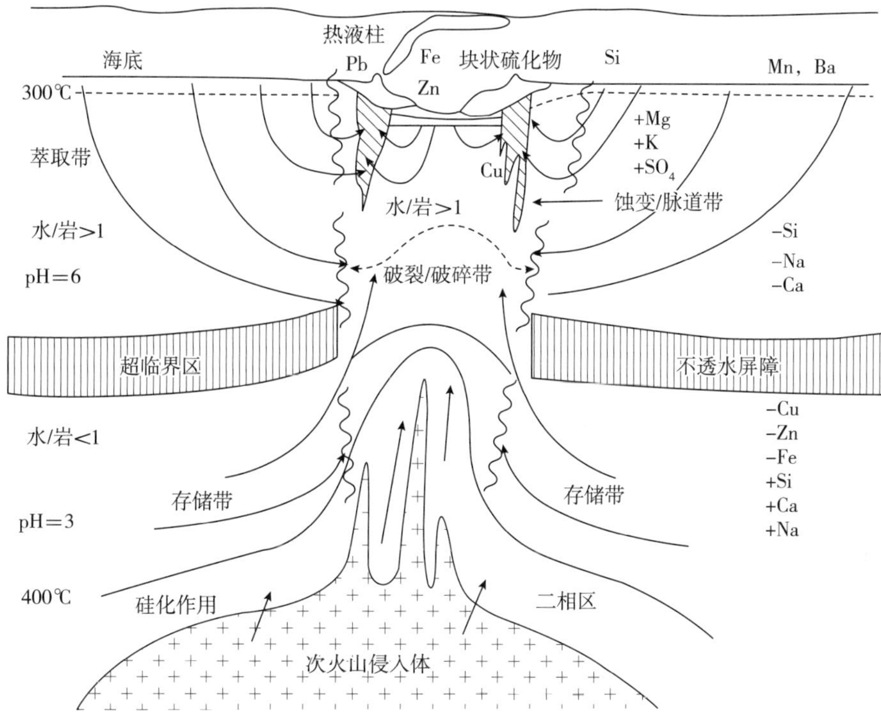

图 3-1-5　形成 VMS 矿床热液系统的基本模式和各亚类的共生元素

山岩为次的岩石序列中，并往往靠近长英质单元。后者主要是带有微弱网脉的板平的块状、层状矿石，产于以长英质为主的火山岩系内，下盘可有较大比例的沉积岩。

（4）在亚洲的分布情况

富金的火山成因块状硫化物（VMS）矿床主要分布在中国三江特提斯成矿省，中国、哈萨克斯坦、俄罗斯交界处的天山阿尔泰成矿省，以及土耳其的克尔奥卢山脉。

（二）主要成矿带

本书在裴荣富院士（2007）编制的全球大型、超大型矿床成矿图的基础上，将亚洲划分为 4 个金矿成矿域、9 个金矿成矿区（图 3-1-6）。

1. 劳亚成矿域

劳亚成矿域展布于地球北部，横跨亚洲和欧洲，成矿域地质构造背景复杂，以前寒武纪地块及叠加其上的显生宙沉积盆地和构造带为主，其次是显生宙造山带及新生代风化壳。

（1）乌拉尔-蒙古成矿区

该成矿区位于劳亚成矿域中东部，地处欧亚大陆腹地，在大地构造上主要由乌拉尔造山带和天山-兴蒙造山带等组成，是世界主要的黄金产地之一。金成矿作用主要与新元古代—古生代—早中生代时期古亚洲洋的形成、发展与消亡、大陆之间的碰撞和超碰撞过程相关（邱瑞照等，2014），这是横亘亚欧大陆中部的一条巨型复合型造山系，夹持于俄罗斯

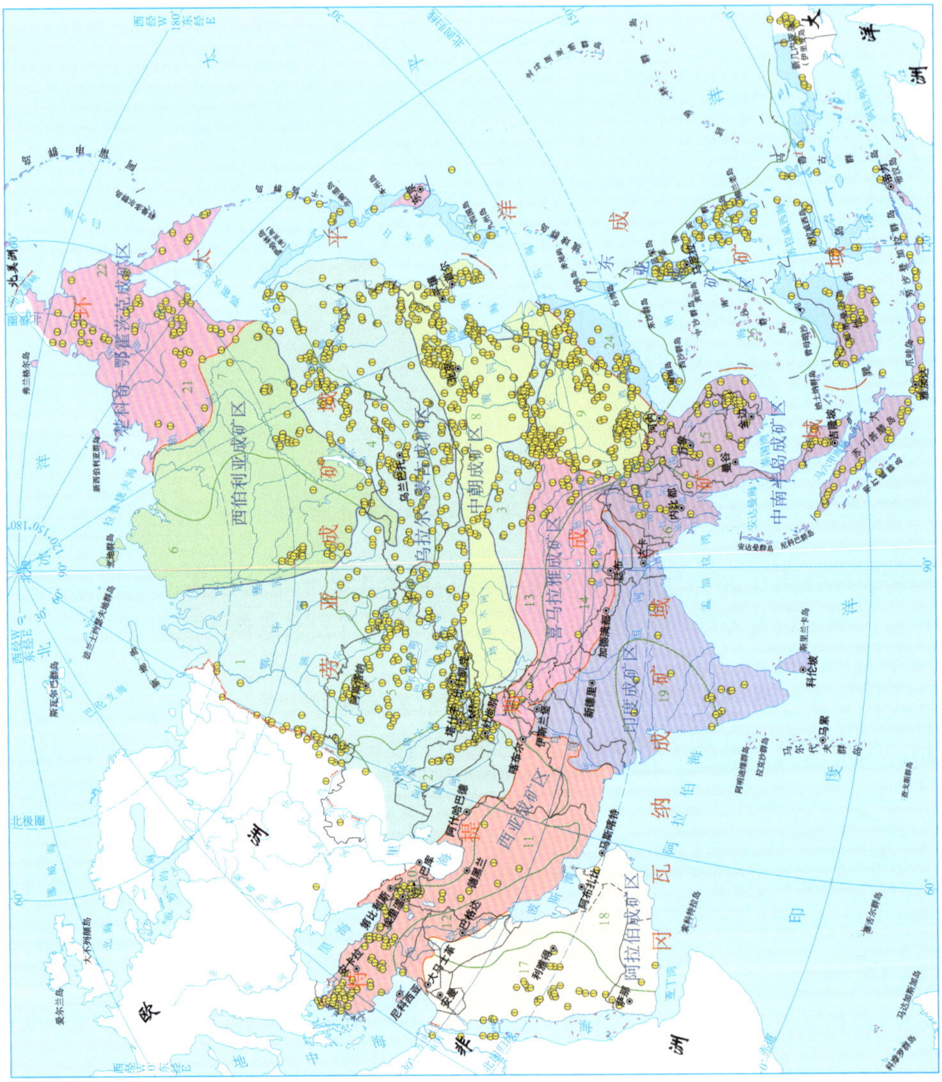

图 3-1-6　亚洲超大型、大型金矿床成矿区带

（据裴荣富，2008，有修改）

地块、西伯利亚地块与土兰地块-塔里木地块-华北地块之间，金矿资源量主要集中在乌兹别克斯坦、哈萨克斯坦、吉尔吉斯斯坦和塔吉克斯坦这 4 个中亚国家。据不完全统计，该成矿区产出的大型、超大型、特大型金（或铜金）矿床有 32 个，代表性矿床有乌兹别克斯坦阿尔马雷克（Olmaliq）斑岩型铜金矿床、蒙古奥尤陶勒盖（Oyu Tolgoi）斑岩型铜金矿床、哈萨克斯坦阿卡巴凯（Akbakai）造山型金矿床、乌兹别克斯坦穆龙套（Muruntau Open Pit）黑色岩系型金矿床、吉尔吉斯斯坦库木托尔（Kumtor）黑色岩系型金矿床。

天山成矿带是该区域最重要的成矿带，被称为“金腰带”，是全球第二大金矿富集区，世界级和大型-超大型金矿床东西成带横贯中国新疆中部-哈萨克斯坦东南部-吉尔吉斯斯坦-乌兹别克斯坦，构成巨型跨境金成矿带。中-哈-吉-乌天山大规模金成矿主体形成于晚石炭世—早二叠世古亚洲洋闭合后的陆块拼贴变形过程，部分形成于中—晚二叠世陆内走滑变形过程。中天山南、北缘古缝合带及其附近的大型脆性/韧-脆性变形带是巨量金成矿的关键控制因素。多期叠加复合成矿是天山变形带容矿金矿床的显著特征。地壳初始富集、构造变形活化、岩浆热液叠加是天山变形带容矿金矿床的主控因素。“亚洲金腰带”发育造山型和斑岩型两类金成矿系统，造山型关键控制是“古老地壳+构造变形+岩浆热液”，斑岩型关键控制是“成熟岛弧+深源岩浆+叠加复合”（薛春纪，2014）。

（2）西伯利亚成矿区

成矿区位于劳亚成矿域东北部，展布范围包括中西伯利亚高原及泰梅尔半岛，在大地构造上属于西伯利亚地块。金成矿作用位于西伯利亚地块周缘、大陆裂谷区，经历了复杂的地质历史变化，位于寒武纪黑色页岩、千枚岩之中。代表性矿床有俄罗斯的苏霍伊洛格（Sukhoilog）黑色岩系型金矿和奥林匹亚达（Olinpiada）黑色岩系型金矿。

（3）中朝成矿区

中朝成矿区位于劳亚成矿域东南部，北、西、西南与乌拉尔-蒙古成矿区、喜马拉雅成矿区、中南半岛成矿区相接，东与东亚成矿区为邻。其展布范围包括中国中部和朝鲜半岛。金矿资源最集中的为胶东-朝鲜半岛一带，该地区华北克拉通东部与朝鲜半岛相接，是中朝克拉通的重要组成部分，在华北克拉通东部的胶东半岛和朝鲜半岛内皆产出有不同规模的金矿床。胶东半岛已发现金矿床（点）近 200 处，其中三山岛、焦家、新城、玲珑等为世界级金矿床，矿床类型为石英脉型和受构造控制的蚀变岩型，成矿时间主要集中在~120Ma，金成矿作用在短时间、同一成矿背景和同一构造-岩浆-流体成矿系统下完成，成矿流体主要来自幔源岩浆以及幔源岩浆与地壳相互作用产生的地质流体，就位环境与地壳/岩石圈在早白垩世强烈伸展构造变形有关，为克拉通破坏型金矿。朝鲜半岛北部平安北道等地石英脉型金矿床储量较大，成矿类型与特征与我国辽东五龙金矿类似。朝鲜半岛南部的金（银）矿床分成侏罗纪中温热液型和白垩纪浅成低温热液型两类，其中侏罗纪热液脉状金矿成矿特征虽与胶东金矿类似，但成矿时代（峰期~160Ma）有显著差异，而白垩纪浅成低温热液型金-银矿化主要发生在 70~100Ma，与太平洋板块俯冲作用相关，为典型的环太平洋斑岩-次火山活动有关的浅成低温贱金属成矿系列。胶东和朝鲜半岛金矿床类型、特征及成矿时间的异同，与区域中生代地质演化及地球动力学背景密切相关。

2. 特提斯成矿域

横亘于地球中部，地跨北美洲、欧洲、非洲、亚洲4大洲，连接劳亚、冈瓦纳2大成矿域。成矿地质构造背景较简单，主要是显生宙造山带，其次是新生代风化壳，其展布范围与特提斯造山带的范围相当。金成矿作用与中生代、新生代新特提斯洋扩张与闭合的过程中历经大规模的板块俯冲和碰撞密切相关，赋存的超大型金矿床主要类型是铜金伴生的斑岩型矿床和与火山活动相关的浅成低温热液型矿床。

（1）西亚成矿区

西亚成矿区位于特提斯成矿域的中段，其展布的主体范围为伊朗高原。主要与金矿有关的构造-岩浆活动发生在白垩纪末—古新世初，新特提斯洋盆俯冲消减形成了大量火山岩浆弧，自土耳其境内，沿着小高加索山经亚美尼亚到伊朗西北部，构成巨型斑岩铜-金矿带（张洪瑞等，2010）。如在土耳其-伊朗造山带生成的岛弧型钙碱性火山岩浆系赋存的康普尔大型斑岩型铜金矿床，在伊朗中新世碰撞环境中生成的与埃达克质高钾花岗闪长斑岩相关的萨尔切什梅大型斑岩型铜金矿床。欧亚板块与阿拉伯板块拼接引起大规模的岩浆火山活动，与碰撞相关的碱性浅层低温热液体系活化上涌形成了土耳其北部、伊朗北部巴尔干金矿带，如伊朗萨里古纳里火山爆破角砾岩型金矿。

（2）喜马拉雅成矿区

喜马拉雅成矿区位于特提斯成矿域的东段，是冈瓦纳大陆与欧亚大陆的接合部位和印度板块与欧亚板块碰撞对接的部位。晚古生代以来，板块的多次离散敛合、拼贴碰撞，使青藏高原地区成为全球最为重要的巨型复杂构造带和成矿带之一。频繁的地壳运动，剧烈的岩浆和变质作用，尤其是喜马拉雅碰撞造山作用所产生的壳幔交换过程，提供了优越的成矿地质环境，形成了成矿富集区，包括班公湖西、日喀则、山南等。代表性金矿床有马攸木、哈翁、倒不拢和查拉普；金-锑矿床有马扎拉、哲古错和古堆、乌拉堆和然巴；锑矿床有萨拉岗、车穷卓布、勇日、壤拉和龙马。其中，马攸木金矿床是近年来在西藏境内找到的规模最大的岩金矿床。

（3）中南半岛成矿区

中南半岛成矿区位于特提斯成矿域的东南段，在大地构造上属东南亚古陆。古生代，随着特提斯洋的演化和消亡，形成了与岩浆作用和热液活动有关的金矿，主要矿产类型有与中酸性岩浆活动有关的斑岩型、矽卡岩型、岩浆热液型金矿，主要分布于老挝-越南长山成矿带、老挝琅勃拉邦-泰国黎府火山岩带、缅甸中央岛弧火山岩带。代表性矿床有老挝色潘（Sepon）斑岩-矽卡岩型铜金矿床、越南蓬苗（Bong Mieu）石英脉型-矽卡岩型金矿床。

该区地质构造演化及成矿作用主要受控于东特提斯构造域，成矿作用具有以增生-碰撞成矿和俯冲-碰撞成矿为主，以走滑转换成矿、离散裂陷成矿为辅的特征。老挝、越南、柬埔寨晚中生代—新生代受太平洋板块北西向俯冲的影响明显，老挝-越南长山成矿带及柬埔寨东部地区的构造-岩浆-成矿作用强烈。该区历经漫长而复杂的地质构造演化过程，区域构造体系控制了区域成矿作用和矿产分布的基本格局（表3-1-7）：①古洋壳俯冲碰撞消亡形成的板块结合带与超基性岩有关的铬镍成矿带；②与中酸性岩浆作用有关的斑岩型、岩浆热液型铜金成矿带；③与中生代花岗岩有关的钨锡成矿带；④中新生代高铝玄武岩、中酸性岩浆岩表生风化作用形成的红土型铝土矿成矿带、古生代沉积型铝土矿和岩溶堆积型铝土矿成矿带；⑤产于元古宙—古生代碳酸盐岩中的铅锌矿成矿带；⑥与晚白垩世—古近纪盆地蒸发作用有关的钾盐成矿带。

表 3-1-7 中南半岛成矿规律简表

地质年代	主要矿床	成矿环境	典型矿床
新生代（1~25Ma）	斑岩铜金矿床；高硫化矿床低硫化矿床	火山岛弧环境	西太平洋中南半岛（缅甸蒙育瓦铜矿）
燕山晚期（99Ma）	卡林型金矿床	造山环境	中南半岛（老挝帕夯金矿床）
印支期（230~250Ma）	石英脉状金矿床	岛弧-造山环境	老挝达克琼金矿床
晚石炭世（309~316Ma）	斑岩型-矽卡岩型铜金矿床	岛弧-造山环境	老挝塞夯斑岩型铜金矿床；富开斑岩-矽卡岩型铜金矿床
早古生代（晚加里东期：409~570Ma）	石英脉状金矿床	岛弧-造山环境	老挝阿文金矿床

（据王功文等，2018）

3. 冈瓦纳成矿域

（1）印度成矿区

印度成矿区位于冈瓦纳成矿域的东北部，西、南、东南分别与非洲-阿拉伯成矿区、南极成矿区和澳大利亚成矿区相望，北与西亚成矿区、喜马拉雅成矿区和中南半岛成矿区相接。该成矿区主要位于印度克拉通，其展布范围与印度地块基本相当，包括恒河以南的印度半岛，是一独立的地质构造单元，主要矿产为铝、铁，其次是天然气、铬、铅锌，已有金矿较少，主要分布在卡纳塔克邦，以产自绿岩带中的造山型金矿为主。

（2）阿拉伯成矿区

阿拉伯成矿区位于冈瓦纳成矿域的中部，西、南、东分别与南美成矿区、南极成矿区、澳大利亚成矿区相望，北与地中海成矿区和西亚成矿区相接。其展布范围与阿拉伯地块基本相当。该区主要产出与增生作用和走滑构造有关的剪切容矿的金矿化。

4. 环太平洋成矿域

环太平洋成矿域环绕太平洋周缘展布，从地质背景上看，环太平洋成矿域所指的区域是太平洋海域中各大洋板块与周围大陆板块自中生代以来相互作用所影响的地区，其构造背景主要是显生宙造山带和新生代风化壳。环太平洋构造带是全球最重要的中生代、新生代造山带之一，在该区域发生了频繁的火山活动和强烈的地震活动，其作为大洋消减和弧-陆碰撞的产物，以发育长距离迁移的移置地块为特征。受太平洋板块俯冲影响，大洋边缘的金属成矿体系与火山-深成岩有关，晚白垩世不连续的太平洋超基性岩带分布在最靠近大洋的位置。向大陆方向则分布一套与酸性岩有关的大陆边缘成矿体系，东带和西带两侧的成矿体系相互对应，金属矿产则呈不对称分布。区内构造形迹比较复杂，矿床类型众多且铜、金矿床储量巨大，具有很大的找矿潜力。

（1）楚科奇-鄂霍次克成矿区

该成矿区位于俄罗斯远东地区，金矿资源丰富，主要分布在阿尔丹（Aldan）、上阿穆尔河（Upper Amur）、下阿穆尔河（Lower Amur）、鄂霍次克（Okhotsk）、阿拉克-云（Allakh-Yun）、亚那-科利马（Yana-Kolyma）、普里奥霍蒂（Priokhotie）、奥洛伊-楚科卡（Oloy-Chukotka）地区，主要类型是造山带型和浅层低温热液型金矿床，以及大型和超大型的冲积砂矿床，成矿时代主要为中生代晚期，即晚侏罗世（亚纳-科里马（Yana-Kolyma））、早白垩世（蒙古-鄂霍次克（Mongol-Okhotsk）、阿尔丹（Aldan）、奥洛伊-楚科卡（Oloy-Chukotka）、鄂霍次克-科里亚克（Okhotsk-Koryak））和晚白垩世（锡霍特-阿林（Sikhote-Alin））。

（2）东亚成矿区

东亚成矿区属于环太平洋成矿域西环中段，北接楚科奇-鄂霍次克成矿区，展布地区主要包括西太平洋地区的日本、中国华南南部地区、中国台湾、菲律宾群岛和加里曼丹岛。该成矿区中菲律宾吕宋岛上的碧瑶金成矿带、沙捞越的巴乌金矿区、印尼东加里曼丹和西爪哇金成矿带集中产有一系列大型、超大型浅成低温热液型金矿床。

三、典型矿床

1. 俄罗斯苏霍伊洛格（Sukhoi log）黑色岩系型金矿

苏霍伊洛格金矿位于伊尔库茨克地区博代博市北部约120km处，处于俄罗斯金最富集的西伯利亚勒拿沉积型金矿矿集区。该矿床发现于1961年，至今仍然是俄罗斯最大的金矿，伴生有铂族金属（PGE）。金探明储量1900t，平均品位1.9g/t。

区域地质概况：从大地构造位置上看，该矿床位于西伯利亚克拉通的东缘，处于由一套寒武纪变质岩不整合于太古宙变质地层上而形成的博代博（Bodaibo）复向斜中。早里菲期地层主要包括由绿片岩相砾岩、砂岩和页岩组成的普波尔（Purpol）组，以及由火山成因岩和火山陆源岩组成的梅德韦热夫斯克（Medvezhevsk）组。安山岩、玄武岩、凝灰岩与砂岩、砾岩及铁质石英岩交织在一起。中里菲期地层始于巴拉加纳赫（Balaganakh）组，厚达2500m，主要由陆源砾石-砂-粉砂岩沉积物组成，其次是钙质砂岩和石灰岩。中-晚里菲期地层的尼格雷（Nigry）群沉积岩细分为布朱衣赫塔（Buzhuikhta）组、乌戈汉（Ugokhan）组、霍莫克霍（Khomolkho）组和耶姆尼亚赫（Imnyakh）组，尽管强烈的塑性变形通常会导致厚度变小，但它们的总厚度仍可达1500m。

霍莫克霍组的复理石建造承载了几乎所有苏霍伊洛格金矿的金矿化。粉砂质和钙质含碳页岩含有丰富的成岩硫化物。

文德纪博代博群有规律的层状砂岩、页岩、碳质页岩、石灰岩和砂岩的总厚度达2500m，新元古代地层就此结束。该区的特点是陆源碳质岩层富含有机质。在中—晚里菲期地层中含碳沉积物最为丰富。有机质的数量从碳酸盐岩到砂岩直到泥质岩逐渐增加，随后是正常沉积层序的地层（Ronov and Migdisov，1971）。

与陆内裂谷系有关的前陆盆地可能是在中-晚里菲期发育形成的。陆源碳质岩石是在陆缘海盆条件下形成的。少量早里菲期火山岩与粗粒碎屑质和铁质的石英岩互层。同时，在附近形成了包括超基性岩和拉斑玄武质火山岩的蛇绿岩组合，这些岩石在早古生代复向斜形成期间进一步发育。复向斜的复杂构造是由浅褶皱与破坏性的低角度断层带相结合造成的。

复向斜的中部变质成绿片岩相的黑云母亚相。周边的岩石遭受了绿帘石-角闪石和角闪石相的区域变质作用，并伴随有花岗岩-片麻岩穹丘的形成和新生的花岗岩类深成岩体。

在苏霍依洛格矿床附近产有与中古生代孔库德-马马坎（Konkuder-Mamakan）杂岩有关的岩浆岩。在矿床西南约 6km 处产有康斯坦丁诺夫斯克（Konstantinovsk）岩体。在博代博复向斜的周边出露有哲格达卡尔（Dzhegdakar）岩体等大型古生代花岗岩侵入体。

矿床地质特征：金矿体位于苏霍洛什斯克倒转背斜的轴部（图 3-1-7），轴面走向近东西向，向南倾斜，倾角 5°~20°，矿体主要产于该背斜中央地段，该段长 2.8km，金主要赋存于受背斜内小构造控制的细脉浸染状含硫化物石英脉中。

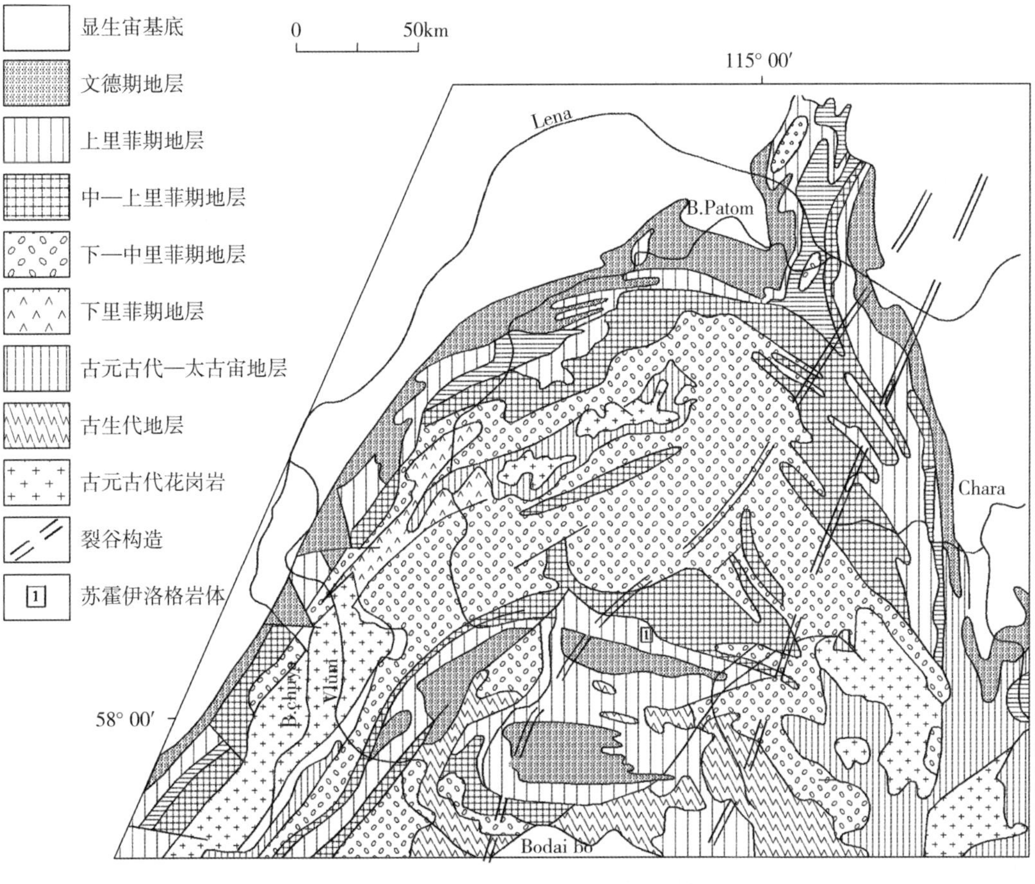

图 3-1-7 苏霍伊洛格金矿矿体地质简图
（据 Distler et al.，2004）

金矿化主要分布在由薄层黑色片岩和粉砂岩组成的霍莫克霍组中，在耶姆尼亚赫组底部片岩和粉砂岩中也含有少量低品位金矿化（图 3-1-8）。

矿床最强烈的矿化带并没有明显可见的地质界线，但是根据几个标准可以将其圈定出来，其中包括按 1m 间隔取的岩芯样品的金测试。胚胎矿在剖面中有一个中心对称的分带。各个亚带在硫化物的数量、矿化强度及石英-硫化物析离体的形态上是有差别的。外

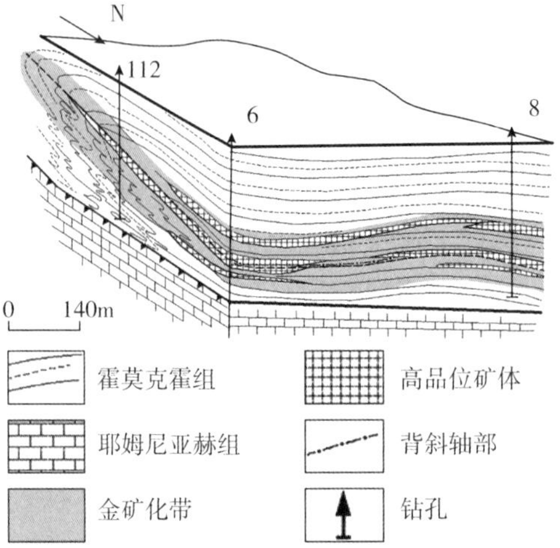

图 3-1-8 苏霍依洛格矿床地质构造和金矿石分布立体图
（据 Distler et al.，2004）

部亚带显示出浸染的细粒黄铁矿、大型粒状变晶黄铁矿及石英-黄铁矿集合体有所增加。中部亚带含有少量硫化物或石英-硫化物的细脉。中心内部亚带出现在褶皱的轴部，含有大量石英-硫化物细脉，它们具有由容矿页岩的褶皱和微褶皱继承而来的复杂形态。

厚达 2m 的少量硫化物石英脉与细脉型网脉和浸染状矿化共同产于矿带的顶部。在矿床的深部（地表以下 330~400m）可见矿化后的单个贫金的石英脉。

金与细脉浸染型石英-硫化物矿化有关。它们可划分为 3 个带，即矿上带（上部外亚带）、胚胎矿带（中间和中心亚带）和矿下带（底部外亚带）。

矿床中金矿化的主要形态类型有 6 种：①细粒和中粒黄铁矿夹层和透镜体；②层状卵圆形黄铁矿浸染体；③劈理化和叶片状细粒黄铁矿和磁黄铁矿浸染体；④具石英边缘的大型带状黄铁矿变斑晶；⑤粒状变晶黄铁矿集合体；⑥厚达 2~4cm 的层状和交切的石英-硫化物网脉型细脉。上述矿化形态类型中，前 4 种也出现在矿床之外，但它们通常无矿或只含有低品位的胚胎矿。

苏霍依洛格矿床的矿石矿物多达 79 种，其中自然金属有 Au、Pt、Ag、Fe、Sn、Pb、Cu、Ti、W、Cr 和 In，共 11 种；金属固熔体和金属互化物 14 种；硫化物 17 种；砷化物和硫砷化物 11 种；碲化物和硫碲化物 8 种；硒化物 3 种；锑化物 5 种；氧化物、磷酸盐和钨酸盐 7 种；卤化物 3 种；还有一定量的碳质物质。黄铁矿是主要的载金矿物，以薄层和细脉浸染型黄铁矿含金量最高，次为微细浸染型黄铁矿，斑状变晶型黄铁矿含金最低。除了黄铁矿外，石英也是最常见的载金矿物，与黄铁矿不同的是，石英是弱含金的。矿石中的金是自然金，呈微细包体形式存在于黄铁矿中，易于回收。矿石中 Pt 呈自然金属微粒形式存在。Ag 以两种方式存在，一种是与金有关的银，另一种是以类质同象形式存在于硫化物（黄铜矿、方铅矿、闪锌矿）中的银。

苏霍依洛格矿床陆源容矿岩层在早-中里菲期沉积（约 800Ma），并在（516±22）Ma 发生了变质。矿化年龄据 Rb-Sr 法测定为（320±16）Ma。博代博复向斜花岗岩类岩体的同位素测年也得到了类似的年龄值（350~370Ma），这个时间相当于构造岩浆再活化和花岗岩形成的时期。方铅矿的铅模式年龄为380~400Ma。由此可见，矿化要比沉积作用和区域变质作用年轻得多（Distler et al.，2004）。

矿床成因：苏霍依洛格矿床的成因目前尚有争论。传统的观点是把内生来源的流体看作是褶皱作用之后金矿产生的主要因素。现在，该矿床的发现者布里亚克提出来的变质-热液模式被认为是最有依据的。按照该模式，金矿床的矿化是在3个阶段形成的，即沉积-成岩阶段、早期变质阶段和变质-热液阶段。含矿流体主要来自高温变质作用和花岗岩化作用区。

根据同位素年龄资料及苏霍依洛格矿床深部构造的地球物理模拟结果，构建了苏霍依洛格Au-Pt矿化的成因模式。研究表明，控制成矿作用的主要因素是早-中古生代的构造环境及伴随的内生流体。在这个环境下，形成再生花岗岩和矿石组分的活化，这些成矿组分来自巨大体积的早前寒武纪基底和古老的超基性岩，以及包括含碳质陆源岩石在内的上部地壳岩石。叠置在基性-超基性岩带上面的广阔的沉积盆地中发生的区域事件，以及花岗岩的局部侵入，造就了苏霍依洛格矿床独特的组分和构造，以及矿床贵金属的巨量聚集。

2. 俄罗斯奥林匹亚达（Olimpiada）黑色岩系型金矿床

奥林匹亚达金矿为与黑色岩系相关的金矿，矿化表现为浸染状硫化物，赋存于含碳酸盐岩-云母片岩和碳质页岩单元的沉积岩序列中，探明储量1360.77t。该矿床位于北叶尼塞地区西伯利亚地台西南部的元古宙褶皱区，产出于冒地槽带边缘苏维埃-埃利多拉达地层组。

地质背景：奥林匹亚达矿床位于叶尼塞山脊贝加尔时代的褶皱结构的横断面上。它位于东部含金带的中心，在埃纳西莫（Enashimo）河的上游，在奥林匹达尼斯科（Olimpia-dinskii）和奥利尼（Olenii）河以及Tyrada河的分水岭。矿区是叶尼塞金矿省北叶尼塞矿区的上埃纳西矿群的一部分，奥林匹亚达金矿主要矿体分布在中央复背斜和帕尼姆宾复向斜连接处。

该矿床位于奇里姆巴（Chirimba）花岗岩-片岩圆顶的海湾状分层框架中，使帕宁巴（Panimba）背斜岩的西北冲击拱形结构复杂化，坐落在由3个共轭褶皱形成的“W”形构造内，该构造由3个具有北东向的亚平行翼和轴面的共轭褶皱组成：伊诺肯特埃夫卡（Innokent'evka）和奇里姆巴（Chirimba）向斜，以及迈德威兹黑亚（Medvezh'ya）背斜。后者是占据包括奥林匹亚达在内的矿田中部和东部的主要控矿构造。矿田内有大型断层带：上奇里姆巴（Upper Chirimba）断层、迈德威兹黑亚（Medvezh'ya）断层为主要断层，北部断层有绥罗缪亚（Shirotnaya）和奥楞纳尤（Olen'ya）断层（Sazonov et al.，2019a）

区域上，北东向和近东西走向的断裂控制着金矿化的分布。白垩纪—新近纪风化壳对原生矿富集的再分布起着重要作用。围岩可划分出4个早里菲期岩层，由下而上依次是云母-石英片岩、云母-碳酸盐岩-石英片岩、含碳白云母-绢云母-石英-片岩和云母-石英片岩。矿体趋附于云母-石英片岩的下段与含碳片岩和碳酸盐岩的接触带。

容矿围岩层是一些轴面缓倾的小的分隔的褶曲和一般的不协调褶皱。除陡倾断裂外，此处广泛出现顺层的层间断裂、岩石片理化带、劈理裂隙、面状的和沿断裂延伸的裂隙。

识别出两种类型的矿体：原生浸染状金-硫化物矿体和风化壳矿体。第一种矿体是云

母-石英-碳酸盐岩交代岩和含碳的石英-碳酸盐岩交代岩，主要矿物有石英和方解石，浸染状硫化物矿化；罕见细脉状矿化，矿石矿物有磁黄铁矿、毒砂，有时见黄铁矿、白钨矿、辉锑矿。矿体中硫化物总量为3%～5%，砷含量为0.1%～1.2%。按地球化学划分，矿体属金-砷-锑型。自然金极其细小品位10g/t，不可见，呈细分散和粉尘状。金与毒砂和石英共生，少量与黄铁矿、白铁矿、辉锑矿和碳酸盐岩共生。与砷矿化相关的金具有较高的成色（高达910‰～997‰）；主要的杂质是银和铜。锑矿的金的成色较低（647‰～757‰），含有锑、铜、汞、银和镍等杂质。自然金属呈细分散状（粒度0.074mm）（Silyanov et al.，2021）。

3. 吉尔吉斯斯坦库姆托尔（Kumtor）金矿

库姆托尔金矿床位于吉尔吉斯斯坦东部伊塞克湖东南的高山区，海拔3200～4150m，距中吉边界线直线距离仅60km左右。在区域构造上，此矿床位于尼古拉耶夫（Nikolaev）断裂带南侧，该断裂带是中天山与北天山的分界线。该矿床于1978年在区域地质调查中被发现，1984—1990年完成勘探，金探明储量362t，平均品位为3.09g/t。

库姆托尔金矿赋矿围岩为新元古界文德系（Vendian）Jetym组绿片岩相变质岩，可进一步划分为Jetymtau、Jakbolata和Baikonur亚组；岩性主要为黑色碳质千枚岩和灰绿色石英绢云母绿泥石片岩，厚达800～1000km。文德系（Vendian）位于库姆托尔断层带上盘，在该断层带内为石墨化强烈的碳质千枚岩、砾岩、粉砂岩和大理岩夹层。矿区发育2个岩墙状侵入体侵入里菲纪砂岩中，物探资料显示矿区北西5km处距地表约3km的地下可能存在隐伏花岗岩体。矿区四周大面积发育第四纪冰川/冰碛物，并覆盖了部分矿体（图3-1-9）。

金矿体走向总体上与地层一致，但倾向上矿体倾角比围岩陡。金矿化受一系列北东向、倾角40°～70°的逆冲断层组成的库姆托尔断层带控制，该断层带被认为是尼古拉耶夫线的外延部分，在矿区形成了一条长达1500m、宽100～400m、延深达1000m的矿化蚀变带。金矿化带可划分为Stockwork段、北段和南段3个矿段。其中，Stockwork矿段长400～500m，宽100～250m；北矿段长1000m，宽约40m；南矿段长800m，宽65m。Stockwork矿段赋存大约50%的金储量，金平均品位5.2～6.0g/t，南矿段金平均品位3～4g/t，北矿段金平均品位2～3.5g/t。钻孔资料显示矿化深度可达到700～1000m。

库姆托尔金矿发育2种类型的金矿石，一类是具有变余纹层状、条带状构造的千枚岩型矿石，矿石品位相对较低，一般金品位为1～8.0g/t；另一类是细脉状、网脉状穿切黑色碳质千枚岩微层理的矿石，这类矿石含有微细粒自然金，金的品位相对较高。库姆托尔矿床金属矿物主要为黄铁矿，有少量自然金和辉铜矿，其次为赤铁矿、白钨矿、磁铁矿和钛铁矿，脉石矿物为碳酸盐矿物、石英、钠长石、冰长石和绢云母。库姆托尔金矿可划分4个主要成矿阶段，分别为：①普遍的石英-碳酸盐矿物-钠长石-绢云母-黄铁矿阶段；②脉状、网脉状和热液角砾建造阶段；③发育有相似的脉状、网脉状和热液角砾矿化及相关的蚀变阶段；④碳酸盐矿物-黄铁矿脉阶段。

库姆托尔金矿床的围岩蚀变以硅化为主，另有绢云母化、钾长石化、黄铁矿化、碳酸盐化和钠长石化等（李志丹等，2017）。

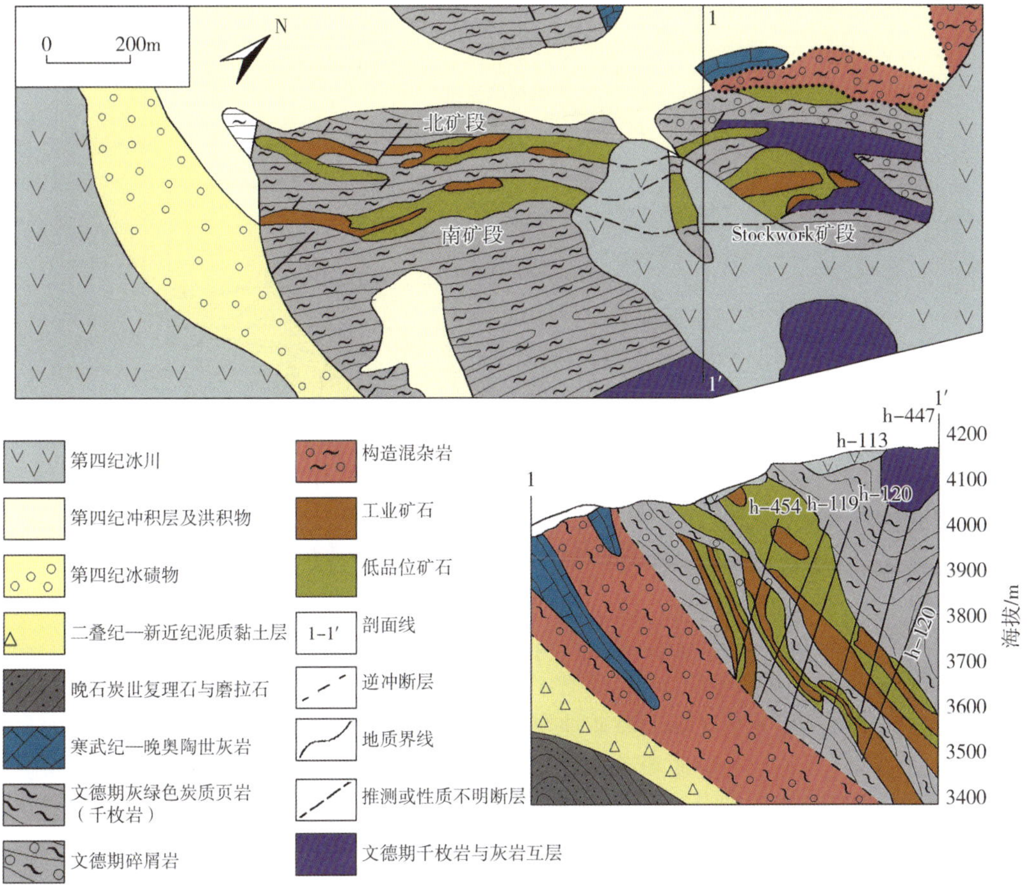

图 3-1-9　吉尔吉斯斯坦库姆托尔金矿床地质图和剖面
（据李志丹等，2017）

4. 乌兹别克斯坦穆龙套（Muruntau）造山型金矿床

乌兹别克斯坦穆龙套金矿床位于中亚成矿域西南天山成矿省，形成时代为二叠纪，其黄金储量超过 6100t，是目前世界上发现的最大的造山型金矿床（蔡光耀，2018）。

区域构造背景及构造控矿特征：在穆龙套金矿区附近，伴随华力西期卡拉库姆板块和中哈萨克斯坦-北天山板块的陆陆碰撞（晚石炭世—早二叠世），发育形成 2 个区域性剪切带，即北西向的桑格龙套-塔姆德套（Sangruntau-Tamdytau）区域剪切带和横切的穆龙套-道古兹套（Muruntau-Daugyztau）区域剪切带，晚石炭世—早二叠世是以大陆碰撞为特征的，挤压推覆作用形成了一些北倾推覆体，伴随着构造作用的发展，首先沿北西西向桑格龙套-塔姆德套左旋剪切带，然后再沿南西向的穆龙套-道古兹套左旋剪切带发生运动。穆龙套地区的剪切带系统的整体方向平行于塔姆德套南部的推覆体轴，表明它们是沿着华力西期陆-陆碰撞期形成的轴部断裂和逆冲断裂发育的，由于这些剪切带的相互运动，使原存在于穆龙套金矿区附近的区域性褶皱构造发生“Z”形旋转，“Z”形褶皱核部被穆龙套-道古兹套剪切带的（晚期）脆性断裂横切，穆龙套金矿床露采坑就在这一地段，金矿体的产出严格受控于剪切带及其衍生的韧性-韧脆性断裂系统（图 3-1-10）。

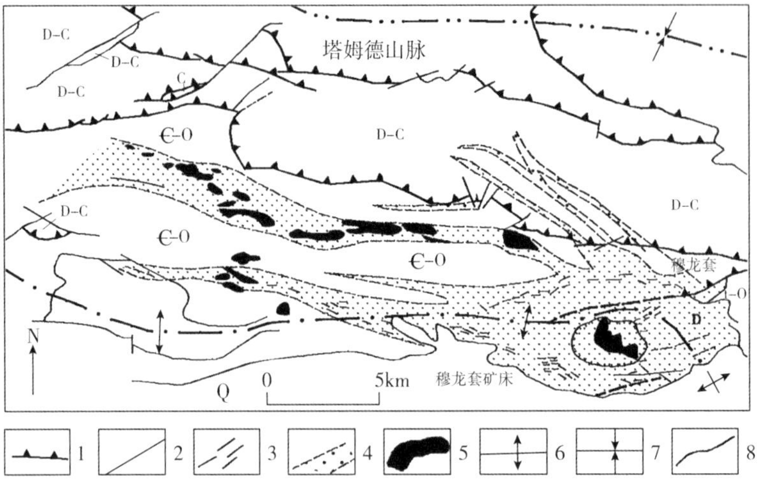

图 3-1-10　塔姆德套南部剪切带、强硅化带和穆龙套矿山的位置

（据鲍庆中等，2003）

1—逆冲断层；2—横推断层；3—岩墙群；4—剪切带；5—强硅化地区；

6—区域背斜轴；7—区域向斜轴；8—岩性界线

地层与金矿化：穆龙套矿床的赋矿地层为别萨潘岩套单元地层（厚约 5km），为具有砂岩、石灰岩和燧石夹层的变质粉砂岩、变质砂岩，是穆龙套金矿床的赋矿围岩。根据露头颜色，别萨潘岩套通常划分为 4 个岩石单元，分别为灰色别萨潘（Bs_1）、黑色别萨潘（Bs_2）、杂色别萨潘（Bs_3）和绿色别萨潘（Bs_4）。金矿化作用仅发育于穆龙套地区的杂色别萨潘单元构造混杂体内（鲍庆中等，2003）。

矿体特征：穆龙套金矿床是典型的产于剪切带内的石英脉型金矿床，主要有 2 种石英脉类型，一种是缓倾石英脉，它们强烈变形，呈石香肠状，显示受挤压作用的强烈改造，属于早期形成的低品位金矿体；另一种为“中央矿脉”和“网脉状矿脉”，呈陡倾状、角砾状，仅仅轻微变形，属于高品位金矿体。伴随着构造作用的加强，脆韧性变形作用、别萨潘单元的褶皱及穆龙套左行的穆龙套-道古兹套剪切带的重新活动，形成了陡倾石英脉系的高品位金矿石，同时伴随花岗质深成岩体的侵入（鲍庆中等，2003）。

矿石矿物：主要的矿石矿物是自然金，载金矿物有黄铁矿、毒砂、白铁矿、磁黄铁矿、白钨矿、金和铋的碲化物、硒化物、方铅矿、闪锌矿、黄铜矿、辉钼矿、黑钨矿、磁铁矿和钛铁矿等；主要脉石矿物为石英、长石和黑云母，还有少量阳起石、电气石、白云母、透闪石、磷灰石和碳酸盐矿物。金矿石的品位变化较大：高者 80g/t，低的 1.5~3g/t；伴生银、钨、铜、锌的品位分别为银 50g/t、WO_3 0.0036%~0.6%、铜 0.1%、锌 0.2%。伴生元素具有下部 W-Co-Mo、中部 W-Bi、上部 As-Cu-Zn-Pb-Ag-Sb-Ni 的分带特征。穆龙套金矿中热液蚀变发育硅化、黑云母化、钾长石化、绿泥石化、钠长石化、电气石化、绿帘石化、碳酸盐化等（李志丹等，2017）。

5. 哈萨克斯坦基什斯克（Sekisovskoe）角砾岩型金矿床

基什斯克金矿床位于哈萨克斯坦阿尔泰成矿带中部，距乌斯季卡缅诺戈尔斯克市

42km。该金矿床围岩为晚泥盆世侵入岩，岩体内发育陡倾斜角砾岩筒，矿化带随角砾岩筒展布，角砾岩筒内后期侵入岩脉富含金，金矿化与细脉浸染状硫化物关系密切。矿体沿倾向延伸大于走向延伸，膨大缩小、分支复合现象明显，膨大部位金矿化较强。1975—1986 年，对该矿床开展了 1∶50000 地质调查评价与初步勘查，2003—2005 年进行勘探，提交金资源量达中型。通过同位地球化学研究，显示矿床成矿物质、成矿流体来源于深部，爆破角砾岩为后期含矿岩侵入提供了通道、为流体成矿提供了空间成矿作用。

区域地质背景：该矿床位于哈萨克斯坦阿尔泰造山带内，与我国新疆阿尔泰造山带相连，大地构造上包括西伯利亚板块西南缘古生代陆缘次生岛弧褶皱系及哈萨克斯坦板块卡尔巴-纳雷姆石炭纪—二叠纪岩浆弧，其间为东北向额尔齐斯断裂带。晚古生代陆缘次生岛弧褶皱系为哈萨克斯坦境内阿尔泰造山带主体，包括陆壳拉张和挤压增生 2 个阶段。早期为陆壳拉张阶段，发生被动边缘产生裂谷作用，导致地幔软流圈上侵，伴有大规模玄武质岩浆作用；晚期为挤压增生阶段，形成以安山岩类为主的火山岩组合。早石炭世，本区阿尔泰地区进入碰撞造山阶段，碰撞早期形成卡尔巴-纳雷姆石炭纪—二叠纪岩浆弧，晚期形成晚二叠世和早三叠世杂岩体，花岗岩体侵入受北西向断裂和时代较老的东西向断裂交汇部位控制。二叠纪的碰撞形成整个中亚造山带，为区域上重要金矿成矿期。

矿床地质特征：基什斯克金矿床赋存于北西向额尔齐斯碰撞带内，爆破角砾岩控制着矿体展布。矿区除少数被第四系覆盖外，大多分布着莫因诺戈尔斯克复式岩体，岩性组合由早到晚依次为黑云母角闪花岗岩、花岗闪长岩和石英闪长岩、斜长花岗斑岩、细晶类花岗岩和花岗斑岩类。矿区共发现 4 个角砾岩体（图 3-1-11），爆破角砾岩分布于岩体中部，角砾岩体后期有花岗斑岩侵入，成矿与该期岩浆活动密切相关。爆破角砾岩体长轴走向北西向，与区域构造线一致，角砾岩体倾向北东向，倾角 65°~80°。矿化带随着角砾岩筒展布，金矿化与细脉浸染状硫化物关系密切，侵入岩脉附近角砾岩发生热液蚀变。角砾岩体中，角砾含量占岩石总量的 85%~90%，主要为斜长花岗岩和黑云角闪花岗岩，胶结物主要为岩屑、岩粉及热液蚀变交代形成的钾长石、钠长石、绿泥石、角闪石、黑云母、绢云母、菱镁石、滑石菱镁片岩、网脉状或团块状石英、石英-碳酸盐矿物和多金属硫化物。

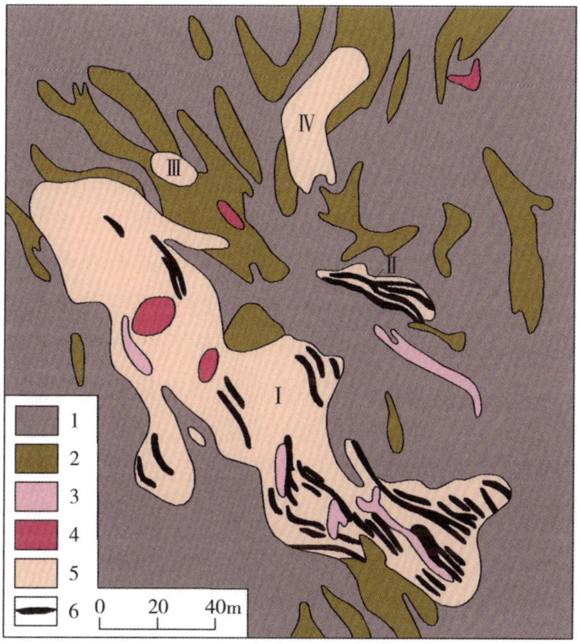

图 3-1-11　基什斯克金矿床地质图
（据张智慧等，2013，有修改）
1—花岗闪长岩；2—黑云角闪花岗岩、斜长花岗岩；3—细晶类花岗岩、花岗斑岩；4—斜长花岗斑岩；5—爆破角砾岩；6—金矿体

矿体地质特征： 矿体严格受爆破角砾岩控制，沿倾向延伸大于走向延伸，矿体形态复杂，与角砾岩空隙空间相对应。膨大缩小、分支复合现象明显，矿体膨大部位金矿化较强。Ⅰ号和Ⅱ号角砾岩体东端普遍具矿化，矿化大多较弱，仅局部矿化较强，形成工业矿体。矿化强弱主要由角砾岩体中沿角砾胶结的石英-碳酸盐岩细脉的多少决定，当胶结物形成稠密细脉或网脉状时，即形成金矿体。矿体形态复杂，数量较多，具分支复合、尖灭再现成群分布特征（图 3-1-11）。矿体长十几米至近百米，厚 0.6~7.2m，延伸较大，已控制延深约 400m，Au 品位 1.32~23.77g/t、Ag 品位 6.01~21.90g/t、Pb 品位 0.06%~0.78%、Zn 品位 0.10%~0.57%、Cu 品位 0.02%~0.31%。

矿石矿物特征： 矿石脉石矿物由角砾和胶结物构成，金属矿物以黄铁矿为主，次为磁黄铁矿、黄铜矿，以及少量方铅矿、闪锌矿、磁铁矿、白铁矿、白钨矿、辉铋矿、砷黝铜矿、针硫铋铅矿和自然金。矿石中硫化物含量较低，为 0.1%~1.0%，局部达 7%~10%。

矿石矿物组合： 磁铁矿-磁黄铁矿-黄铁矿-石英、黄铜矿-黄铁矿-磁黄铁矿-石英、辉铋矿-白钨矿-磁黄铁矿-黄铜矿-白铁矿-黄铁矿-石英、闪锌矿-黄铜矿-石英、砷黝铜矿-闪锌矿-黄铜矿-石英、金-砷黝铜矿-闪锌矿-石英、金-方铅矿-砷黝铜矿-针硫铋铅矿-方解石-石英。金主要和砷黝铜矿、闪锌矿、方铅矿、针硫铋铅矿、方解石及后期石英中低温矿物关系密切。金以可见金为主，呈金黄-浅黄色，呈他形粒状、叶片状、针状、枝杈状和不规则状，粒径 0.005~0.028mm，部分达 0.60mm。金矿物嵌布类型主要为晶隙金、裂隙金，存在包体金和粒间金（张智慧等，2013）。

6. 印度尼西亚马塔比（Martabe）浅成低温热液型金-银矿床

马塔比矿床位于印度尼西亚苏门答腊岛西部、新生代岩浆弧中北部，是印度尼西亚近年确认的一处世界级高硫浅成低温热液型金-银矿床。

地层特征： 矿区南部分布有较老的石炭系—下二叠统 Tapanuli 群，岩性主要由块状杂砂岩组成，其他成分包括片岩、脉石英、花岗岩和灰岩；北部为 Ulualanagodang 花岗质杂岩体，主要由始新世花岗岩、花岗闪长岩和闪长岩组成（图 3-1-12）。

矿化特征： 矿体中的矿石包括硅化角砾岩型、角砾岩脉型和石英脉型。矿化可分为 4 个阶段：第一阶段为淋滤硅化阶段，硅化角砾岩强烈，矿化呈现水平分带特征，即伊利石-蒙脱石和叶蜡石蚀变带环绕硅化带，并扩展至矿床之下；第二阶段为主成矿阶段，主要矿物组合包括大量的硫砷铜矿、黝铜矿-砷黝铜矿、含碲矿物、含铋矿物、含铟矿物、黄铁矿，以及含量不等的铜蓝、辉铜矿、闪锌矿、方铅矿、黄铜矿和白铁矿，金和银赋存于碲矿物和黝铜矿的矿物晶格中，而这些载金矿物又主要以包裹体的形式发育在黄铁矿和硫砷铜矿中，金和银的品位最高分别达到 25g/t 和 500g/t；第三阶段为角砾岩化阶段，角砾由多孔状石英、母岩和早期石英脉组成，角砾间主要由石英基质和硫化物（以黄铁矿为主）充填；第四阶段为石英脉阶段，石英脉由块状石英和角砾化石英组成，富含黄铁矿、黝铜矿、黄铜矿、方铅矿和闪锌矿等硫化物。

成矿时代： 马塔比金-银矿在成矿过程中存在多个不同的流体系统，成岩与成矿时代为上新世，两者间隔时间较短，且可能存在两期高级泥化蚀变作用，对应两期岩浆-热液活动。这种多期岩浆-热液成矿模式在苏门答腊岛尤其是南部地区的晚中新世至上新世浅成低温热液成矿系统中较为普遍。

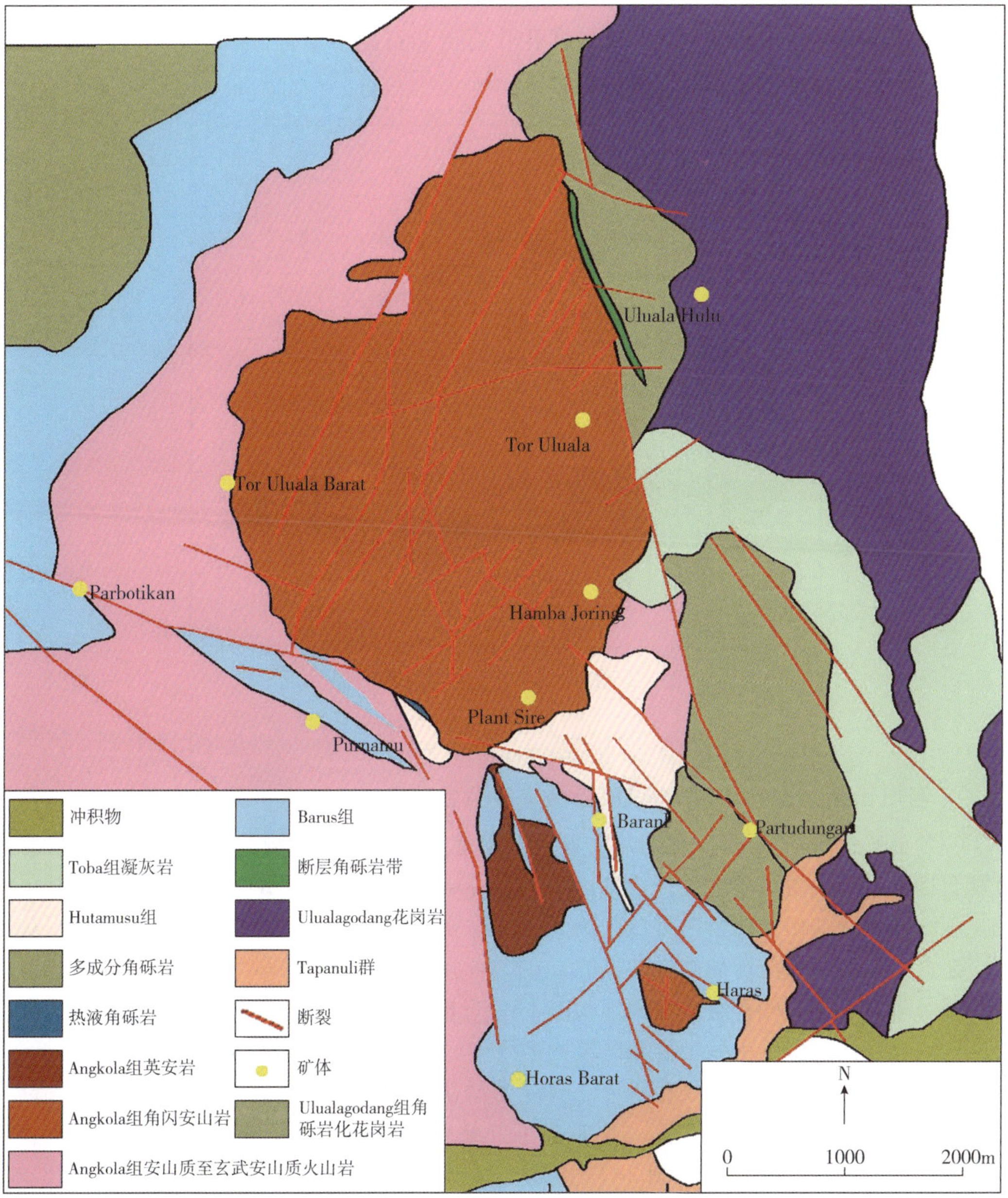

图 3-1-12　马塔比矿床地质简图
（据张海坤等，2021）

成矿模式：在新生代印度-澳大利亚板块向欧亚板块俯冲的背景下，长英质岩浆沿中新世沉积岩中的断裂系统上侵，至浅部与沿裂隙下渗的大气降水相互作用，形成早期的大气降水-低硫化热液循环系统，并伴随泥化和青磐岩化蚀变作用（图 3-1-13）；长英质岩浆继续沿断裂上侵，由于温度、压力下降，岩浆蒸汽不断析出膨胀而发生喷发作用，形成大量的孔隙、裂隙和角砾岩；由岩浆热液形成的高温、高硫化流体沿孔隙、裂隙运动，并与围岩反应，形成高级泥化蚀变；热液系统继续演化，与大气降水发生对流和混合，导致硅化和矿质出溶沉淀，形成含金、银的多孔状石英和石英角砾岩；矿床形成后，受氧化、风化和剥蚀作用的影响，金和银进一步富集。

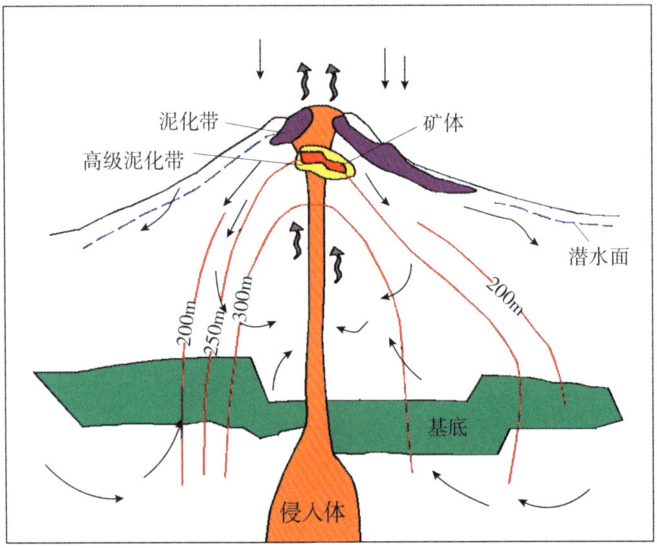

图 3-1-13　马塔比金矿成矿模式图
（据张海坤等，2021）

7. 老挝帕奔（B. Phatem）浅成低温热液型金矿床

帕奔金矿位于琅勃拉邦-黎府华力西褶皱带北段，属特提斯构造域东段与西太平洋构造域交接地带。主要成矿地质背景概括为：特提斯洋稳定浅海相碳酸盐岩台地沉积及华力西晚期海陆转化造山带的挤压剪切作用，成矿物质来源于浅海相碳酸盐岩台相沉积层灰岩中，在造山过程中挤压剪切产生的热能形成动力分异构造流体。

矿区地质背景：帕奔金矿在大地构造上位于老挝北部琅勃拉邦-黎府华力西褶皱带北段，区内北东向韧脆性剪切带控制区域构造格架、地层及岩浆岩展布，剪切带活动时间为晚华力西期—印支期。矿体赋存于下二叠统厚层灰岩的北西—北北西向次级断裂构造中，北东向的琅勃拉邦断裂贯穿全区，控制着下二叠统含矿灰岩块体的展布，总体呈现“北东成带、北西成矿”的特点（图 3-1-14）。

矿石类型及特征：帕奔金矿矿石类型主要为原生矿石，其次为氧化矿石。原生矿石可分为角砾岩型、构造蚀变岩型及碳酸岩脉型 3 类，以构造蚀变岩型金矿为主。氧化矿石可分为红土型矿和溶洞型矿 2 类：红土型矿主要为早期浅部蚀变带在强烈构造运动和风化作用等地质影响下，遭受淋滤流水搬运聚集与凹处富集形成；溶洞型矿主要为风化后的矿山破碎成碎屑，沿构造裂隙堆积于浅部溶洞富集形成。

围岩蚀变：帕奔金矿床中低温热液组合的围岩蚀变相对强烈，沿构造带发育，主要有碳酸盐化、硅化、白云石化、褐铁矿化、菱铁矿化、针铁矿化、纤铁矿化等，其中针铁矿化、纤铁矿化、碳酸盐化、硅化等与金矿化关系密切。

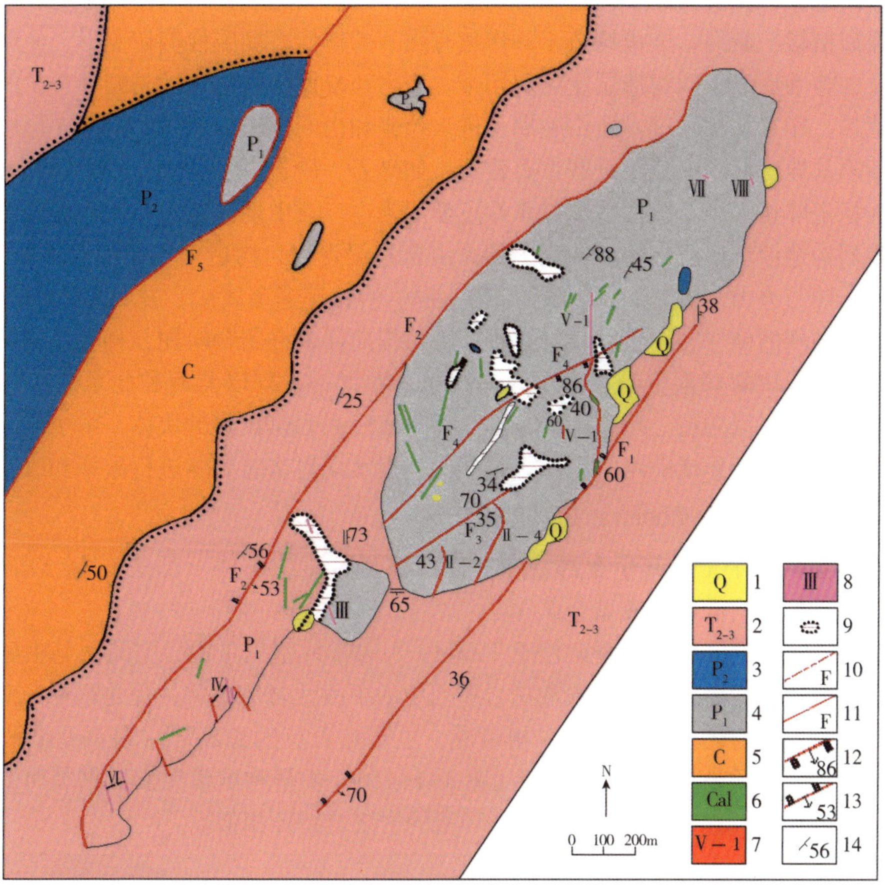

图 3-1-14　帕奔矿区地质图

（据孙佳等，2020）

1—第四系红土及残坡积物；2—中—上三叠统砾岩、长石砂岩及粉砂岩；3—中二叠统安山岩；4—下二叠统灰岩；5—石炭系砂岩、泥岩及灰黑色黏土岩；6—方解石脉；7—金矿体；8—金矿化蚀变带；9—红土型金矿体；10—推测断层；11—实测性质不明断层；12—实测正断层；13—实测逆断层；14—地层产状（°）

成矿模式：加里东期大洋拉张裂谷环境下火山活动强烈，酸性-中基性火山喷发，在深海沉积环境形成沉积泥岩、硅质岩、页岩、碳质粉砂岩，由于强烈拉张，发育大型岩石圈断裂和一系列同生断层，同沉积断层控制火山岩、硅质岩、细碎屑岩岩相及地层分布，可能伴随有贱金属块状硫化物矿床的形成。华力西早中期大洋裂陷或坳拉槽中基性到酸性火山喷发，发育沉积泥岩、硅质岩、碳质粉砂岩、薄层状强变质砂岩及黑灰色泥岩，夹有碳质页岩透镜体，发育大型岩石圈断裂和一系列同生断层。同生断层控制火山岩、硅质岩、细碎屑岩岩相，由于后期强烈改造作用，同生断裂及岩相界线也比较难以界定。华力西晚期进入相对稳定阶段，沉积了巨厚的泥晶灰岩、生物碎屑灰岩、微晶灰岩，为浅海碳酸盐岩台地相沉积，此期间未发生火山活动。晚二叠世本区再次拉张裂陷，发生强烈的火山喷发，形成安山岩、玄武安山质及安山质凝灰岩，并有长石石英砂岩沉积。晚二叠世以后进入造山阶段，代表特提斯构造域的发展早期，是该构造域较早的构造运动。主要标志是发生强烈褶皱、断裂、推覆构造，并伴随有强烈的韧性、韧脆性剪切变形，使泥盆系—石炭系及二叠系形成不同构造层次的剪切带。华力西晚期的构造运动是帕奔金矿的主要成矿地质背景。印支期本区进入造山晚期，进入拉张和山间、山前盆地发育期，形成一系列北东向断陷盆地，形成中三叠世磨拉石建造，如砾岩、砂岩、紫红色长石砂岩，缺少火山活动，为稳定陆相沉积，在构造上以张性正断层为主。燕山期为造山后大陆伸展地壳减薄拉张，强烈构造活动形成以中酸性为主的火山岩和侵入岩，构造上以大型走滑断层为主。该期形成一些与火山-岩浆岩有关的金、银、铜、铅、锌多金属矿，并对燕山期以前形成的矿床进行强烈的破坏和改造。喜马拉雅期为特提斯洋最终闭合时期，喜马拉雅期受印度板块和太平洋板块的双重影响，再次受到挤压，发育一系列以北西和北东为主的断裂构造，并发育岩溶滑塌构造。断裂构造将本区切割成一系列棋盘式的块体，由于差异升降和剥蚀，使灰岩出露区形成陡峭的山体，强烈的断裂活动再次对矿体进行破坏和改造。

8. 土耳其康尔普（Copler）斑岩型金矿床

康尔普金矿位于土耳其中东部埃尔津詹西 120km 处，矿体下部是铜-金斑岩型矿化体，上覆共生后期的低硫热液型金矿化。

大地构造位置上，康普尔金矿位于 Tauride-Anatolide 造山带中，空间上与中始新世侵入二叠纪—白垩纪变质碎屑岩和碳酸盐岩序列中的中酸性岩体有关，受北东东—南西西走向构造控制，侵入岩体主要由不同岩相组成，主要是石英闪长斑岩（斑晶是斜长石、角闪石和黑云母，基质是石英、斜长石）（图 3-1-15）。主量和微量元素数据表明，该斑岩体属于 I 型钙碱性岩，与形成于大陆岛弧环境的岩浆岩特征相似。

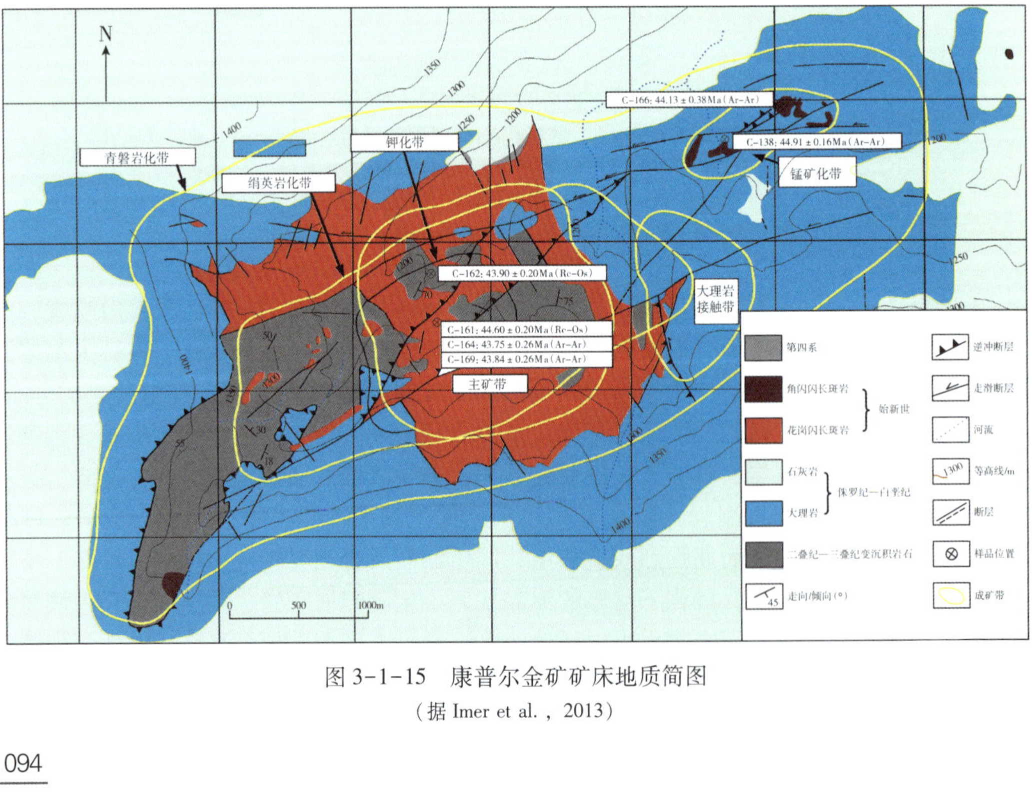

图 3-1-15　康普尔金矿矿床地质简图

（据 Imer et al.，2013）

围岩蚀变具有典型斑岩铜矿体系蚀变特征，中央钾化蚀变，周围被连续的绢英岩化和青磐岩化交代包围。早期钾化蚀变以存在次生黑云母、少量钾长石和磁铁矿为特征，且与石英-磁铁矿-黄铜矿-黄铁矿-辉钼矿脉关系紧密。绢云母化蚀变是一组绢云母-石英-黄铁矿组合，与石英黄铁矿细脉联系紧密。金主要以固态溶解于含砷黄铁矿中，同时伴有少量砷黄铁矿、黄铜矿、砷黝铜矿、黝铜矿、方铅矿、闪锌矿、雄黄和雌黄。

康尔普金矿成矿流体来自先前洋壳俯冲引起的下地壳源区熔融，接着随白垩纪岩浆活动和古新世陆-陆碰撞运动，沿古特提斯缝合带在 Anatolia 地区上涌富集成矿，属于后俯冲斑岩热液成矿类型（崔敏利等，2017）。

第二节　金矿勘查开发现状

一、勘查现状与趋势

近 15 年亚洲金矿项目勘查投入呈明显低-高-低的走势（图 3-2-1）。2007 年，亚洲金矿项目勘查投入 2.38 亿美元，然后一路上升，2012 年达到 7.54 亿美元。2012 年后开始总体呈下降趋势，2020 年勘查投入 1.7 亿美元，仅为再高峰的 23%。亚洲金矿的勘查投入变化趋势与全球经济发展趋势一致，2020 年受疫情影响，勘查投入与 2019 年基本持平，但随着黄金价格的高涨，2021 年、2022 年的勘查投入明显增加。

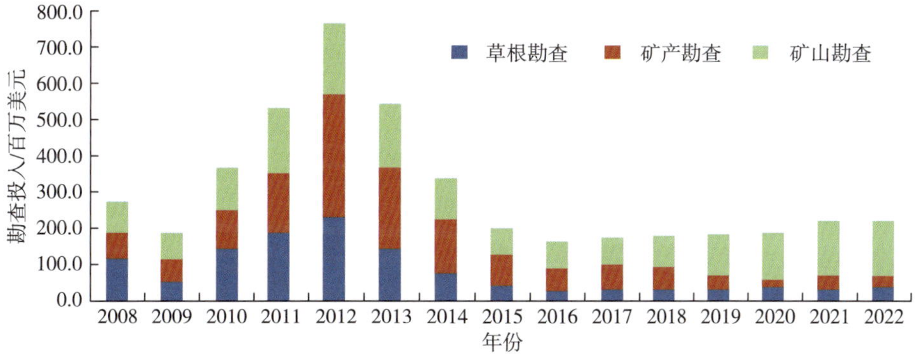

图 3-2-1　2008—2022 年亚洲金矿勘查项目投入

数据来源为 S&P Global Market Intelligence，2023

1. 勘查趋势特征

从亚洲金矿项目不同阶段的勘查投入分析，各阶段的勘查投入均大致呈低-高-低的趋势，但是各阶段分配有很大差异（图 3-2-2）。

草根勘查阶段费用在 2009 年前超过矿山建设和高级勘查阶段-可研阶段的费用，2009—2011 年 3 个阶段的费用大体相当，2012 年各种勘查费用都达到了近年的顶峰，随之逐年下降。2020 年后因疫情、全球经济下滑等原因，草根勘查阶段和矿产勘查阶段的费用持续减少，矿山勘探阶段的费用略有增加。随着经济的复苏、黄金价格的增长，金矿勘探的各阶段的费用均会明显增长。

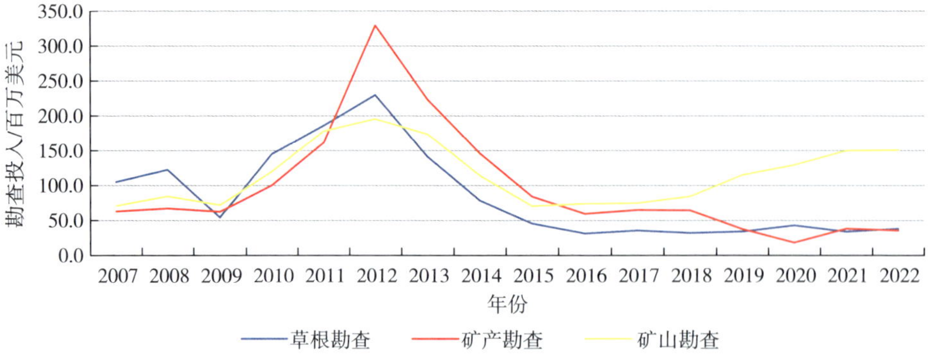

图 3-2-2　2007—2022 年亚洲金矿各阶段勘查预算投入变化趋势

数据来源为 S&P Global Market Intelligence，2023

2. 勘查热点地区

2022 年亚洲各国的金矿勘查预算中，中国位居榜首，金矿勘查投入达到 2.02 亿美元。俄罗斯、印度尼西亚、土耳其、沙特阿拉伯分别位居第二至第五位，勘查投入分别为 1.61 亿美元、8100.5 万美元、4480 万美元和 2850 万美元。从勘查投入角度看，中国、俄罗斯、印度尼西亚、土耳其、吉尔吉斯斯坦、哈萨克斯坦、蒙古等国可作为投资首选国家（表 3-2-1）。

表 3-2-1　2022 年亚洲金矿勘查预算

国家	勘查预算/百万美元	预算在全球占比/%	金矿公司数量
中国	202.3	2.92	18
俄罗斯	160.9	2.32	15
印度尼西亚	81.0	1.17	14
土耳其	44.8	0.65	10
沙特阿拉伯	28.5	0.41	4
日本	25.8	0.37	6
乌兹别克斯坦	25.2	0.36	2
哈萨克斯坦	24.8	0.36	3
菲律宾	22.3	0.32	15
蒙古	10.0	0.14	3
吉尔吉斯斯坦	7.1	0.10	4
马来西亚	6.4	0.09	5
柬埔寨	4.5	0.06	2
老挝	3.0	0.04	1
亚美尼亚	2.0	0.03	1
伊朗	2.0	0.03	1
塔吉克斯坦	1.9	0.03	3
韩国	1.7	0.02	2

续表

国家	勘查预算/百万美元	预算在全球占比/%	金矿公司数量
印度	1.6	0.02	2
缅甸	1.0	0.01	1

注：数据来源为 S&P Global Market Intelligence，2023。

近 20 年来亚洲金矿一直是各个亚洲国家的重点勘探矿种之一，随着钻探技术的进步，钻探成本逐渐降低，虽然勘探费用从 2012 年以来持续减少，但钻孔数量并没有减少，发现含金的重大钻孔数量每年维持在 300 个左右。

从亚洲发现含金的重大见矿钻孔分布来看（表 3-2-2，图 3-2-3），蒙古、哈萨克斯坦、老挝的重大见矿钻孔有效率较高（具有重大见矿钻孔数量与总钻孔数的百分比），表明这些国家勘探成果较好，具有较大的找矿潜力。

表 3-2-2　亚洲国家 2003—2022 年钻孔数量与具有重大见矿钻孔数量

国家	发现含金的重大见矿钻孔数量	其他钻孔数	钻孔总数	重大见矿钻孔有效率/%
印度尼西亚	507	2444	2951	17.18
柬埔寨	82	1718	1800	4.56
菲律宾	193	958	1151	16.77
蒙古	419	654	1073	39.05
中国	113	656	769	14.69
韩国	17	641	658	2.58
马来西亚	90	355	445	20.22
日本	25	65	90	27.78
老挝	28	28	56	50.00
印度	7	38	45	15.56
泰国	13	15	28	46.43
越南	0	18	18	
总计	987	5146	6133	16.09

注：数据来源为 S&P Global Market Intelligence，2023。

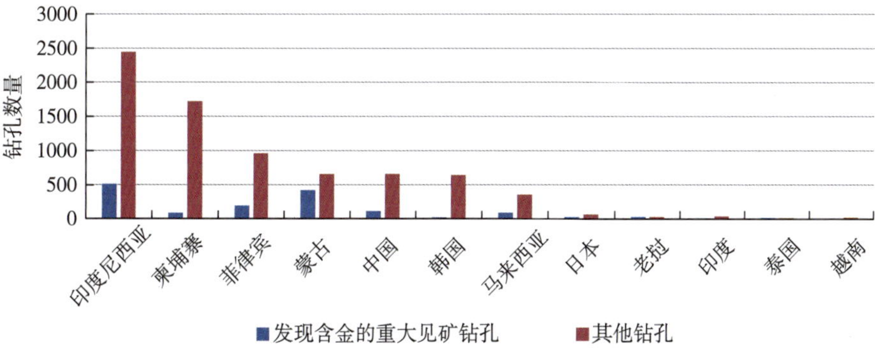

图 3-2-3　2003—2022 年亚洲国家有效钻孔情况

数据来源为 S&P Global Market Intelligence，2023

3. 重大勘查发现

1990—2021 年全球共发现 341 个金矿（表 3-2-3），共发现储量、资源量 21 亿 oz❶黄金。近 10 年中，发现了 25 个大型金矿。相比之下，仅 1990 年 12 个月内发现的 10 个新发现矿床的黄金储量、资源量就达到 2.245 亿 oz，可以看出，找到高品位、高质量的金矿难度越来越大。

表 3-2-3　1990—2021 年全球新发现金矿情况

年份	发现数量	储量、资源量 百万 oz	金勘查预算 百万美元	隐含发现成本 （美元·oz^{-1}）	新发现金 百万 oz
1990	10	224.5	1.305	5.81	
1991	11	72.0	1.160	16.12	
1992	22	147.2	1.030		
1993	19	148.9	1.100	7.39	
1994	17	136.5	1.400	10.26	
1995	27	161.8	1.960	12.12	
1996	24	89.6	2.504	27.93	
1997	23	117.4	2.955	25.16	
1998	15	119.5	1.933	16.18	
1999	12	106.8	1.351	12.65	
2000	5	15.2	1.117	73.39	
2001	8	45.4	878	19.35	
2002	7	42.0	821	19.55	
2003	13	86.6	1.096	12.65	
2004	10	72.3	1.796	24.85	
2005	18	120.7	2.382	19.73	
2006	22	115.4	3.209	27.80	18.3
2007	14	116.1	4.220	36.35	9.1
2008	9	28.1	4.942	175.71	1.8
2009	11	74.3	3.485	46.92	
2010	8	19.6	5.424	277.30	2.9
2011	8	42.5	8.252	194.23	4.1
2012	4	12.1	9.678	800.69	2.1
2013	4	38.4	6.638	172.69	11.8
2014	2	10.2	4.571	448.05	5.4
2015	3	14.5	3.939	271.58	20.1
2016	3	17.0	3.319	195.01	23.2
2017	4	19.1	4.095	215.74	15.1

❶ 1oz≈28.35g。

续表

年份	发现数量	储量、资源量 百万 oz	金勘查预算 百万美元	隐含发现成本 （美元 · oz^{-1}）	新发现金 百万 oz
2018	1	3.4	4.853	1447.00	15.0
2019	1	6.8	4.310	634.13	11.7
2020	1	6.1	4.370	712.40	
2021	2		6.200		11.8
总计	341				

注：数据来源为 S&P Global Market Intelligence，2023。

从勘查阶段而言，黄金勘探更加关注已知矿山的增储，缺乏新发现矿床的原因是矿业公司越来越专注于高级阶段的项目和已知矿床的外围找矿，而不是寻找新的矿床，草根勘查的投入越来越少。

对于亚洲而言，本书谨列出以下 4 个 2019—2021 年引人关注的勘查发现。

1）柬埔寨发现金矿。2020 年 4 月柬埔寨矿产与能源部高级官员在新闻发布会上表示，柬埔寨在位于蒙多基里省一处勘探首次发现了一处国际级的金矿。该矿床具有工业产业规模。柬埔寨希望将来能够按计划实现柬埔寨的黄金产出。

2）印度尼西亚桑巴瓦提姆矿业公司发现昂托铜金矿床。2020 年 3 月桑巴瓦提姆矿业公司（Sumbawa Timur Mining，STM）称在印度尼西亚发现了世界级的昂托铜金矿（Onto Copper），目前仍处在可行性研究阶段。2019 年 12 月的储量报告显示，控制级别的储量为 928t。STM 表示，这一世界级铜金矿的发现将使公司成为印尼的顶级铜生产商。自 2010 年开始，STM 便开始围绕其 Hu'u Project 在印度尼西亚西努沙登加拉省（West Nusa Tenggara）展开勘探，截至目前，已经完成了 64 个金刚石钻孔。STM 是一家由 Eastern Star Resources Pty Ltd.（80%）和 ANTAM（20%）共同组建的合资公司，其中，Eastern Star Resources Pty Ltd. 是淡水河谷的子公司。

3）蒙古一铜金矿发现浅部矿化，金品位 2.83g/t。2019 年 2 月萨纳杜矿业（Xanadu Mines）公司在蒙古的哈马戈泰（Kharmagtai）再次发现浅部氧化物型金矿石，该项目在网山（Stockwork Hill）硫化物型铜金矿体上面钻探，从地表向下 40m 连续见到矿化，金品位 2.3g/t。其中，在 5m 深处见矿 19m，金品位 2.83g/t。萨纳杜矿业公司表示，已完成的工作说明，氧化物型金矿长 200～400m，宽 75～100m，埋深 30～40m。矿体沿各个方向都没有穿透，仅对南部网状带进行了评价，而北部网状矿带尚未进行评价。钻探曾在地表向下见矿 76m，金品位 2.74g/t，另外还在 3m 深处见矿 98m，金品位 2.12g/t。

4）蒙古昆迪（Khundii）金矿即将完成预可研，2024 年有望达产。该项目区由一个 1.7km 的北西—北东走向矿带组成，包含强烈的硅化和绢云母化火山和火山碎屑地层。金矿化始于地表，与蚀变的火山岩中的石英角砾岩和梳状石英脉相关，矿脉和裂缝中含有大量的次生赤铁矿，其中一些含金。2020 年 8 月，额尔登特资源有限公司在该金矿区开始了 18000m 钻探的计划。到 2020 年底，完成了 14300m，其中包括在巴彦昆迪（Bayan Khundii）的 54 个孔（包括 4 个延伸孔）共 9345m，以及最近发现的位于巴彦昆迪采矿许可证附近的 Dark Horse 勘探区开展了 25 个孔的 4660m 钻探工作。Dark Horse 的钻探包括发现了一个新的高品位、浅层金矿，多个钻孔报告了广泛的矿化带（包括从 45m（金品位为 5.97g/t）到 130m（金品位为 0.54g/t）），以及具有更高价值的见矿 22m、金品位 21.2g/t 的钻探成果。这些钻孔位于 Dark Horse 目标区域西部的一个 4km 长的结构中，显示了在巴彦昆迪矿床附近发现重大金矿的潜力。目前巴彦昆迪探明的资源量为金 31.88t，银 91.16t，锌 55300t，铅 51300t。

二、开发现状与趋势

1. 黄金产量分析

中国是世界黄金生产大国，中国黄金协会统计并发布的数据显示，2022 年我国黄金产量高达 372t，同比增长 13%，在全球的市场份额提升至 10.4%，连续第 15 年排在全球第一位。其次是俄罗斯，2021 年黄金产量为 330.9t。近 10 年来，俄罗斯黄金产量稳步增长，与此同时，俄罗斯还增加了庞大的外汇储备，目前估计外汇储备约为 6000 亿美元。此外，俄罗斯央行数据还显示，2020 年年底俄罗斯央行仅黄金持有量就超过 1280 亿美元。其他的亚洲黄金生产集中在东北亚的哈萨克斯坦、乌兹别克斯坦、吉尔吉斯斯坦和蒙古，东南亚的印度尼西亚、菲律宾，以及横跨欧亚大陆的土耳其等国家（表 3-2-4）。乌兹别克斯坦、印度尼西亚黄金产量每年在 100t 左右。

表 3-2-4　2012—2021 年亚洲金产量　　单位：t

年份	2012	2013	2014	2015	2016	2017	2018	2019	2020	2021
中国	413.3	438.4	462.0	460.3	463.7	429.1	404.1	383.2	368.3	332.0
俄罗斯	233.4	248.5	252.7	255.3	262.4	280.7	295.4	327.2	331.7	330.9
印度尼西亚	82.6	90.0	93.5	115.1	118.4	117.6	153.0	92.3	100.9	117.5
乌兹别克斯坦	77.0	78.0	79.5	79.0	90.0	91.1	91.6	93.2	100.2	104.9
哈萨克斯坦	37.3	44.1	42.6	52.0	58.7	67.2	73.9	74.6	79.2	77.6
土耳其	29.4	33.5	31.2	28.2	24.4	24.7	22.9	37.1	41.5	39.5
菲律宾	30.8	29.2	28.4	30.6	36.7	44.7	42.8	34.6	25.6	28.0
吉尔吉斯斯坦	11.3	20.2	19.3	18.7	21.2	21.0	21.9	26.0	24.3	21.8
蒙古	14.2	19.7	32.0	32.8	21.3	22.5	22.6	16.3	20.2	19.2
老挝	6.8	7.2	5.6	7.2	7.1	6.4	5.9	5.6	7.6	11.4
其他国家	44.6	45.1	46.1	45.9	47.1	48.1	47.5	46.1	48.5	51.1
合计	982.2	1054.7	1093.9	1127.4	1151.5	1151.2	1182.6	1141.1	1147.4	1131.3

注：数据来源为世界黄金协会，2022。

2. 金矿在产矿山

2021 年产量在亚洲排名前二十位的大型黄金矿山（表 3-2-5）主要分布在分布俄罗斯（9 个）、印度尼西亚（3 个）、哈萨克斯坦（2 个）、乌兹别克斯坦（2 个）、蒙古（1 个）、中国（1 个）、朝鲜（1 个）、土耳其（1 个），以斑岩型、硫化物型和造山带型居多。

表 3-2-5 亚洲主要在产金矿项目概况

全球产量排名	项目名称	所在国家	所属公司	主要矿种	矿床类型	产量/t
2	穆龙套（Muruntau）	乌兹别克斯坦	纳沃伊矿冶公司	金，银	造山带型	84.77
3	格拉斯博格（Grasberg）	印度尼西亚	自由港-麦克莫兰公司	铜，金，银	斑岩型	38.84
4	奥林匹亚达（Olimpiada）	俄罗斯	极地黄金公司	金，银，锑	硫化物型	31.55
5	卡兹尼克肯索蕾德特（Kazzinc Consolidated）	哈萨克斯坦	嘉能可，哈萨克斯坦政府	锌，铜，铅，银，金	硫化物型	26.22
17	阿尔玛雷克（Almalyk Complex）	乌兹别克斯坦	Almalyk Mining Metals Combine	铜，金，银，钼，锌，铅	斑岩型	15.79
20	纳塔耳（Natalka）	俄罗斯	极地黄金公司	金，银	硫化物型	14.54
25	库波耳（Kupol）	俄罗斯	Highland Gold Mining Ltd.	金，银	硫化物型	13.64
28	奥尤陶勒盖（Oyu Tolgoi）	蒙古	力拓，蒙古政府	铜，金，银，钼	斑岩型	13.27
30	布拉戈达特诺耶（Blagodatnoye）	俄罗斯	极地黄金	金	硫化物型	12.44
39	克孜勒（Kyzyl）	哈萨克斯坦	多金属国际有限公司	金	硫化物型	11.00
48	科普勒（Copler）	土耳其	SSR 矿业公司	金，银，铜	斑岩型金铜矿	9.33
50	摩塔贝（Martabe）	印度尼西亚	PT Agincourt Resources	金，银	超热高硫化物型	9.11
51	甘肃阳山（Yangshan）	中国	中国黄金	金	卡林型	9.07
57	弗宁斯科耶（Verninskoye）	俄罗斯	极地黄金公司	金，银	硫化物型	8.35
59	巴都希贾乌（Batu Hijau）	印度尼西亚	PT Amman Mineral Nusa Tenggara	铜，金，银	斑岩型	8.29
67	桑农（Sangnong）	朝鲜	朝鲜政府	金，铜	未知	7.51

续表

全球产量排名	项目名称	所在国家	所属公司	主要矿种	矿床类型	产量/t
71	比斯特林斯科耶(Bystrinskoye)	俄罗斯	Public Joint Stock Co. Mining &amp, CIS Natural ResourcesFund, Highland Fund	铜，金，铁，锰，银	斑岩型	7.31
75	格罗斯(Gross)	俄罗斯	Nord Gold PLC	金，银	矽卡岩型	7.11
80	库拉纳赫(Kuranakh)	俄罗斯	极地黄金公司	金，银	硫化物型	6.69
84	阿尔巴奇诺(Albazino)	俄罗斯	极地黄金公司	金，银	未知	6.42

注：数据来源为S&P Global Market Intelligence，2023。

3. 金矿并购交易

亚洲是全球黄金勘探的热点之一，2018—2022年，亚洲国家上市矿业公司共进行了近100个黄金矿业项目的交易并购（不含中国国内的矿权交易），其中柬埔寨、印度尼西亚、菲律宾、蒙古、伊朗是矿权交易的活跃地区，黄金勘探也不断有新的突破。

就全球市场而言，黄金并购市场也异常活跃。2020年5月，加拿大贵金属矿商SSR矿业公司以24亿加元（约17亿美元）收购阿拉塞尔黄金；10月，北极星资源和萨拉森矿业宣布将对等合并，涉及的并购金额高达41亿美元；11月，西非最大黄金生产商奋进矿业（Endeavour Mining）以24.4亿加元（约18.6亿美元）收购特兰加黄金。

优质矿产是稀缺资源，除了非洲少部分国家和地区，已经很少有高品位的矿床发现，矿业的扩张不得不通过并购的方式开展。全球黄金市场的并购异常激烈，尤其头部企业，更是不断壮大，话语权越来越重，目前，无论是国内企业，还是国外企业，寻求优质资源的步伐异常坚定。资源为王的时代，对致力于成为全球一流的矿业企业而言，资源储量和禀赋成为最重要的筹码。

4. 亚洲五大黄金生产商

（1）纳沃伊矿冶公司

2021年纳沃伊矿冶公司黄金产量居亚洲首位，是亚洲最大、世界第三大黄金生产商。该公司是原乌兹别克斯坦纳沃伊矿山冶金综合体三家独立企业中的一家，另外两家为纳沃伊铀业和纳沃伊矿山冶金综合体基金。该公司主要业务为贵金属开采和加工，在乌兹别克斯坦拥有18座矿山或矿业项目，其旗舰项目为穆龙套金矿，2021年生产黄金约81t，但2021年企业市值仅13亿美元，远低于同类外国公司110亿美元的市值。2022年8月该公司首次获得7家国际银行提供的总额12亿美元无担保银团贷款。银团成员包括美国摩根大通和花旗银行、法国兴业银行、瑞士信贷银行、中国工商银行、德意志银行、哈萨克斯坦哈利克储蓄银行，贷款期限5年。

纳沃伊矿业公司计划在2017—2026年间实施27个现代化改造和新建产能项目，预计总投资超过30亿美元。若项目顺利实施，纳沃伊矿业公司产能有望提升30%。

近几年的黄金产量维持在80t左右，占乌兹别克斯坦全国黄金产量的80%以上。纳沃伊矿业公司拥有5个冶炼厂，分别为纳沃伊冶炼厂、泽拉夫尚冶炼厂、乌奇库杜克冶炼厂、扎尔米坦冶炼厂和位于中克孜勒库姆地区的阿乌明扎套-阿曼泰金矿冶炼厂。

（2）极地黄金公司

俄罗斯极地黄金公司2021年黄金产量76.1t，是亚洲第二大、全球第四大黄金生产商。作为俄罗斯最大的黄金生产商，俄罗斯大约1/4的黄金开采来自该公司。公司探明黄金储量为2964t。

极地黄金公司主要在俄罗斯盛产黄金的西伯利亚东部地区进行经营活动，其拥有7个正在开采的矿山，分别为奥林匹亚达（Olimpiada）、纳塔卡（Natalka）、布拉戈达特诺耶（Blagodatnoye）、韦尔宁斯科耶（Verninskoye）、库拉纳赫（Kuranakh）、莉娜艾维尔斯（Lena Alluvials）和季穆赫塔（Titimukhta），另外有部分项目处于前期准备阶段或后期开发阶段中。该公司在哈萨克斯坦、罗马尼亚和吉尔吉斯斯坦也拥有数个黄金矿山的采矿权或探矿权。

随着2026年苏霍伊洛克金矿的投产，该公司黄金产量将增加约80%，并将成为世界三大黄金开采公司之一，预期俄罗斯的黄金总产量将会增长20%。

（3）紫金矿业集团

紫金矿业集团2021年生产黄金47.5t，成为亚洲第三大、世界第十一大黄金生产商。该公司是在全球范围内从事铜、金、锌、锂等金属矿产资源勘查、开发及工程设计、技术应用研究的大型跨国矿业集团。

紫金矿业集团在中国15个省（区）和海外15个国家拥有重要矿业投资项目，包括境内的西藏巨龙铜矿、黑龙江多宝山铜矿、福建紫金山铜金矿、新疆阿舍勒铜矿等，境外的塔吉克斯坦索格特州在产吉劳/塔罗金矿、吉尔吉斯斯坦克明区左岸金矿等。截至2022年年底，公司保有探明和控制及推断的资源量：铜7372万t，金3117t，锌（铅）1118万t，银14612t，锂资源量（当量碳酸锂）1215万t。

（4）多金属国际有限公司

2021年多金属国际有限公司生产黄金40.41t，为亚洲第四大、全球第十四大黄金生产商。该公司成立于1998年，总部位于塞浦路斯利马索尔，主要从事金、银、铜、锌和铂族金属的勘探、提取、加工和回收，在俄罗斯拥有8座金矿和19个黄金项目，在哈萨克斯坦拥有4座金矿和银矿，其旗舰项目是位于哈萨克斯坦东部的克孜勒（Kyzyl）金矿。公司保有探明和控制及推断的金资源量为724t。

（5）自由港-麦克莫兰公司

自由港-麦克莫兰公司2021年生产黄金31.93t，位居世界黄金公司第十六位，是全球著名国际矿业公司之一。该公司总部位于美国亚利桑那州凤凰城，在北美、南美、印度尼西亚从事铜、金、钼等矿产资源开发，保有资源储量丰富。其中，印度尼西亚格拉斯伯格（Grasberg）铜金矿是世界最大的金矿和世界第二大铜矿，该矿山是自由港-麦克莫兰公司在亚洲的唯一一座在产矿山，拥有48.76%的股份，该矿山2021年生产黄金38.83t。

第四章 主要资源国家铜金矿分析

第一节 主要铜矿资源国家铜矿分布与勘查开发

一、俄罗斯

（一）铜矿分布特征

俄罗斯铜矿资源丰富，储量居世界第三位，仅次于智利和秘鲁，探明储量 5992 万 t，资源量 1.3 亿 t，占亚洲铜矿总资源量的 1/3。总体而言，俄罗斯铜矿品位多在 0.4% ~ 1%之间，有全球超大型铜矿（资源量>500 万 t）5 座，即加伊斯克铜矿床、乌多坎铜矿床、十月铜矿床、塔尔纳赫铜矿床、马尔梅日铜矿床（表 4-1-1）。其铜矿主要分布在乌拉尔-蒙古成矿带和西伯利亚成矿带，包括诺里尔斯克及乌拉尔南部地区，以及靠近中国东北的后贝加尔、哈巴罗夫斯克和楚科奇地区（图 4-1-1），主要成矿类型以铜镍硫化物型矿床为主，储量占比超过 40%，其次为 SEDEX 型占 27%，砂岩型占 23%，斑岩型占 10%。

表 4-1-1 俄罗斯主要铜矿床储量情况表

矿床名称	俄文名称	英文名称	矿产类型	资源量 万 t	储量 万 t	品位 %	所处状态	经营公司
乌多坎	Удоканское	Udokan	砂页岩型	1443.5	552	0.97	生产	AO 金属投资公司
十月	Октябрьское	October	铜镍硫化物型	1420.8	554.7	1.62	预生产	俄罗斯国家铜业公司
塔尔纳赫	Талнахское	Tarutinskoye	铜镍硫化物型	773.5	267.9	1.6	可研	俄罗斯国家铜业公司
加伊斯克	Гайское	Gaisky Complex	SEDEX 型	436	47.9	1.4	生产	乌拉尔矿业冶金公司
阿克-苏格	Ак-Сугское	Ak-Sug	斑岩型	312.1	51.2	0.468	预可研	ONEXIM 集团
别斯强卡	Песчанка	Baimskaya	斑岩型	260.6	112.5	0.4	可研	诺瓦资源公司
贝斯特林斯克	Быстринское	Bystrinskoye	矽卡岩型	171.6	35.5	0.69	生产	诺里尔斯克镍业公司
巴多里	Подольское	Podolskoye	SEDEX 型	170.1	1.7	2.177	生产	乌拉尔矿业冶金公司

续表

矿床名称	俄文名称	英文名称	矿产类型	资源量 万 t	储量 万 t	品位 %	所处 状态	经营公司
沃尔科夫	Волковское	Volkovskoe	钒-铁-铜	159.8	15.3	0.67	生产	乌拉尔矿业冶金公司
尤比列伊	Юбилейное	Yubileinoye	SEDEX 型	128.1	4.6	1.604	生产	乌拉尔矿业冶金公司
马尔梅日	Малмыжское	Malmyzh	斑岩型	127.1	388.5	0.342	储量评估	俄罗斯国家铜业公司
托明	Томинское	Tominskoye	斑岩型	120.6	141.9	0.371	预生产	俄罗斯国家铜业公司
米哈耶夫	Михеевское	Miheevskoye	斑岩型	112.5	29.7	0.45	生产	俄罗斯国家铜业公司

图 4-1-1 俄罗斯主要铜矿床分布图

（据周永恒等，2018）

1—日丹诺夫铜矿床；2—尤比列伊铜矿床；3—加伊斯克铜矿床；4—巴多里铜矿床；5—新乌恰林铜矿床；6—乌杰李金铜矿床；7—托明铜矿床；8—米哈耶夫铜矿床；9—沃尔科夫铜矿床；10—马斯洛夫铜矿床；11—十月铜矿床；12—诺里尔斯克 1 号铜矿床；13—塔尔纳赫铜矿床；14—阿克-苏格铜矿床；15—乌多坎铜矿床；16—贝斯特林斯克铜矿床；17—马尔梅日铜矿床；18—别斯强卡铜矿床。Ⅰ—诺里尔斯克（克拉斯诺亚尔斯克）成矿区；Ⅱ—南乌拉尔成矿区；Ⅲ—后贝加尔成矿区；Ⅳ—哈巴罗夫斯克成矿区；Ⅴ—巴伊姆斯克（楚科奇）成矿区；Ⅵ—摩尔曼斯克成矿区诺里尔斯克矿区是俄罗斯最大的铜矿集中区，储量占全俄铜储量的1/3，包括世界级的十月矿床及塔尔纳赫矿床，平均品位为1.11%~1.62%，部分富矿品位高达9%，还包括大型的诺里尔斯克1号矿床和中型的马斯洛夫矿床、小型的切尔诺戈尔矿床，这几个矿床的平均品位在0.29%~0.54%之间。

后贝加尔成矿区的铜矿储量约占全俄铜储量的1/4，仅乌多坎砂岩型铜矿床储量就超过2000万t，平均品位为1.56%，此外该矿床还含有巨量的银。

南乌拉尔成矿区占有超过全俄1/5的铜储量，主要是黄铁矿型铜矿床，其中规模最大的是加伊斯克铜矿床，储量为480万t，铜品位为1.3%，同时含有可工业利用的锌、金、银和镉金属，该区有几处正在勘探的铜矿床，包括喷流沉积型的尤比列伊矿床、巴多里矿床和新乌恰林矿床，平均品位在0.99%~2.11%之间，钒-铁-铜型的沃尔科夫矿床，平均品位为0.64%，这几处矿床储量均达到了大型的规模。该地区的斑岩型铜矿床储量也比较大，例如米哈耶夫矿床和托明矿床，矿石品位较低，但总储量超过400万t。

哈巴罗夫斯克成矿区拥有俄罗斯最大的斑岩型铜矿床马尔梅日铜矿床，储量超过500万t，品位为0.41%。此外该区正在勘探的伊坎斯克铜矿床规模预期也达到了大型，品位为0.27%。

楚科奇自治区的别斯强卡斑岩型铜矿床，储量为370万t，平均品位为0.83%。

摩尔曼斯克成矿区有大型的日丹诺夫铜矿床，该矿床及周边的其他铜镍硫化物型矿床的总储量超过200万t。

此外，在北高加索地区中大约有220万t的铜储量。其中最大的是喷流沉积型的季吉尔-节烈铜矿床，储量117万t，矿石平均品位为2.14%，该矿床目前还未开发。

铜镍硫化物型铜矿床主要分布在俄罗斯的克拉斯诺亚尔斯克边疆区、卡累利阿地区，是俄罗斯最重要的铜矿床类型，典型矿床包括十月、塔尔纳赫、诺里尔斯克1号和日丹诺夫矿床。

SEDEX型矿床主要分布于在乌拉尔造山带，在巴什科尔托斯坦共和国、斯维尔德洛夫斯克州、车里亚宾斯克州和奥伦堡州，典型矿床包括加伊斯克、尤比列伊和巴多里矿床。

砂页岩型铜矿床主要指后贝加尔边疆区的乌多坎铜矿，其储量超过2000万t，是世界上最大的砂岩型铜矿之一。

斑岩型铜矿床主要分布于车里亚宾斯克州、图瓦共和国、哈巴罗夫斯克边疆区和楚克奇自治州，大部分该类型矿床规模较小，但近年来，俄罗斯境内也发现了大型-超大型斑岩型铜矿床，斑岩型铜矿目前已经成为俄罗斯最有潜力的铜矿类型。典型矿床包括别斯强卡、阿克-苏格、托明、米哈耶夫和马尔梅日铜矿床。

（二）铜矿勘查开发现状

近年来，俄罗斯铜矿的勘查与开发活动渐趋活跃，2019—2021年，俄罗斯铜矿勘查投资近乎成倍增长（图4-1-2），2021年投资额达到9890万美元，占全球铜矿勘查投资4.28%，79%为大型矿业公司投资，56%的资金投资在详查阶段，这两个比例均比全球平均比例高。整体而言，俄罗斯铜矿的开发程度较低，65%以上的矿床均处于勘查阶段。全境一半以上的铜矿项目由乌拉尔矿业与冶金公司、诺里尔尼克矿业冶金公司和俄罗斯铜业公司这 3 家公司经营，几乎生产了俄罗斯全部的铜矿产量，近 5 年来，俄罗斯铜矿产量持续上升（图 4-1-3），产量占全球铜矿总产量也一直维持在 3% 以上，并成上升态势，主要的开采基地位于南乌拉尔和诺里尔斯克地区。当前俄罗斯铜开采工业的保障程度超过 50 年，但 3/4 的铜矿已经进入地下开采阶段，且大部分矿山矿体埋深大，品位也较低，正在生产的矿山平均可采年限小于 10 年。值得说明的是俄罗斯前五大铜矿项目均尚未投产，根据各项目的发展规划，会在未来 5~8 年投产，但以上项目位于偏远地区甚至北极圈内，基础设施不发达，或面临环境问题。因此，俄罗斯未来铜矿产量有较大的上升空间，但开发的不确定性因素较大。

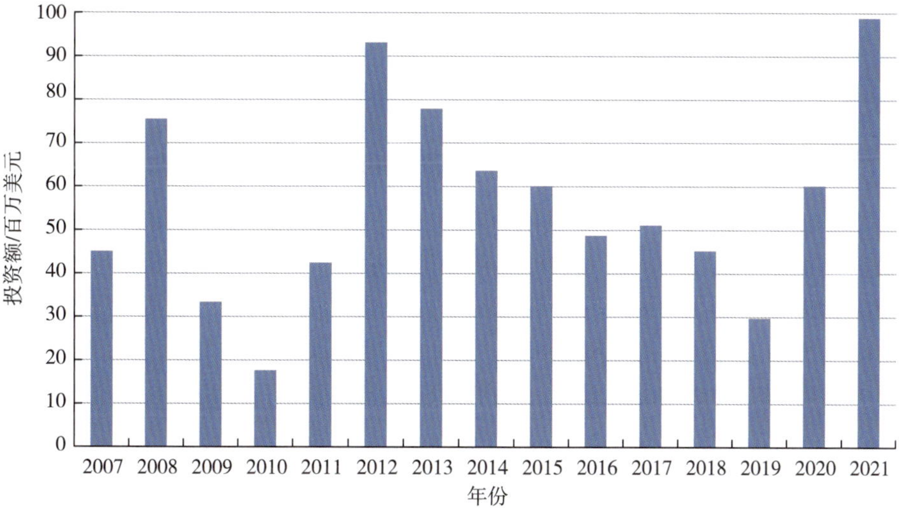

图 4-1-2　2007—2021 年俄罗斯铜矿勘查投资趋势

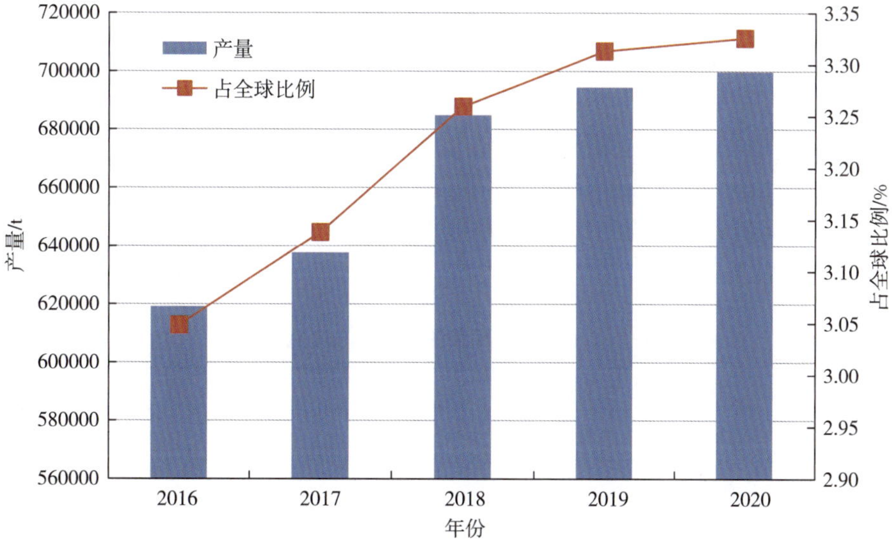

图 4-1-3　2016—2020 年俄罗斯铜矿产量变化趋势

具体而言，俄罗斯AO矿业控股有限公司经营着全国资源量最大的乌多坎砂页岩型铜矿项目，也是俄罗斯目前最大的待投产的铜矿项目，2016年7月该矿床的勘探许可证获批，计划2022年以前在乌多坎地区建造冶炼厂，到2023年，年矿石加工能力不小于1200万t，最终产能达3600万t/年，年产47.4万t阴极铜和6.27万t铜线材，并计划在矿石中提取银。2017年1月，俄罗斯能源部批准了一项投资计划，于2019年为乌多坎矿床建成220kV的输电设施。

俄罗斯第二大尚未投产的铜矿别斯强卡项目位于北极圈以北，是全球已发现的高品位的超大型Cu-Au-Mo斑岩型铜矿床之一，2008年由英国Millhouse资本旗下的子公司勘查发现，并申请获得了25年的探矿权，后由必和必拓和Millhouse资本联合成立子公司进行勘查开发，2018年该项目出售给了哈萨克斯坦KAZ铜业公司，2021年5月该公司被挪威Nova资源公司收购。2021年9月完成了可行性研究，预计将于2026年投产，矿山寿命预计为25年。

Ak-Sug斑岩型铜矿准备由加列夫采选联合企业开发，计划露天开采，年产能为1850万t，2017年在托明开工建设一座采选加工厂，2022年年加工能力达到2800万t，托明矿床计划年产50万t铜精矿。

此外，目前正在勘探的比较重要的铜矿床有马尔梅日矿床、别斯强卡矿床、托明矿床、乌拉尔地区的新乌恰林矿床和西伯利亚地区的金佳什矿床。金佳什矿床以浸染状硫化物铜、镍、钴矿化而闻名，矿石中还含有铂、银和金。该矿床目前已核实铜储量为36.24万t，镍储量为84.95万t，钴储量为3.71万t，该矿床归诺里尔斯克镍公司所有。此外，在俄罗斯的西部和西北部地区，还有一系列的中小型的铜矿床正在勘探。

二、印度尼西亚

（一）铜矿分布特征

印度尼西亚探明储量为2134万t，资源量7639万t，占亚洲铜矿总资源量12%，拥有全球前十大铜矿床格拉斯贝格斑岩型铜金矿床。主要铜矿分布区包括新几内亚岛中央山脉区、北苏拉威西岛的哥伦达洛省及加里曼丹、苏门答腊和爪哇地区，主要的成矿类型为斑岩型铜矿。新几内亚岛的斑岩型铜矿与埃达克质和碱性侵入岩、喷发言有关；苏门答腊-爪哇一带的斑岩型铜矿主要与中新世以来中-酸性花岗岩有关，产于云英闪长岩、闪长岩和次火山岩中；北苏拉威西地区斑岩型铜矿主要与安山岩中的石英闪长斑岩有关（表4-1-2）。

表4-1-2　印度尼西亚主要铜矿床储量情况表

矿床名称	矿产类型	资源量/万t	铜品位/%	所处状态	经营公司
Grasberg	斑岩型	3674.4	0.844	生产	自由港麦克莫兰公司
Onto	斑岩型	1500	0.890	预可研	淡水河谷
Tujuh Bukit	块状硫化物型	875.3	0.412	生产	Merdeka 铜金公司
Elang-Dodo	斑岩型	587.1	0.320	储量评估	Nusa Tenggara 公司

续表

矿床名称	矿产类型	资源量/万 t	铜品位/%	所处状态	经营公司
Batu Hijau	斑岩型	379.6	0.385	生产	Nusa Tenggara 公司
Gorontalo	斑岩型	274	0.500	预可研	Bumi 资源公司
Beutong	斑岩型	243.9	0.480	预可研	亚美资源公司
KSK	斑岩型	46.39	0.596	可研	亚美资源公司
Wetar	块状硫化物型	29.45	1.321	生产	Merdeka 铜金公司

新几内亚岛中央山脉区最主要的岩体是格拉斯贝格和艾茨伯格侵入岩，其中达兰侵入岩侵入最早，随后被主格拉斯贝格侵入体侵入，最后两者又被卡里岩体切穿，区域成矿与两个岩体在时间和空间上都有很密切的联系。该地区除格拉斯贝格铜金矿床外，还产出一系列的矽卡岩铜金矿床，例如该矿床东南向约 3km 处的艾茨贝格矽卡岩型铜金矿床，以及大铁帽和艾茨贝格东等铜金矿床。在该地区以东还发育有位于巴布亚新几内亚境内的奥克特迪巨型铜金矿床和弗里达巨型铜金矿床（毛景文等，2012）。

西努沙登加拉省松巴哇岛位于印尼南部的一条新生代钙碱性火山岛弧上，该火山岛弧主要由印度洋洋壳俯冲形成，至今仍在活动当中。该区在 20 世纪八九十年代曾由当地矿业公司进行过探矿工作，发现了其中的铜-铅-锌-金-银多金属矿化石英脉带，目前预测已达中型矿床规模，具有较好的找矿远景及开发前景。

（二）铜矿勘查开发现状

整体而言，印尼铜矿的开发程度较低，83%以上的矿床均处于勘查阶段。印尼铜矿的勘查投资 2019—2021 年持续下降（图 4-1-4），2021 年投资额为 3240 万美元，占全球铜矿勘查投资的 1.4%，43%为大型矿业公司投资，60%的资金投资在详查阶段，这个比例大大高于全球平均比例。从产量而言，近 5 年来，印尼的铜矿产量也呈下降趋势（图 4-1-5），占全球铜矿总产量的 2.5%~3.5%左右。全球在产的第一大铜矿 Grasberg 项目由自由港麦克莫兰公司经营，此外该公司还在印尼投资建设了 2 个铜精矿冶炼厂，2021 年该公司铜矿产量占印尼全境的 73%，铜矿产量因自由港麦克莫兰公司在 Grasberg 的矿业

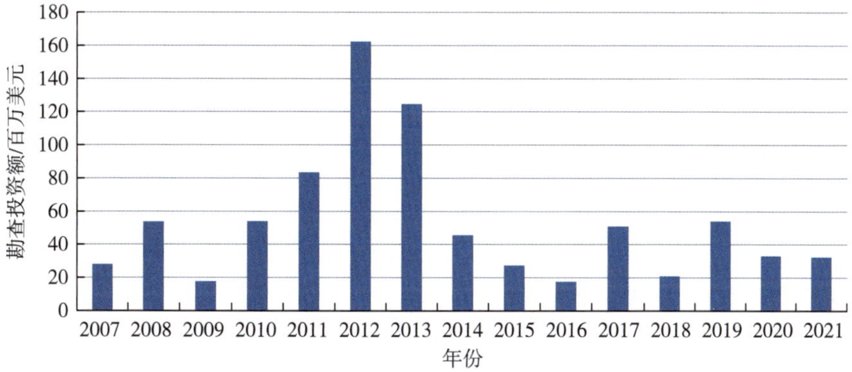

图 4-1-4 2007—2021 年印度尼西亚铜矿勘查投资趋势

图 4-1-5　2016—2020 年印度尼西亚铜矿产量变化趋势

权续期受到政府干预以及矿产品出口禁令等原因，连续 3 年下降。印尼在产的另外 4 个项目均由本土公司经营，其中，印尼第三大铜矿项目 Batu Hijau 由印尼本土最大的铜矿生产商 Amman 矿业公司开发，2020 年铜矿产量占全境产量的 26%。目前印尼待开采的大型铜矿项目主要包括由淡水河谷经营的印尼第二大铜矿 Onto 项目、由印尼头号动力煤生产商 Bumi Resources 公司和印尼最大的镍业公司 Aneka Tambang 合作经营的 Gorontalo 项目、由印尼本土铜业公司运营的 Beutong 项目，以上项目均处于勘查阶段。因此，近几年内印尼铜矿产量增长幅度不会太大，但长期而言有较大的增长空间。

印度尼西亚桑巴瓦提姆矿业公司（PT Sumbawa Timur Mining，简称 STM 公司）公开了胡乌项目的昂托金铜矿床的发现。该矿床位于西努沙登加拉所属的胡乌地区。STM 公司是该项目的第 7 代工作合同持有者，该公司由东星资源有限公司（Eastern Star Resources Pty Ltd.，属于淡水河谷公司 Vale SA 公司的全资子公司，占 80% 股份）和 PT Aneka Tambang Tbk（20% 股份）共同持有。自 2010 年以来，STM 公司一直在胡乌地区进行勘探活动。2013 年 8 月首次发现了该矿床，此后已钻进了 64 个钻孔（相当于 61000m）以确定该矿床的大小、面积和资源量等基本特征。截至 2022 年 12 月，STM 公司估计矿产资源总量为：确认资源量为 7.6 亿 t 的铜（品位 0.93%）和金（品位 0.56g/t），推断资源量为 9.6 亿 t 的铜（品位 0.87%）和金（品位 0.44g/t），相当于总计 17 亿 t（铜品位 0.89% 和金品位 0.49g/t）。除上述铜金资源量外，该区周边的勘探目标也定为 6~17 亿 t 铜（品位 0.2%~0.7%）和金（品位 0.1~0.3g/t）资源远景。STM 公司将继续在昂托铜金矿床区域及其周围进行钻探，以确定矿化深度和连续性。

三、伊朗

（一）铜矿分布特征

伊朗铜矿资源比较丰富，探明储量 2123 万 t，居亚洲第 4 位，占全球铜矿储量的 4.3%，资源量 2173 万 t，平均品位大于 0.65%，超过 95% 的矿点集中分布在特提斯-喜马拉雅中生代斑岩铜矿带，该铜矿带在伊朗境内沿对角线分布，由 Sistan 西北方向 Azerbaijan 地区延伸至东南方向 Baluchestan 地区，在 Khorasan 地区由 Semnan 地区延伸至 Sabzevar

地区，具体可分为 7 个主要铜矿带：Anarak - Kashan、Kerman、Tarom - Hashtjin、Ahar、Kavir-Sabzevar、Lut 和 Makran 铜矿带（图 4-1-6）。此外在阿巴斯港地区 Sheikh Hadi 和伊朗东南部 Fanuj-Esfandagheh 带存在块状硫化物型铜金矿床，与白垩纪蛇绿岩伴生。

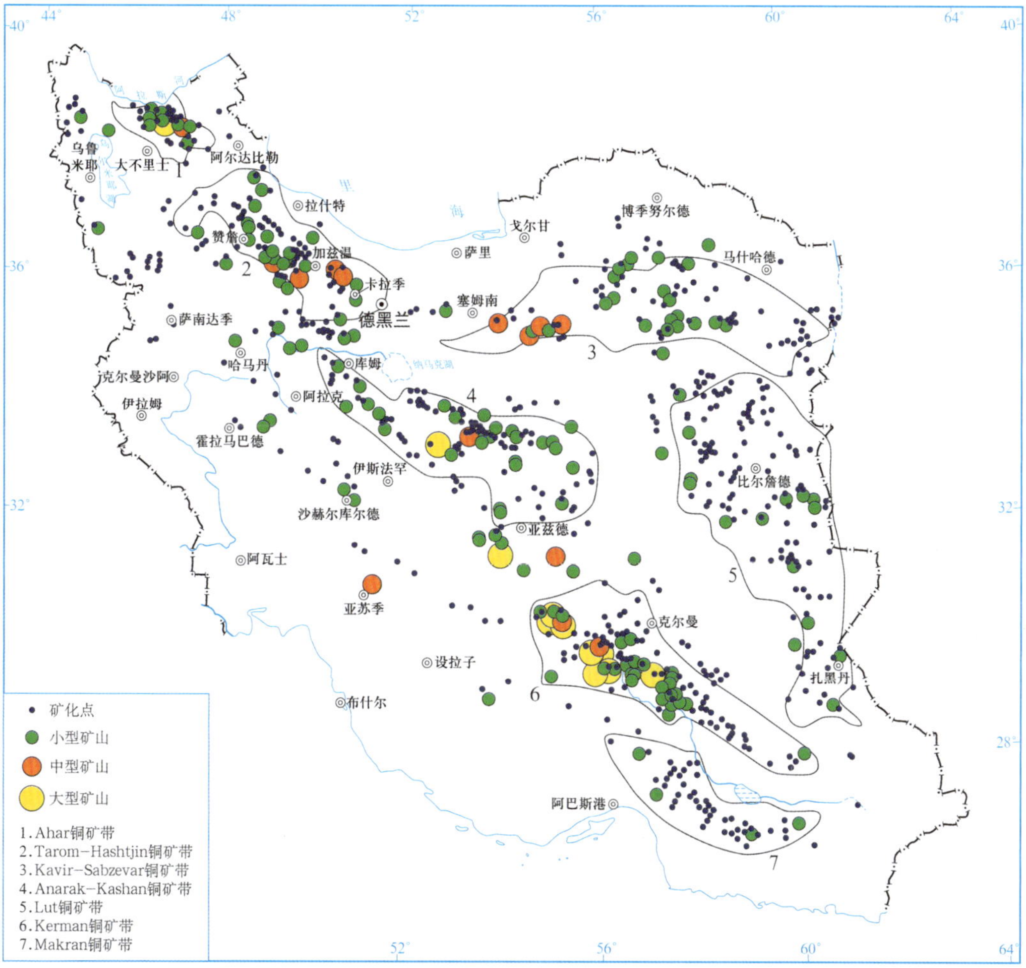

图 4-1-6 伊朗铜矿分布图

伊朗主要分布有斑岩型、热液型、火山岩型和矽卡岩型铜矿，并以斑岩型为主。

斑岩型铜矿主要产于古近纪火山岩带中，赋矿的闪长斑岩、花岗闪长斑岩及花岗斑岩的侵入及其铜矿成矿作用往往于中性-中酸性火山岩、次火山岩喷溢之后，两者之间接触关系不明显，是属于同期不同次的产物。赋矿的斑岩体规模都不大，但矿化比较集中，矿石成分比较单一，以铜为主，伴有钼、金等，矿石品位多在 1% 以上，并常具有次生富集带，因此有的矿床规模较大。如萨尔切什梅（Sar Chesmch）铜钼矿床，矿体长 2300m，宽 1200m，呈椭圆形，产于花岗斑长斑岩与蚀变安山接触带上，次生富集带发育。矿石铜品位 1.12%，储量 490 万 t；钼品位 0.103%，储量 1218 万 t。查哈尔冈巴德（Chahar Gonbad）铜矿床，其含矿的闪长斑岩岩株面积为 200m×20m，矿石品位最高可达 13.15%，平均品位为11.67%，铜矿储量达300万t。松贡（Sungun）铜矿床产于花岗闪长斑岩中，钾化强烈，铜平均品位0.176%，资源量达500万t，并伴有一定数量钼矿。

热液型与火山岩型铜矿多产于火山岩带及其附近，矿体呈脉状、似层状，矿石品位变化大，矿床规模以小型为主，个别达中型，如拉查尔（Lachar）铜矿、安捷尔特（Anjert）铜钼矿、亚玛克汉（Yama khan）铜矿等。矽卡岩型铜矿目前仅有马兹雷奇（Mazrach）铜金矿床一处，产于渐新世花岗闪长岩体与古生代碳酸盐岩接触带上，有4个矿体，呈透镜状，长300~400m，厚10~50m，矿石铜品位2.15%，金品位2g/t，估算铜矿规模相当于小-中型。

矽卡岩型铜矿床及斑岩体接触带的矽卡岩化均不发育，部分学者认为可能与斑岩体侵位较高及其盖层较薄有一定关系。

（二）铜矿勘查开发现状

根据伊朗国家通讯社发布的信息，伊朗现正开采的铜矿山有9个，全部由伊朗国家铜业有限公司（NICICO）开发经营，主要包括克尔曼省曼省萨尔切什迈矿床和Shahre Babak矿床，东阿塞拜疆省松贡矿床和亚兹德省Darreh-Zerreshk矿床等大型铜矿项目。

萨尔切什迈斑岩铜矿床作为伊朗最著名的铜矿，位于克尔曼（Kerman）市西南160km处，矿床地质构造复杂，针对矿化岩石的探测深度达600m。该矿床具有厚度50m的派生富矿区，铜品位范围在2%~6%之间。据相关资料数据，萨尔切什迈斑岩铜矿已查明的矿石量为15.38亿t，铜平均品位0.58%，钼平均品位0.03%，且伴生有金和银，铜储量为892万t。萨尔切什迈矿山从1974年开始开采，如今已经成为伊朗矿业界的“老大”，矿床采用露天开采，由伊朗国家铜业公司100%控股，其采掘段高12.5m，戗道宽8.75m，边帮倾斜角30°。开采工艺主要采用凿岩爆破作业，炮主要采用凿岩爆破作业，炮孔使用直径为99英寸[1]的钻孔机钻孔。每个炮孔炸碎的矿石量约2000t。使用挖掘机械铲装运矿物，每个铲斗的装运量为15t。用载重量120t的自卸汽车将矿石运送到选矿厂破碎。近年来，伊朗铜产量大幅提高的主要是基于对萨尔切什迈大型矿山的大规模开采。自1995年以来，围绕该矿建立了萨尔切什迈露天选矿厂、铜冶炼厂和精炼厂。目前，该矿山年产能为29.25万t铜，6100t钼，同时也在回收金、银、镉等有价金属。

在距离克尔曼省萨尔切什迈矿床西北132km处，还有一个大型斑岩铜矿床——梅杜克（Meiduk）矿床。主要矿物为辉铜矿、蓝铜矿、黄铜矿和斑铜矿，伴生矿物为黄铁矿、方铅矿等，另外，还伴生有银与金矿物。该矿床已查明的矿石资源量估计为15.7亿t，铜平均品位0.85%。梅杜克矿从1993年开始开采，目前年产矿石量500万t。

松贡斑岩型铜矿床位于伊朗西北部东阿塞拜疆省，2006年开始开采。早在1994年，这里就开始了针对富矽卡铜矿的开采，当时就发现矿床伴随有斑岩铜矿呈矿现象。2012年的评估表明，该矿床已查明的矿石储量估计为8.46亿t，铜平均品位0.6%，铜储量为507.6万t。目前，经过二期扩建工程，松贡矿床年产能可达到9万t铜。

---

[1] 1英寸=2.54cm。

四、蒙古

（一）铜矿分布特征

蒙古铜矿床分布较为广泛，探明储量 1616 万 t，居亚洲第 5 位，资源量 6817 万 t，铜矿床类型包括斑岩型、VMS 型、热液脉型、与基性-超基性岩有关的 Cu-Ni 硫化物型、矽卡岩型等，具有一定规模和经济价值的铜矿床主要是斑岩型和 VMS 型，以斑岩型矿床最为重要。以上矿床类型主要为岩浆流体成矿，其形成时期以华力西期为主。此外，蒙古还分布热水沉积成矿形成的铜矿床，分布在陆块分离阶段的伸展构造背景，地层以复理石或类复理石沉积为特征；矿石矿物以条带状或条纹状赋存在碳质砂岩（黑色岩系）中，地层中常可见硅质岩层，矿石矿物集合体的穿层现象不明显。矿区未出露岩浆岩或虽有出露但矿化与岩浆岩没有直接的时空关系，蚀变作用以低温的硅化和绢云母化为特征。该系统的铜矿床主要见于蒙古西部，该区受中生代活化作用影响较小，矿床主体形成时代为寒武纪。

根据铜矿床的形成时代与产出特点，可以分为南、北 2 条铜矿带，分别为与古亚洲洋构造体系有关的斑岩型和 VMS 型铜-金-钼-锌多金属成矿带（Ⅰ）和与蒙古-鄂霍次克洋构造体系有关的斑岩型铜-钼-金成矿带（Ⅱ）。其中南部矿带又可以进一步细分为（图 4-1-7）：①泥盆纪 VMS 型铜-锌成矿亚带（$Ⅰ_1$），产于 MML 南侧的泥盆纪弧后盆地中，代表性矿床为白山铜-锌矿床；②晚泥盆世斑岩型铜-金-钼成矿亚带（$Ⅰ_2$），产于洋内弧，代表性矿床为奥尤陶勒盖铜-金-钼矿床和查干苏布尔加铜-钼矿床；③石炭纪斑岩型铜多金属成矿亚带（$Ⅰ_3$），成矿环境为岛弧，目前尚未发现有价值的铜矿床，但是发现了一些斑岩型铜矿点，如

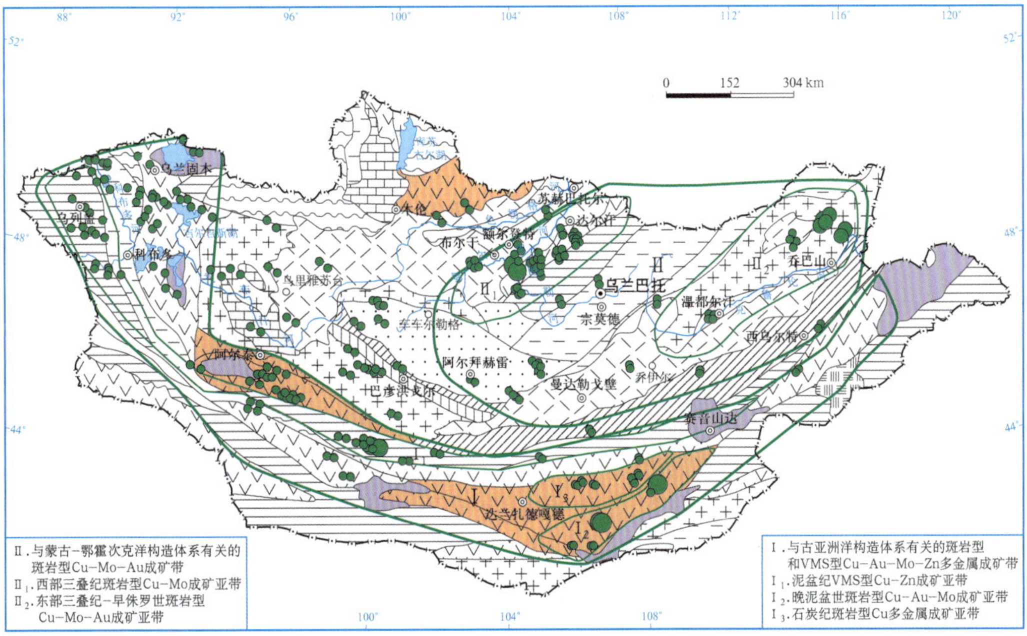

图 4-1-7 蒙古国铜矿成矿带划分简图

（据江思宏等，2019）

苏廷（Shu-teen）。而北部矿带则可以进一步划分为（图 4-1-7）：①西部三叠纪斑岩型铜-钼成矿亚带（$Ⅱ_1$），代表性矿床为额尔登特铜-钼矿床，形成于岛弧环境；②东部三叠纪—早侏罗世斑岩型铜-钼-金成矿亚带（$Ⅱ_2$），代表性矿床有喇嘛朝鲁图铜-钼矿床、脑名特铜-金矿床和阿布达尔陶勒盖铜-钼矿床，形成环境为陆缘弧。

（二）铜矿勘查开发现状

奥尤陶勒盖（Oyu Tolgoi）金铜矿位于蒙古南戈壁省汗包格德县境内，距离中国边界不足 100km，初步探明铜储量为 3110 万 t、黄金储量为 1328t、银储量为 7600t。该矿露天部分于 2013 年 7 月投产，主要发往中国华北、西北地区铜冶炼厂。2022 年上半年，力拓加快了对奥尤陶勒盖项目的开发步伐。2022 年 3 月 14 日，力拓公司发布公告，拟以总对价 27 亿美元（约合人民币 172 亿元）要约收购加拿大铜金矿业公司绿松石山资源公司（Turquoise Hill）约 49% 的股权，如果收购成功，力拓将拥有绿松石山资源公司 100% 的股权。绿松石山资源公司最核心的资产是蒙古的奥尤陶勒盖铜矿，（蒙古政府拥有 34% 所有权，绿松石山资源公司持有 66%）。2015 年，力拓通过绿松石山资源公司和蒙古签署融资协议，又称奥尤陶勒盖铜矿井下开发计划（UDP）。然而，蒙古议会认为可以从该矿中获得更大份额的经济利益，所以该协议从未得到蒙古议会的批准，自此该项目一直陷入争议并不断推迟，项目预算也从 53 亿美元增加到 64.5 亿美元，超支严重。2022 年 1 月，力拓通过绿松石山资源公司注销了蒙古政府欠下的 23 亿美元债务，修复与蒙古当局因多年争执而受损的关系。此次，又以 27 亿美元直接“买断”绿松石山资源公司，直接与蒙古政府对接，以更简单和更有效的所有权和治理结构推进奥尤陶勒盖金铜矿项目。

奥尤陶勒盖（Oyu Tolgoi）金铜矿证实了中亚成矿带的巨大找矿潜力，于蒙古而言，南蒙古成矿带也成为世界上矿产勘查的热点地区之一，并拥有额尔登特铜钼矿床、查干苏布拉格铜矿床、奥尤陶勒盖等在产矿山，以及哈马戈泰（Kharmagtai）等仍在勘探的世界级矿床。2015 年，萨纳杜矿业公司（Xanadu Mines）初次公布蒙古哈马戈泰铜金矿资源量为 2.03 亿 t，铜品位 0.34%，金品位 0.33g/t，但这些资源量仅包含 3 个矿床，其范围仅占矿权面积的 30%，随着查马戈泰铜金矿勘探的深入，白山、阿勒坦陶勒盖和网山（Stockwork Hill）矿床不断涌现，其距离世界级铜矿越来越近。2021 年，其网山矿床见到厚层富矿，矿化特征与奥尤陶勒盖巨型铜金矿高品位的雨果杜梅特（Hugo Dummett）矿床类似，显示了查马戈泰的潜力。紫金矿业于 2022 年 4 月 19 日与仙乐都矿业公司（Xanadu Mines Ltd.，简称仙乐都矿业）签署股权认购协议，公司拟分阶段投资获得仙乐都矿业合计 19.9% 股权，以及仙乐都矿业下属辉腾金属公司（Khuiten Metals Pte. Ltd.）50% 股权，进而拥有蒙古哈马戈泰铜金矿项目约 45.9% 权益。根据仙乐都矿业 2022 年年报，哈马戈泰铜金矿项目估算矿石量约 11 亿 t，含铜约 293 万 t，含金约 780 万 oz（约 243t），项目整体资源量较 2018 年有大幅提升。紫金公司认为，该项目资源量大，投资总额不高，有较大的开发潜力和前景，但矿山资源总体品位较低，开发环境和条件具有挑战性（比如矿山缺水，周边矿山开发面临的困难该项目也可能遇到）。公司在低品位资源开发利用方面具有成功的实践经验和领先的技术优势，有助于该项目的开发；公司通过分步投资，对项目进行深入研究，以控制投资风险。

五、哈萨克斯坦

（一）铜矿分布特征

哈萨克斯坦铜矿资源丰富，以卡拉干达州和东哈萨克斯坦州相对集中，江布尔州和阿克纠宾州也有少量分布。全国有近130处铜矿床，其中大型10余处，中型约30处，小型90余处（图4-1-8）。探明储量1427万t，居亚洲第6位，资源量6822万t，主要包括斑岩铜矿（30%）、砂岩型（30%）、VMS型（13%）、矽卡岩和脉型矿床，全国铜矿平均铜含量为0.68%。

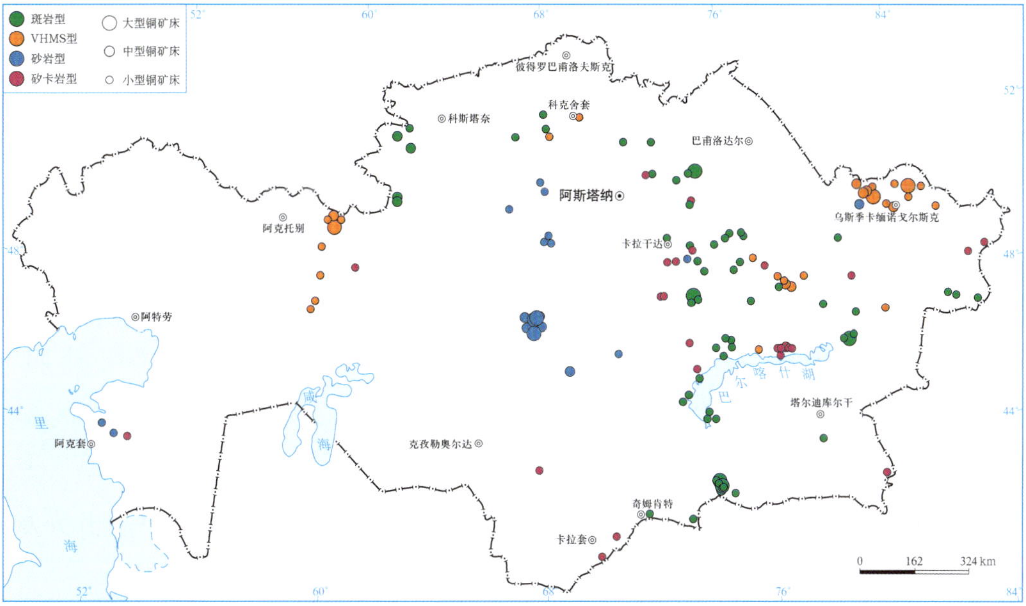

图4-1-8 哈萨克斯坦铜矿分布图
（据张丹丹等，2023）

斑岩铜矿遍布于全国，通常与晚古生代火山-深成岩带或早古生代裂谷带有关（吕鹏瑞，2022）。中哈萨克斯坦、西北哈萨克斯坦和东哈萨克斯坦的斑岩铜矿属于前一类，而哈萨克斯坦北部和斯帕斯地区见到的斑岩铜矿则位于裂谷带。矿床规模既有像阿克托、艾达里、科翁腊德、博舍库尔、科克斯、萨马尔斯克、卡斯库尔姆斯和科克拉扎耳这样一些资源量很大的矿床，也有一些像博尔连、肯库达克和卡斯库尔卡兹甘等规模不大的矿床。目前只有科翁腊德矿床在开采。

含铜砂岩主要位于中哈萨克斯坦的舒-萨雷苏盆地中，比较重要的矿床是杰兹卡兹甘、扎曼艾巴尔和日兰季矿床组。在杰兹卡兹甘矿床组中查明有5个可供开采的矿床：中杰兹卡兹甘、伊塔兹、基普哈克萨柳巴和阿克希-斯帕斯基。矿化成层产于中-晚石炭世杂色杰兹卡兹甘岩套（厚约700m）中的灰色砂岩里，矿石成分复杂，平均含铜1.24%，主要矿石矿物有辉铜矿、斑铜矿、黄铜矿、方铅矿和闪锌矿。日兰季矿床组的矿化成分比较单一，平均含铜1.0%。

块状含铜硫化物矿床成群地分布在3个地区：哈萨克-额尔齐斯山区、钦吉兹山区和穆戈贾尔山区，矿化见于以熔岩和凝灰岩建造为代表的古火山构造中，呈透镜状、板状或浸染状硫化物矿体产出，矿体长几百米、厚几十米。在额尔齐斯地区的奥尔洛夫和尼古拉耶夫矿床与泥盆纪的陆相火山岩有关，钦吉兹山区的阿克巴斯套、科斯姆龙和米日克矿床与奥陶纪火山弧有关，而穆戈贾尔山区的普里奥尔斯基等矿床则位于早古生代绿岩中。这类矿床铜的含量为1%~2%，锌可高达5%~7%，铅0.5%~1%，金1~2g/t（局部可升高一个数量级）。

矽卡岩铜矿的典型代表是北巴尔喀什山地区的萨亚克矿床组，其他还有南哈萨克斯坦塔拉斯-阿拉套山区的伊里苏矿床和西北巴尔喀什地区的卡拉塔斯矿床。萨亚克矿床位于中石炭世灰岩与晚石炭世花岗岩类的接触带上。矿体在矽卡岩带、侵入体和未蚀变灰岩之间呈透镜体和板状体产出，单个矿体长可达1000~1500m，宽600~700m，厚通常为10~15m。这类矿床的特征是铜含量比较高（1%~3%），还伴生有钼和钴（0.01%）、金（0.5~1g/t）、银、铋、硒、碲及铁矿石。有些地方，钼矿石含钼达0.1%~0.2%，金钴矿石含金5~10g/t、钴0.1%~0.2%，硼酸盐（氧化硼10%~12%）矿石也具有工业价值。

脉状铜矿床的典型代表是南哈萨克斯坦肯德克塔斯山区的恰特尔库尔和斋桑矿床。它们位于加里东期恰特尔库尔花岗岩体的中部。恰特尔库尔矿床由3个巨大的脉系组成，矿石由石英-硫化物-磁铁矿、石英-方解石-硫化物组成，矿石矿物有磁铁矿、黄铜矿、辉钼矿和铀云母类，铜的平均含量为3.6%~4.5%，局部可达20%，钼为0.02%、铁52%、金1g/t、银20g/t，还常常伴生有铼、铋、硒、碲等。

（二）铜矿勘查开发现状

哈萨克斯坦铜矿开发程度高，目前已颁发铜矿业权许可证140余项，参与合作开发的国家有俄罗斯、英国、德国、美国、中国、瑞士、荷兰、阿联酋、韩国等。

哈萨克斯坦最大的铜矿开发商为英国的KAZ矿产有限公司和Cuprum控股公司，这两个公司控制了哈萨克斯坦铜矿77%的产量和67%的储量资源量。KAZ持有的矿山主要有大型矿床阿克托、博兹沙科利、科克赛、东部矿区（含3座矿山：奥尔洛夫、阿尔杰姆耶夫、伊尔德什）、阿克巴斯塔、沙德尔科立和阿布雅兹7个项目。Cuprum持有哈境内最大的铜矿项目中部矿区、第二大铜矿项目杰兹卡兹甘，以及卡拉干达州的铜矿项目等6个铜矿项目。

其他国家进入哈萨克斯坦开展铜矿勘探开发合作程度各有不同，其中，参与程度最高的是英国。英国力拓公司与哈萨克斯坦国家地质勘探公司合作，持有巴尔喀什湖沿岸多个探矿权，包括面积超3800km^{2}的科尔干塔斯以及超3300km^{2}的巴尔喀什-萨雷沙甘区。环巴尔喀什湖是重要的铜成矿带，力拓公司近期取得新的找矿发现，也印证了该区的成矿潜力和找矿前景。英国中亚金属公司（Central Asia Metals PLC）持有科翁腊德尾矿的探采权。俄哈铜矿领域合作密切，俄罗斯铜业集团持有哈西南边界处3个矿床的采矿权，包括10月50周年、普里奥尔斯科耶和阿拉尔钦斯科耶。瑞士嘉能可与哈萨克斯坦国家矿业公司合作成立哈萨克斯坦锌业公司（Kazzinc），持有卡兹尼克铜矿、扎艾尔慕斯卡多金属矿、兹耶瑞安挪威斯克铜矿和李恩诺格瑞斯克尾矿的开采权。

2022年，中国有色金属建设股份有限公司与特里亚农有限公司（Trianon Limited）签署《巴依姆铜矿项目选厂设施施工合同》，负责建设年处理量 7000 万 t 铜矿选厂的土建施工、设备安装、配套基础设施建设等工作。合同价款为 22.71 亿美元，合同履行期为自项目开工之日起 77 个月，开工时间为 2023 年 12 月。

六、菲律宾

菲律宾位于世界第一大斑岩型铜矿带——环太平洋斑岩成矿带上，斑岩铜矿主要的产区在北吕宋山区的三描礼士省、本格特省、新维萨亚省和南部的北苏里高省、达沃省和东达沃省（图 4-1-9）。探明储量为 559 万 t，居亚洲第 7 位，探明资源量为 4464 万 t。

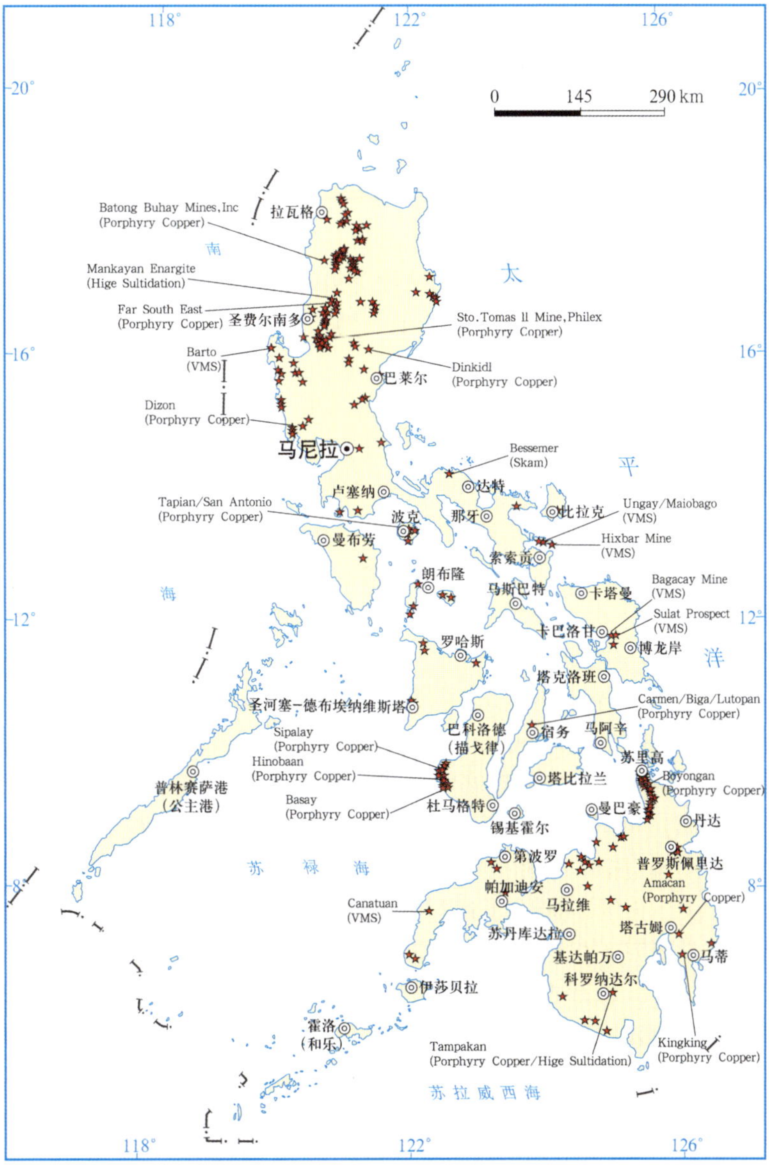

图 4-1-9 菲律宾斑岩型铜矿分布图

菲律宾斑岩型铜矿的成矿时代为白垩纪—更新世，主要集中在中新世—上新世。其他的矿床分类为火山成因块状硫化物矿床、热液脉型和较重要的矽卡岩型矿床。菲律宾铜的主要来源为与闪长质-石英闪长质和花岗闪长质岩株和岩基有关的斑岩型铜矿床，出露在菲律宾主要的火山岛弧区域。它们分布的时代范围很广：宿务为白垩纪，新维斯盖亚省和内格罗斯岛东南为渐新世，吕宋岛中央山脉（中科迪勒拉山）地区为晚中新世—上新世。火山块状硫化物型矿床比斑岩型矿床铜品位更高，但分布范围有限（在蛇绿岩带和成熟火山岛弧）。第三重要的铜的来源是与矽卡岩有关的铜多金属矿床。斑岩型铜矿床为内生的硫化物矿床，矿石矿物呈细粒浸染状和/或网脉系统在中酸性岩体或者它们侵入的岩石中。

菲律宾北部吕宋岛碧瑶斑岩铜矿区：位于吕宋岛西侧科迪勒拉中央山脉的碧瑶矿区及其周边发育的一套早中新世—上新世—更新世钙碱性和埃达克质侵入体，同时伴随斑岩铜矿及低温热液型矿床。该区已发现的最古老的基底为形成于岛弧-边缘海盆地环境的晚白垩世 SSZ 型蛇绿岩套（Payot et al.，2007），其上被始新世弧后特征的拉斑质普哥变火山岩覆盖，早渐新世—早中新世日格乍哥组深海相沉积地层不整合覆盖于普哥变火山岩之上，日格乍哥组火山岩之上又被厚层的早中新世科隆礁灰岩（约 16Ma）整合覆盖。碧瑶地区东部安布克劳坝地区出露早中新世钙碱性花岗闪长杂岩侵入体，被称为阿尼奥岩基或中央科迪勒拉闪长杂岩，侵入于普哥/日格乍哥地层中，其形成时代早于科隆礁灰岩，前人研究发现其时代为 18.7~21.2Ma（Wolfe et al.，1981），与西菲律宾海盆向西俯冲相关，矿化作用较弱。该区第二期岩浆活动集中在 8.0~15.3Ma，形成了一系列钙碱性和埃达克质火山岩侵入岩及斑岩铜金矿床，该期岩浆活动与南海形成后开始向吕宋岛的动向俯冲相关。位于碧瑶矿区北侧的罗博博纳斑岩铜矿床中赋矿石英闪长玢岩（10.5±0.4）Ma，是该期岩浆活动的产物。该区第三期岩浆活动集中于上新世—更新世，伴随钙碱性-埃达克质的闪长质和英安质侵入体及铜金成矿作用（Wolfe et al.，1981），与南海（黄岩海山链）洋脊俯冲背景下板片撕裂作用相关，代表性矿床为勒班陀远东南斑岩型铜金矿床。

菲律宾中部内格罗斯岛西南部铜金矿集区：位于菲律宾中部内格罗斯岛西南部的铜金矿集区从西北部锡帕莱一直延伸 60km 到东南部安唷地区，该矿集区发育一系列著名的斑岩型矿床，如锡帕莱，希诺巴安和巴赛等，矿体大多数侵入闪长杂岩体中，形成时代为渐新世（34.4~38.4Ma），早于苏禄海盆打开的时间（15~19Ma），与苏禄海盆的俯冲无关。值得注意的是，这些斑岩铜矿及相关的岛弧岩石可能与渐新世新特提斯洋闭合过程中印-澳板块向北俯冲相关。该区矿床除了通过 K-Ar 法对含矿岩石的形成时代进行了限定以外，系统的地球化学研究还相当匮乏。选取该区渐新世斑岩铜矿及相关的岩石开展地球化学研究，厘清岩石属性、岩石成因、源区性质等，同时对比上新世—全新世形成的与苏禄海俯冲相关的岛弧火山岩埃达克质岩等（如坎拉翁和柯尔诺地区），对于反演新特提斯洋俯冲及随后的新特提斯洋俯冲背景下边缘海盆地形成中的物质循环具有重要意义。

菲律宾中部究宿务岛阿特拉斯铜金矿集区：位于菲律宾中部宿务岛中部（Cooke et al.，2005），矿区包括早白垩世火山岩组合及铜金成矿相关的埃达克质闪长岩。菲律宾中部宿务岛坎西地区火山岩组合主要包括玄武岩、辉绿岩、玄武安山质火山碎屑岩及安山玢岩，安山玢岩年龄为（126.2±2.4）Ma，火山碎屑岩年龄为（118.5±1.2）Ma，与铜金成矿相关的闪长岩及闪长玢岩年龄为（112.5±1.5）Ma，均显示其形成于早白垩世。宿务地区早白垩火山岩与西菲律宾盆地北部及南部边缘奄美高原和印度尼西亚哈马黑拉岛地区的早白垩岛弧玄武岩具有相似的微量元素特征（Deng et al.，2017）。宿务火山岩组合中火山碎屑岩的锆石 Hf 同位素组成接近亏损地幔，与奄美高原玄武岩接近，指示其源区可能为俯冲的太平洋型 MORB。相比火山碎屑岩及 MORB，安山玢岩锆石 Hf 同位素组成更富集，指示其源区除了俯冲大洋壳以外，还有少量俯冲沉积物。坎西地区中部发现的闪长岩位于 Atlas 铜矿外围，侵入于早期火山碎屑岩中，并在接触带部位伴随铜矿化，具有高 Sr/Y 值、La/Yb 值、MgO，以及低 Y、Yb 含量特征，具有典型的高镁埃达克岩特征。菲律宾阿特拉斯斑岩铜矿含矿闪长岩体形成时代为 107～109Ma，具有典型的埃达克质岩地球化学特征，形成于俯冲的古太平洋板块部分熔融，反映出了古太平洋板块的俯冲后撤作用。该闪长岩体具有高的氧逸度，是形成该区大型斑岩型铜矿床的有利因素。结合该区新生代以前的构造演化史，认为宿务地区普通岛弧岩石与埃达克岩组合形成于古太平洋板块向古菲律宾板块俯冲及后撤过程，区内阿特拉斯等斑岩型铜金可能是构造岩浆事件的产物。锆石 U-Pb 定年结果（Deng et al.，2019）显示，岩浆结晶时形成的锆石极少，大多数为古元古代—新元古代的古老锆石或继承核，暗示吕宋岛存在类似于澳大利亚或华南的古老基底。

菲律宾南部棉兰老岛哥打巴托矿集区：位于菲律宾南部棉兰老南哥打巴托矿集区，地处复杂的地体增生-弧弧碰撞相关的同碰撞后碰撞构造环境，属于中新世—上新世桑义赫火山弧的北缘，与摩鹿加海板块向西俯冲相关（Mai et al.，2009）。这些洋壳俯冲及弧弧碰撞形成的岩浆提供了成矿物质，使该区发育一系列斑岩型铜金矿床。该区地壳挤压及相应的构造变形从约 7Ma 一直持续到现今，在 2～4Ma 达到高峰，斑岩铜矿及高硫型热液矿床成矿作用在这期间最活跃。坎铜金矿床是该区叠加在深部斑岩型铜金矿床上的高硫型热液矿床，估计矿石总量 25 亿 t（Cu 品位 0.48%，Au 品位 0.2g/t），是东南亚地区现今尚未开采的最大的铜金矿床。矿体赋存在 Tampakan 安山岩序列上新世层状火山岩中，与下地壳岩浆房中的闪长质岩浆及成矿物质的不断释放（7Ma 开始）密切相关，形成角闪闪长玢岩岩株和岩脉，并伴随斑岩型及高硫热液型铜金矿化作用。

第二节　主要金矿资源国家金矿分布与勘查开发

一、俄罗斯

（一）金矿分布特征

俄罗斯金矿资源丰富，是世界第二大金矿资源国，主要分布在东部地区（图 4-2-1）。$A+B+C_1$ 级储量的 61% 分布在岩金矿、13% 分布在砂金矿、26% 分布在伴生金矿中。岩金矿和伴生金矿床的产量远超砂金矿的产量，其中金矿床产量占总产量的 75%，砂金矿产量占总产量的 25%（柴璐，2017）。俄罗斯金矿主要潜力区分布如下。

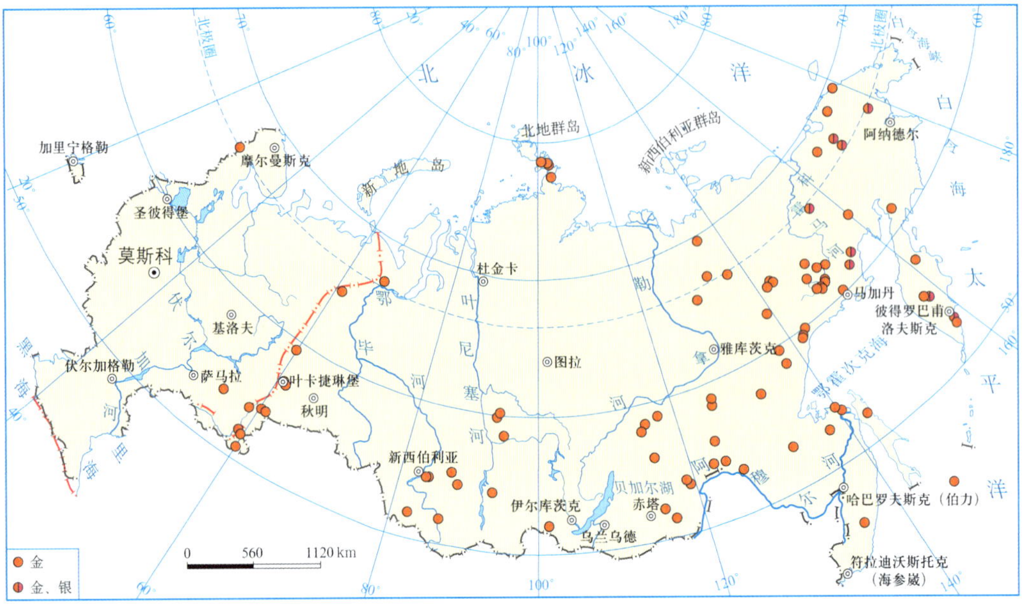

图 4-2-1 俄罗斯大型金矿分布图

（据柴璐等，2017）

1）俄罗斯远东地区：该地区是俄罗斯最具潜力的金矿远景地区之一。该成矿省目前已勘探的金-硫化物-石英细脉-浸染状矿床储量占全俄的 30% 以上。主要包括纳塔尔京、切格捷康、德拉格等矿床，一般产出于含碳陆源沉积岩中，且多为大型-巨大型矿床。

2）中西伯利亚及东西伯利亚地区：已勘探的金储量和产量分别占全俄金储量和产量的 45% 和 30%。开发该区域的苏霍伊洛格金矿，以及维尔宁、聂夫、奥林匹亚达、布拉戈达特等矿床可以极大地扩大该区域的金矿产量。近年来，俄罗斯相关部门与单位在贝加尔-帕托姆、叶尼塞、阿尔丹等含金省开展普查找矿工作，重点寻找碳质岩层中的金-硫化物型及金-硫化物-石英脉型金矿床，取得一系列的找矿成果。包括：斯维特罗夫地区的金矿评价，获得 P_1 级金资源量 46t，P_2 级金资源量 84t；列别丁地区的金矿评价，获得 P_1 级金资源量 27t，P_2 级金资源量 25t；鲁德山地区的金矿勘查与评价，获得 C_1+C_2 级金储量 45t，P_1+P_2 级金资源量 100t（表 4-2-1）。

表 4-2-1 俄罗斯金矿储量与预测资源量表

类别（矿床数）	储量/1000t			列入储量平衡表的储量百分数/%			预测资源量/1000t		
	A+B+C_1	C_2	A+B+C_1+C_2	A+B+C_1	C_2	A+B+C_1+C_2	P_1	P_2	P_3
岩金（367）	4.89	3.69	8.58	59.8	72.8	65.5	5.3	10.4	24.39
砂金（5394）	1.07	0.15	1.22	47.9	60.9	49.9	0.73	0.6	1.49
伴生金（铜镍矿床等 165）	2.04	1.28	3.32	90.5	81.1	86.8			
总计（5926）	8	5.12	13.12	66	74.6	69.4	6.03	11	25.9

（据柴璐等，2017）

3）北-高加索成矿省：该地区具有发现巨型岩金矿床的潜力，如在吉特切-台尔纳阿乌斯矿田发现并评价的金矿化，其 P1 级预测资源量达 217t、P_2 级预测资源量为 21t。

（二）金矿勘查开发现状

1. 勘查现状

俄罗斯金矿勘查与开发已经成为全球热点之一。2019—2021 年，俄罗斯金矿勘查投资每年近 2 亿美金（图 4-2-2），2022 年因俄乌战争等原因，金矿勘查投入有所下降，15 家矿业公司黄金的勘探投入为 1.6 亿美金，占全球的 2.32%，位于全球第七位。

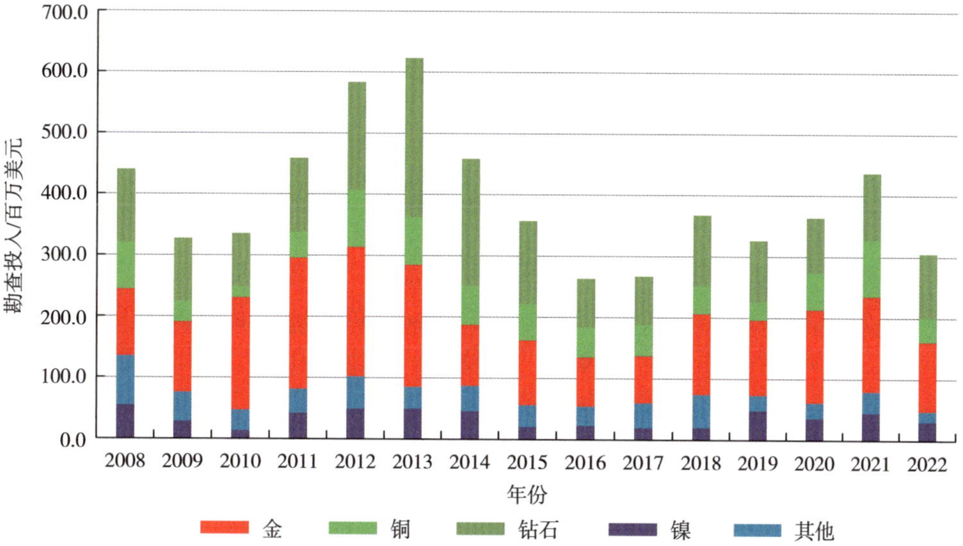

图 4-2-2　2008—2022 年俄罗斯金矿矿勘查投资趋势

数据来源为 S&P Global Market Intelligence，2023

2. 黄金生产

俄罗斯拥有多样化的成矿环境，在多个成矿带和成矿省都具有金矿，每年黄金是从不同形成时代和类型的砂矿和岩矿中产出。

从 1991—2021 年，俄罗斯联邦共生产了 6493.2t（2.088 亿 oz）黄金，包括伴生金、二次回收和精矿中的黄金。这相当全球黄金总产量 86133.7t（USGS 统计数据）的 7.5%。1990 年俄罗斯生产黄金 180.3t，从 2013 年起，黄金产量超过美国位居世界第三，2021 年达到了 308.56t，比第二位的澳大利亚仅仅少生产 6.49t，比世界第一位的中国少 20.42t（图 4-2-3），在未来的几年内，俄罗斯有望跃升为全球最大黄金生产国。

1991 年俄罗斯的硬岩金矿的产量（包括伴生金）只有 34.32t，占原生金总量的 20.8%。当时库拉纳赫矿床群是最大的非砂矿生产地。俄罗斯其余的硬岩金矿开采活动分散在乌拉尔、西伯利亚和远东地区的众多贱金属采矿作业和小型地下矿及少数的露天矿中。即使是那些世界上最大的矿床，每年也只生产 0.2 到 1.5t 的黄金。

到 2020 年，这种情况发生了变化。当时俄罗斯 15 个最大的矿山生产了 129.8t 黄金，

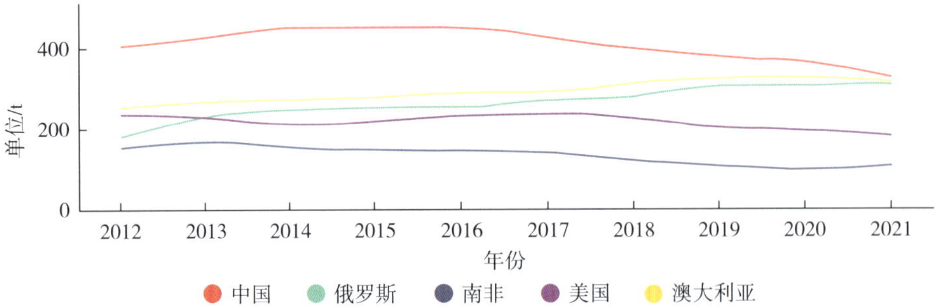

图 4-2-3　2012—2021 年俄罗斯金产量变化趋势

占硬岩黄金产量的 55.8%。到 2021 年，硬岩黄金产量增加了 6.3 倍，从 34.3t 增加到 250.9t。如果剔除副产品黄金，硬岩黄金产量增加了 10 倍。

2021 年俄罗斯有 47 个硬岩矿床和矿点（包括多金属矿床），拥有超过 120t（>4Moz）的黄金储量的矿山处于生产状态。俄罗斯前 10 个最大的矿场，每个矿场的黄金产量均超过 6t/年，2021 年共生产 121.287t（3.9Moz）黄金，正好占俄罗斯总产量的三分之一，占硬岩黄金产量的 55.7%。其中，4 个最大的矿场分别生产了超过 10t（0.32Moz）的黄金。奥林匹亚达是俄罗斯唯一生产超过 30t（约 1Moz）黄金的金矿床，占全国总产量的 9.23%。第二大矿纳塔耳生产了 15.653t（0.5Moz）黄金。第三大矿山布拉戈达特诺生产了 13.382t（0.43Moz）黄金。库波尔是第四大矿山，生产了 10.787t（0.35Moz）。然而，一些世界级矿床的矿山继续以低生产率的模式运作。例如，乌拉尔地区的 Berezovskoe 和 Kochkar 矿区（拥有超过 400t（12.85Moz）黄金储量，现已生产超过 150 年。几个较小矿床（Kommunarovskoe、Shkolnoe、Duet 等）的矿场自苏联时期以来也一直作为小生产商运作（图 4-2-4；表 4-2-2）。

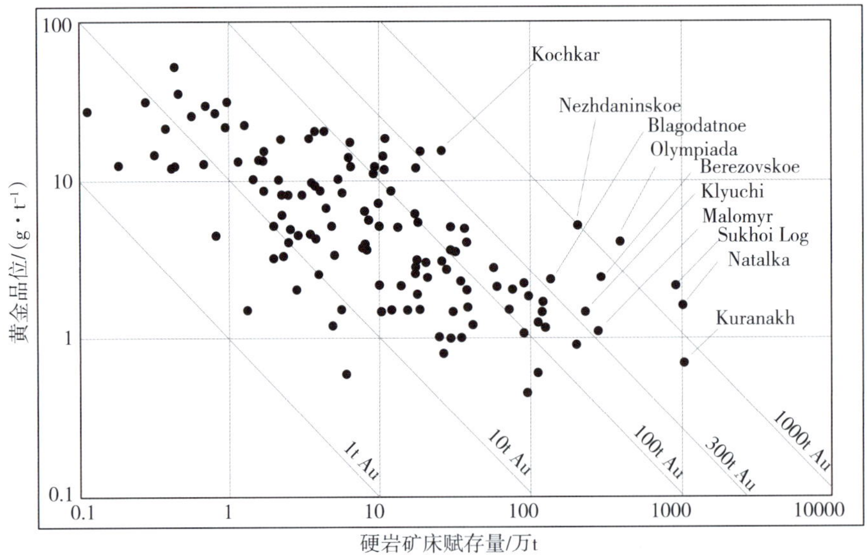

图 4-2-4　1991—2021 年在俄罗斯开采的 103 个硬岩矿床的赋存量和金品位

（据 Alexander Yakubchuk，2021，有修改）

表 4-2-2 1991—2021 年金产量超过 6t/年的俄罗斯矿山

矿床	矿床类型	行政区域	成矿省	公司	发现年	投产	生产状态
Berezovskoe	IRGS	Sverdlovsk, Urals	Urals	Berezovskiy Rudnik	1745	1748	进行中
Kochkar	IRGS	Chelyabinsk, Urals	Urals	Yuzhuralzoloto	1798	1868	进行中
Natalka	造山型	Magadan, Far East	Verkhoyansk-Kolyma	Polyus Gold	1942	1945	进行中
Kuranakh	卡林型	Sakha-Yakutia, Far East	Aldan	Polyus Gold	1955	1957	进行中
Olympiada	造山型/卡林型	Krasnoyarsk, Siberia	Yenisei Ridge	Polyus Gold	1975	1986	进行中
Kubaka	LS 浅成低温型	Magadan, Far East	Okhotsk-Chukotka/Verkhoyansk-Kolyma	Cyprus Amax/Kinross Gold/Polymetal	1979	1987	2009*
Mnogovershinnoe	LS 浅成低温型	Khabarovsk, Far East	Sikhote-Alin	Highland Gold	1957	1991	进行中
Dvoinoe	LS 浅成低温型	Chukotka, Far East	Okhotsk-Chukotka	Kinross Gold	1985	1996	进行中
Pokrovskoe	LS 浅成低温型	Amur, Far East	Mongol-Okhotsk	Petropavlovsk	1976	2000	2018*
Svetlinskoe	HS 浅成低温型	Chelyabinsk, Urals	Urals	Yuzhuralzoloto	1982	2000	进行中
Verninskoe	造山型	Irkutsk, Siberia	Bodaibo	Polyus Gold	1974	2000	进行中
Pioner	LS 浅成低温型	Amur, Far East	Mongol-Okhotsk	Petropavlovsk	1978	2004	进行中
Kupol	LS 浅成低温型	Chukotka, Far East	Okhotsk-Chukotka	Kinross Gold	1995	2008	进行中
Blagodatnoe	造山型	Krasnoyarsk, Siberia	Yenisei Ridge	Polyus Gold	1968	2010	进行中
Albazino	IRGS/造山型	Khabarovsk, Far East	Sikhote-Alin	Polymetal	1912	2011	进行中
Pavlik	造山型	Magadan, Far East	Verkhoyansk-Kolyma	Pavlik Gold	1942	2015	进行中

续表

矿床	矿床类型	行政区域	成矿省	公司	发现年	投产	生产状态
Gross	IRGS	Sakha-Yakutia, Far East	Aldan	Nordgold	2008	2018	进行中
Bystrinskoe	矽卡岩型/IOCG	Zabaikalie, Far East	Mongol-Okhotsk	Norilsk Nickel	1950	2018	进行中

注：HS—高硫化；IOCG—氧化铁铜金；IRGS—侵入相关金；LS—低硫化；*—重组为加工中心。中等硫化物本表不包含 Novoshirokinskoe 矿床，该矿床是外贝加尔地区的一个中等规模（<6t/年）的黄金矿山。

（据 Alexander Yakubchuk，2021，有修改）

（三）俄罗斯远东金矿重点潜力区

俄罗斯远东（FER）地区拥有巨大的黄金储量，分布在几个成矿省份之间，自 19 世纪 60 年代以来已生产超过 6500t 黄金，使俄罗斯在 2012 年成为仅次于中国、澳大利亚和美国的第四大黄金生产国。这些黄金大部分来自几个矿区：阿尔丹、上阿穆尔、下阿穆尔、鄂霍次克、阿拉克-云、亚娜-科雷马、普里奥霍蒂、奥莫隆、楚科奇、南普里莫里、堪察加半岛和其他一些较小的矿区（图 4-2-5；表 4-2-3）。这些矿区包括多个脉状金矿床，主要为造山带型和浅成低温热液性型，还有大型和超大型冲积砂矿。

表 4-2-3　俄罗斯远东地区主要金矿

地区	总产量/t	岩金/t	砂金/t
阿尔丹（Aldan）	540	280	260
上阿穆尔（Upper Amur）	950	110	840
下阿穆尔（Low Amur）	200	55	145
阿拉克-云（Allakh-Yun）	200	30	170
库拉尔（Kular）	170		170
亚娜-科雷马（Yana-Kolyma）	3000	250	2750
楚科奇和阿纳德尔-科里亚克（Chukotka and Anadyr-Koryak）	800	150	650
奥莫隆（Omolon）	140	100	40
鄂霍次克（Okhotsk）	50		50
普里奥霍蒂（Priokhotie）	50	50	
南普里莫里（South Primorie）	25	5	20
堪察加半岛（Kamchatka）	20	10	10
库页岛-库里尔岛（Sakhalin-Kurile）	12		12
总计	6157	1040	5117

（据 Goryachev et al.，　2013，有修改）

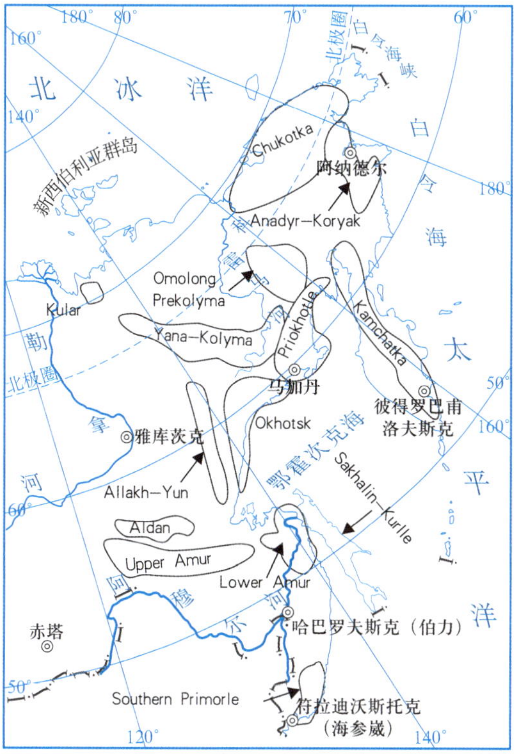

图 4-2-5　俄罗斯远东地区主要金矿成矿带
（据 Goryachev et al.，2013，有修改）

1. 俄罗斯远东地区大地构造

俄罗斯远东地区包括以下构造单元（图 4-2-6）：西伯利亚克拉通及其变形的东部被动边缘，东部附着在克拉通上的奥莫隆和鄂霍次克克拉通地体；北极造山带；科雷马岛弧地体、因迪吉尔卡河-科雷马增生楔状拼贴地体构成新生代地体；从科里亚克高地延伸到堪察加半岛、鄂霍次克海、库页岛和锡霍特-阿林的超复合拼贴地体；蒙古-鄂霍次克造山带。造山事件的年龄主要为侏罗纪至早白垩世（蒙古-鄂霍次克、亚娜-科雷马和鄂霍次克-科里亚克）、早白垩世（奥洛伊-楚科奇（或北极）、科里亚克和锡霍特-阿林）和新生代（库页岛和卡姆-查特卡）。所有这些造山带都有从太古代到古生代不同年龄的基岩，以及早中生代地层。元古宙岩石组合形成了亚娜-科雷马基底、蒙古-鄂霍次克的一部分和北极造山带。科里亚克造山带、锡霍特-阿林造山带和堪察加-千岛群岛造山带的基底年龄为古生代。

根据地球物理调查测量，这些主要构造单元之间的边界是跨地壳或跨岩石圈断层的。造山事件之后，这些断层从逆冲运动演变为走滑构造运动（Goryachev，et al.，2007）。沿着北极造山带和因迪吉尔卡河-科雷马增生地体之间的安于伊-奥洛伊（Anyui-Oloy）缝合带的详细调查表明，该边界属于深地壳逆冲，并伴有具有扇形褶皱的背斜隆起（Byalobzhesky et al.，2007；Goryachev et al.，2011a，2011b）。晚中生代褶皱带是晚侏罗世至

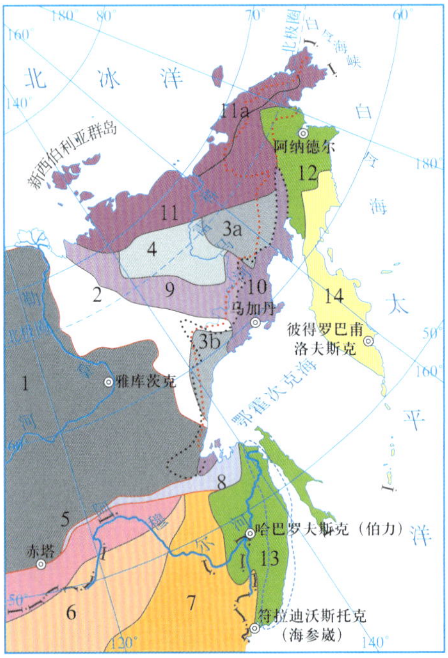

图 4-2-6　俄罗斯远东地区的主要构造单元

（Goryachev et al.，2013）

1—西伯利亚克拉通；2—维科扬斯克变形被动大陆边缘；3—奥莫隆（a）和鄂霍次克（b）克拉通地体；4—科雷马岛弧地体；5～7—中亚造山带：5—额尔古纳克拉通地体，6—索伦增生地体，7—布列亚-兴凯湖克拉通地体；8～11—中生代造山带：8—蒙古-鄂霍次克，9—亚娜-科雷马，10—鄂霍次克-科里亚克，11—北极，11a—楚科奇陆架地体；12～14—中生代—新生代造山带：12—科里亚克，13—锡霍特-阿林山脉，14—堪察加-千岛岛弧地体；……（黑色）—乌达-穆尔加尔大陆边缘岩浆弧；……（蓝色）—东锡霍特-阿林岩浆弧，……（红色）—鄂霍次克-楚科奇岩浆弧

早白垩世（135～160Ma）和白垩纪（100～130Ma）地质事件的产物。这些褶皱带具有碰撞（亚娜-科雷马带和 S 型花岗岩岩浆作用）、增生-碰撞（北极）和增生-走滑大陆边缘（蒙古-鄂霍次克、锡霍特-阿林和鄂霍次克-科里亚克增生造山带），构造-岩浆作用目前活跃在堪察加-千岛群岛岩浆弧中。从广义上讲，这些古生代、中生代和新生代造山带可被视为太平洋板块与西伯利亚克拉通相互作用的产物。可以用两种不同的运动机制对其进行解释：①正面碰撞（有逆冲）和②走滑或变换式移动（Khanchuk，2006）。

因此，俄罗斯远东地区造山带型和浅成低温热液型金矿床在空间和时间上与晚中生代（北极、亚娜-科雷马、蒙古-鄂霍次克、锡霍特-阿林）和新生代（科里亚克、堪察加-千岛群岛）金矿成矿带有关。很少有金矿脉位于西伯利亚克拉通的古生代或更古老地体（奥莫隆和兴凯湖地体）和阿尔丹地盾的碎片内。

（1）北极（奥洛伊-楚科奇）造山带

导致北极造山带变形的构造事件发生在早白垩世，具有巴罗式绿片岩和角闪岩相变质作用和花岗岩侵入为特征。侵入体是楚科奇花岗岩带中的 I 型钛铁矿花岗岩，根据 Rb-Sr

数据，其所属年代为125～130Ma（Bakharev et al.，1988），但最近的U-Pb SHRIMP年代测定得出的年龄范围为103～117Ma（Katkov et al.，2007）。古生代和中生代火山碎屑岩、镁铁质和镁铁岗岩类及陆源岩是金矿化的主要来源。北极造山带的矿床和成矿时代包括：造山前期（Cu，Mo，Au-Ag，Pb-Zn）；造山期（Au，Sn）；造山期后（Au-Ag，Sn，W，Mo）。

（2）亚娜-科雷马造山带

前寒武纪变质岩存在于奥莫隆、鄂霍次克和普里科里马地体中（Khanchuk，2006）。主要造山事件发生在晚侏罗世至早白垩世，以变形、巴罗式变质和花岗岩类侵入为主要特征。成为俄罗斯远东地区中典型碰撞带的独特例子。亚娜-科雷马造山带中的碰撞S型和I型花岗岩类由科雷马花岗岩类带为代表，根据U-Pb SHRIMP（Akininet al.，2009）和Ar-Ar数据，该花岗岩类带分别形成于149～153Ma和137～149Ma（Layer et al.，2001；Newberry et al.，2000）。矿化存在于古生代和中生代的陆源碳酸盐岩中，更罕见的是存在于火山碎屑岩中。亚娜-科雷马造山带的矿床类型和伴生成矿时代包括：增生前期（奥莫隆和普里科利马（Prikolyma）地体中的Cu、Pb-Zn、Fe、Au）；造山期（Au、Sn、W）；造山期后（鄂霍次克-楚科奇岩浆弧中的Au-Ag，Sb-Hg、Ag-Sb、Sn）（Gamyanin et al.，2007；Khanchuk，2006；Nokleberg et al.，2005）。

（3）鄂霍次克-科里亚克造山带

在这个增生造山带中，主要的造山事件发生在早白垩世，以变形、局部变质和花岗岩类侵入为主要特征。根据K-Ar数据，碰撞花岗岩类侵入的时间为110～134Ma（Goryachev，2005）。矿化存在于晚古生代和中生代火山碎屑岩、陆源岩，以及鄂霍次克和奥莫隆地体的前寒武纪变质岩中。矿床类型和成矿时代为：造山前期在乌达-穆格尔（Uda-Murgal）岩浆弧中的（Cu、Mo、Au-Ag）；造山期（Au、Sn、Co、Li、Be）；造山期后（鄂霍次克-楚科奇岩浆弧中的Au、Ag、Sn、W、Mo、Cu、U）（Goryachev，2005；Khanchuk，2006；Nokleberg et al.，2005）。

（4）蒙古-鄂霍次克造山带

该造山带东侧的主要造山事件发生在早白垩世，并伴有变形、巴罗式变质和花岗岩类侵入。该造山带形成于左旋走滑地质环境中，以变形、局部变质和花岗岩侵入为特征。根据U-Pb SHRIMP和Ar-Ar数据，花岗岩类侵入时间为125～144Ma。金矿化存在于前寒武纪至古生代变质岩、花岗岩类和辉长岩，以及中生代火山碎屑岩和陆源沉积岩中。蒙古-鄂霍次克造山带主要地体的矿床分布时间间隔很短（约10～15Ma），包括：增生前期（Cu、Mo）；造山期（Au）；造山期后（Au-Ag、Sb-Hg）。

（5）锡霍特-阿林山脉-西库员岛造山带

该造山带描述为变换大陆边缘，是在早白垩世晚期发生的一次重大造山事件的响应下形成的，具有变形、巴罗式带状变质和花岗岩类侵入特征。根据U-Pb SHRIMP测年、Ar-Ar和Rb-Sr数据，碰撞花岗岩类侵入时间在造山带南部为100～125Ma和90Ma。在该造山带中，矿化存在于古生代变质岩、花岗岩类和辉长岩，以及中生代火山碎屑和陆源沉积物中。锡霍特-阿林山脉-西库员岛造山带的矿床类型和成矿时代为前增生型（兴凯湖地体为Pb-Zn-CaF2，Li-Be）；造山期（Au、Sn、W、Be）；造山期后（东锡霍特-阿林岩浆弧中的 Au-Ag、Sn、B、Pb-Zn、Cu-Mo)。

(6) 东库页岛-堪察加-千岛群岛造山带

该造山带属于晚始新世形成的增生造山带，变形强烈，具有巴罗式分带变质，并伴有碰撞花岗岩类侵入体。根据 K-Ar 数据，花岗岩类侵位的时间为 38~45Ma 前 (Khanchuk, 2006)。成矿的主岩为晚古生代变质岩和玄武岩，中生代至早新生代火山碎屑岩和陆源沉积物。东库页岛-堪察加-千岛群岛造山带矿床类型为前增生型（中堪察加地体为 Cu-Ni)；造山期 (Au、W)；和造山期后 (Au-Ag-Sb-Hg)。

(7) 乌达-穆尔加尔大陆边缘岩浆弧

该大陆边缘俯冲相关的火山-深成岩弧（图 4-2-6）形成于晚侏罗世至早白垩世。乌达-穆尔加尔岩浆弧沿着鄂霍次克海北部海岸延伸。该岩浆弧早期以安山岩-英安岩火山作用为特征，而第二阶段以 I 型花岗岩类侵位为特征，包括辉长闪长岩-花岗闪长岩-火成岩花岗岩套，K-Ar 年龄在 135~150Ma 之间。这些组合由钛铁矿和磁铁矿系列的富钠花岗岩组成。在该岩浆弧中形成了浅成低温热液 Au-Ag 和 Cu-Mo 矿。

(8) 鄂霍次克-楚科奇大陆边缘岩浆弧

该岩浆弧的年龄为阿尔比安至坎帕尼亚 (Albian to Campanian, 77~106Ma) 白垩纪晚期。该岩浆弧沿着鄂霍次克海岸延伸约 3000km，穿过楚科奇半岛到达阿拉斯加。长英质火山岩和深成岩岩浆作用（以及次要的主要岩浆作用）是主要的火成岩组合。在该带的整个地球动力学演化过程中形成了丰富的贵金属和有色金属资源 (Au-Ag、Cu-Mo、Ag-Sb、Ag-Sn、Sn 和 Sb-Hg 矿床)。

(9) 东锡霍特-阿林岩浆弧

东锡霍特-阿林岩浆弧沿日本海和鞑靼海峡一直延伸约 1500km。这是一个与俯冲相关的大陆边缘岩浆弧，属于塞诺曼晚期至马斯特里赫特时代，早于鄂霍次克-楚科奇岩浆弧。重叠的新生代火山组合未纳入该岩浆弧中，因为它们在滨海边疆地区形成孤立的火山带，大多具有板内特征，并与裂谷成因洼地密切相关。

在东锡霍特-阿林岩浆弧中有 3 个火成岩活动阶段：①塞诺曼阶 (Cenomanian) 期，含玄武岩-安山岩火山岩；②土仑阶-圣通阶 (Turonian-Santonian) 期，以大量长英质凝灰岩和熔结岩为特征；③麦斯里希特阶 (Maastrichtian) 期，含安山岩和英安岩。这些火山岩伴生花岗岩类岩体系列，包括多相 I 型（磁铁矿系列）、闪长岩-花岗闪长岩-花岗岩、钛铁矿系列的单相 I 型花岗岩，位于浅层。岩浆弧含有 Au-Ag、Sn、B、Pb-Zn 和 Cu-Mo 矿床。

(10) 堪察加-千岛群岛岩浆弧

该岩浆弧包括斯雷丁尼-堪察加半岛和东堪察加半岛-千岛群岛火山带。岩浆活动始于渐新世晚期（斯雷丁尼-堪察加半岛）和更新世（东堪察加半岛），并持续至今。安山岩和玄武岩是主要的火山岩，而辉长岩和闪长岩在深成岩中占主导地位。流纹岩、英安岩和花岗闪长岩具有较好的代表性。岩浆弧包含大量金银浅成低温热液矿床和矿点（图 4-2-7）。

2. 俄罗斯远东金矿床类型

俄罗斯远东地区的金矿脉类型主要有 5 种。

与花岗岩浆侵入作用有关的金矿（矽卡岩型、灰岩中石英脉型）；剪切带含金石英脉

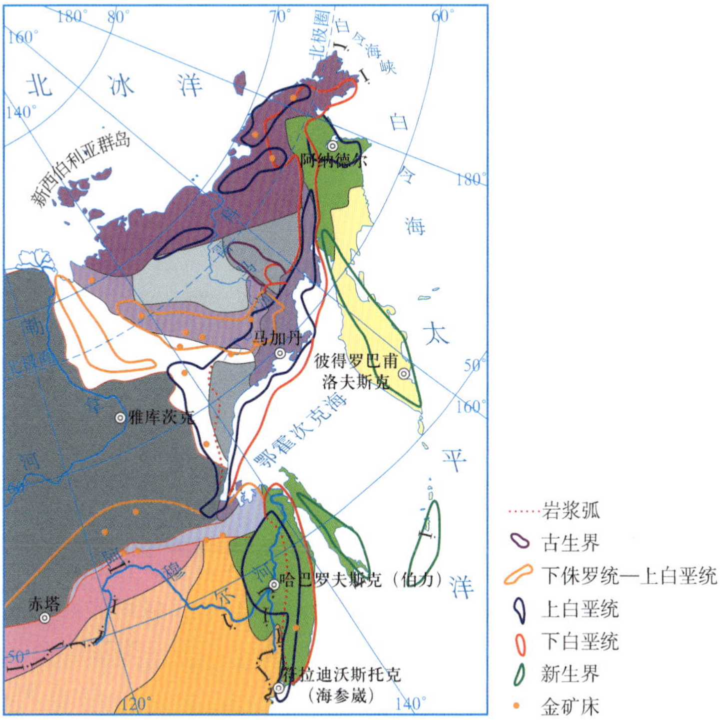

图 4-2-7　俄罗斯远东地区金矿床分布图

（Goryachev et al.，2013）

型金矿（造山早期和晚造晚期）；黑色岩系金矿（早期造山带）；浅成低温热液型金银矿（增生前和增生后）；Au-Sb 和 Au-Sb-Hg 矿化（增生后）。

（1）黑色岩系金矿（沉积型含金硫化物矿化）

在俄罗斯远东地区，此类矿床包括达根克汉、迈斯科耶和马洛米尔。它们通常受结构控制，以糜棱岩带中的浸染式矿化为主要特征。

达根克汉矿床位于维尔霍扬斯克（被动边缘东南侧阿扬-尤里亚赫背斜体的二叠纪碎屑沉积物中（图 4-2-8）。矿体沿主要的北西向逆冲带发育，主要由两种类型的矿石组成：碳质陆源岩中浸染型黄铁矿和毒砂（占 3%～5%），有碳酸盐矿物-绿泥石和绢云母蚀变；片状石英脉，局部与长英质岩脉伴生。这种矿化的年龄为 130～134Ma。金的总平均品位约为 1.2g/t，资源量约为 200t。除了黄金，矿石还含有少量不寻常或罕见的铂族元素矿物。

迈斯科耶矿床位于北极造山带楚科奇陆架地体的三叠纪碎屑岩中。三叠纪沉积物被花岗岩和花岗闪长岩斑岩、流纹岩和煌斑岩岩脉侵入。细粒针状浸染的毒砂和黄铁矿（6%～8%）是主要的矿石矿物，主要集中在高富集的含碳量高的次垂直北向剪切带中，厚达 10～12m，延伸至 1000～1500m 的深度，金平均品位约为 9g/t。毒砂含金（高达 181～1554g/t），矿床中约 90% 的黄金赋存于黄铁矿和毒砂中。晚期辉锑矿-石英脉和细脉含金不超过 10g/t，主要为原生粗粒，纯度为 800～920。

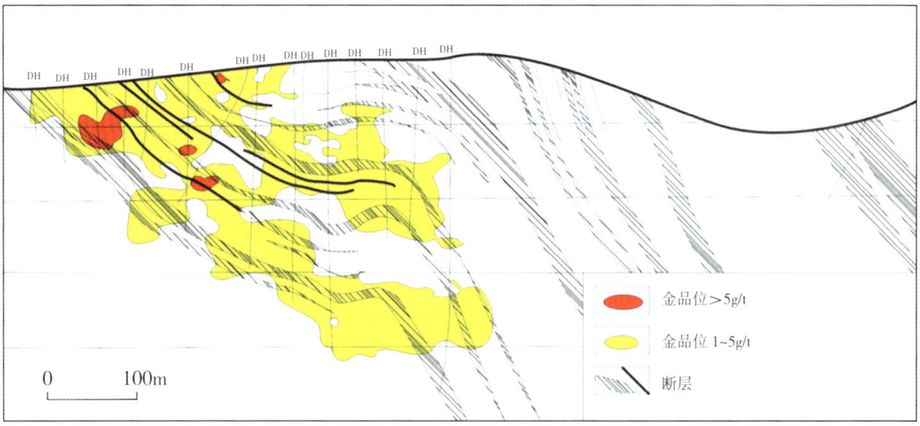

图 4-2-8　达根克汉矿床剖面
（据 Goryachev et al.，2013，有修改）

马洛米尔矿床是蒙古-鄂霍次克构造带东侧金矿化的另一个代表矿床。该矿床位于晚中生代变形时代 Nizhnyaya Stoiba 变质穹隆体西南翼的古生代绿片岩相变质岩中。主亚格纳纳亚矿体向西北方向倾斜 25°～30°，厚度 60～100m，长度 4200m。金平均品位从 1g/t 到 11.8g/t 不等。砷化黄铁矿（Au 30～50g/t）和针状毒砂浸染（高达 5%）位于蚀变砂岩、变质砂岩、绿片岩及古生代变质花岗岩中。蚀变岩中出现较小的石英脉和细脉，含黄铁矿和硫化物（黄铁矿、毒砂、黄铜矿、磁黄铁矿、白铁矿），褐铁矿出现在蚀变岩石中。超过 50% 的天然金的晶粒尺寸小于 0.02mm。黄金的纯度是 700～820。

（2）石英脉型金矿

这些金矿床通常以剪切带中的石英脉和网状结构为特征。主要矿床：纳塔尔卡、内兹丹尼斯科耶、杜埃、托库尔、阿格尼-阿法纳西耶夫斯科耶、格鲁霍耶、帕夫里克、乌廷卡、什科尔诺耶和卡拉维姆等。

奥姆恰克是俄罗斯金矿产区之一，生产的岩金和砂金的总产量约为 280t。最大的金矿床是位于雅拿-科累马金矿带东南部的奥姆恰克地区（金矿异常面积为 30km^2）的纳塔尔卡矿床，其资源量超过 1700t，金品位为 1.7g/t。除了纳塔尔卡之外，奥姆恰克矿区还包括奥姆恰克和帕夫里克两个金矿，还有几个远景的冲积砂矿。奥姆恰克矿区金矿的围岩是层状二叠纪砂岩、泥质岩、火山碎屑岩和陆相岩石，是维尔霍扬斯克被动边缘阿扬-尤里亚赫背斜体的一部分。所有金矿床都位于中二叠纪岩石地层中，由富含碳和金的火山碎屑岩组成。金矿床和远景受区域规模的西北走向断层控制，并与岩墙群（格兰岩斑岩和煌斑岩岩脉）伴生。蚀变岩中绢云母的 Ar-Ar 年龄为 135Ma。矿体走向长约 4km，宽 1km，深 500m。包含浸染性毒砂、黄铁矿和石英-矿脉和网状结构。主要矿物为黄铁矿、毒砂和磁黄铁矿。矿石矿物是石英和方解石。蚀变晕由外层绿泥石-碳酸盐矿物蚀变陆相岩带和内层石英-绢云母或石英-钠长石蚀变岩带组成。矿床赋存于大型 Au-As-W 地球化学异常中。

内兹丹尼斯科耶矿床是俄罗斯远东地区第二大造山金矿。它位于下二叠统陆相沉积物中一个大背斜的中心（图 4-2-9）。该矿床包括两种矿石类型：①含黄铁矿（Au 10～150g/t）和毒砂（Au 30～500g/t）的浸染性硫化物（5%），与剪切带中的许多石英细脉和网状结构伴生（Au5～9g/t）；②近垂直板状石英脉，厚达 2m，长 200～400m，金品位为 10～2000g/t，围岩蚀变为绢云母、绿泥石、石英、铁白云石，形成 50～200m 宽的蚀变晕。主矿体位于近垂直剪切带（图 4-2-9），它厚 1～40m，长 7km，深 1600m。黄金储量为 475t，金品位为 8～9g/t，银品位为 10～200g/t。根据地质观察，内兹丹尼斯科耶矿床分 3 个阶段形成：①变质成因低金品位阶段（低于 2g/t）；②主要金-石英热液阶段；③银-贱金属阶段。成矿年龄为 119～122Ma。

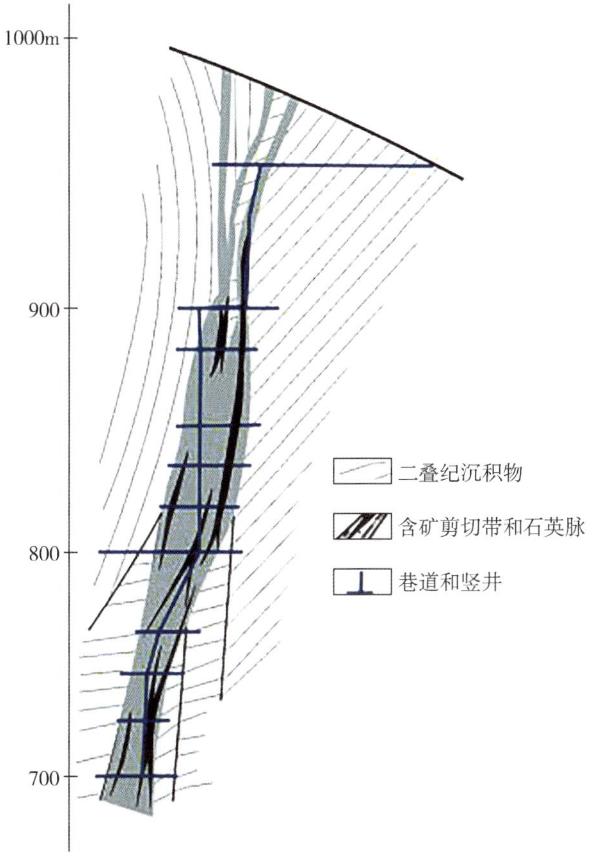

图 4-2-9　内兹丹尼斯科耶矿床 1 号主矿体的垂直剖面图
（据 Goryachev et al.，2013，有修改）

Duet、Yur 和 Nekur 矿床是阿拉克-云金矿带南部上石炭统—下二叠统层间砂岩和页岩序列中的地层结合含金石英脉型金矿（图 4-2-10）。上石炭统（4 级）和下二叠统（1 级）砂岩序列中有 5 级鞍形含金石英脉。矿脉长度可达 5km，厚度一般 0.5～2.5m，很少达到 10m，天然金与毒砂、黄铁矿和方铅矿伴生。矿脉中的含水量一般不超过 3%。在沿库拉区北部河岸（叶梅利亚诺夫斯基区、克拉赫、埃米斯发现了同样类型的金矿。亚娜-科雷马构造带也有类似的脉状金矿床，含金矿脉状与层状沉积岩体平行或延伸一致。

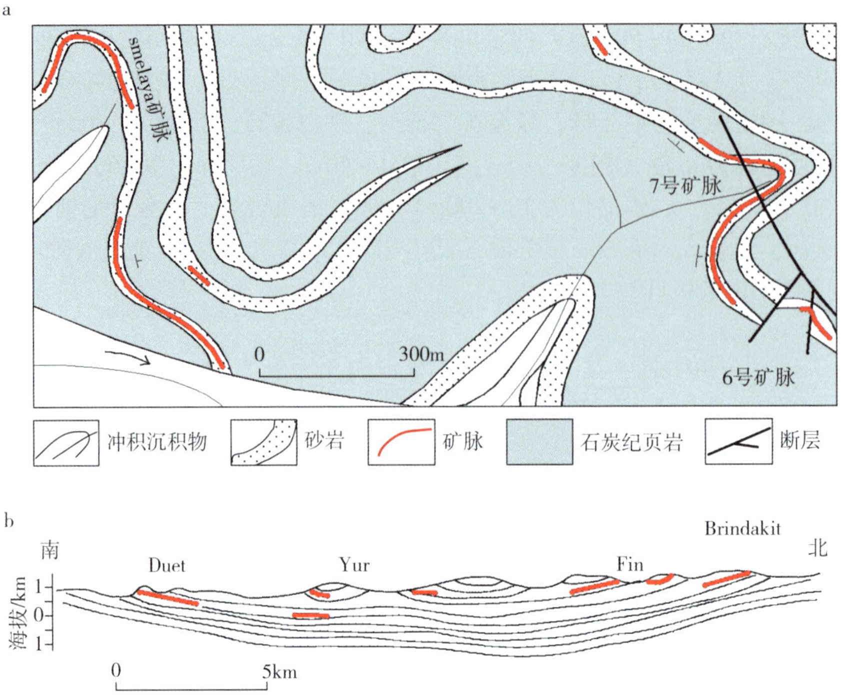

图 4-2-10 Yur 金矿床地质

（据 Goryachev et al.，2013，有修改）

a—含金石英脉；b—含金石英脉剖面

阿格尼-阿法纳西耶夫斯科耶含金石英脉位于锡霍特-阿林褶皱带的北部，从该褶皱带中发现了超过 11t 的低硫石英脉金。另外在不同的金矿区也发现了许多不整合的含金石英脉。例如，位于维尔霍扬斯克被动边缘的伊古梅诺夫斯科耶矿床，构成了附属断层，并与晚期造山作用有关。

托库尔和巴德兰含金石英脉是典型的逆冲相关矿脉沉积。托库尔矿床（上阿穆尔带）的含金石英脉位于大型的逆冲断层带中（图 4-2-11）。矿脉切穿早白垩世后期闪长斑岩，一些含金矿脉再次侵入至次生富矿体中（Eirish et al.，2002）。

巴德兰矿床（维尔霍扬斯克被动边缘）的主要含金石英脉位于逆冲带中（图 4-2-10；Goryachev et al.，2014），部分富金矿体品位非常高（金品位高达 200～1000g/t）。这类矿床的特点是金品位高（25～50g/t），但金储量小（少于 30t）。石英是主要的脉石矿物（通常超过 90%）。蚀变矿物（约 1%～3%）包括钠长石、绢云母、绿泥石、方解石和铁白云石。还存在毒砂和黄铁矿（高达 5%），含有少量方铅矿、闪锌矿、黝铜矿和天然金颗粒（Parfenov and Kuzmin，2001）。其他类似的矿床规模较小，赋存在亚娜-科雷马成矿带。

格鲁霍耶金矿床位于锡霍特-阿林造山带中南部。主岩是早白垩世的复理层沉积物，折叠成背斜。含金剪切带位于背斜的中心部分，与大型南北走向的 Kuleshov 断层密切相关（图 4-2-12）。该断层是中央锡霍特-阿林左旋走滑断层的一个分支。主矿体长 1000m 以上，平均厚度 19m。钻孔表明该矿体延伸深度至少 400m。黄金品位 1.56～3.8g/t。矿体

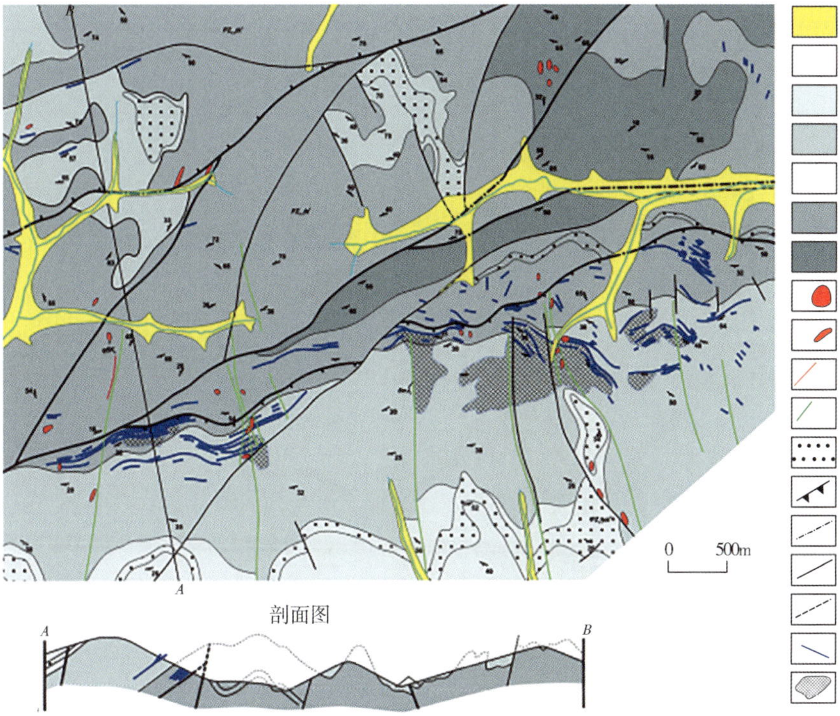

图 4-2-11　托库尔金矿地质图

（据 Vasiliev et al. , 2000）

主要以在强烈折叠和蚀变（石英-绢云母）碳质（碳含量高达 1%）页岩中形成线性网状结构的石英细脉为代表，带有磁黄铁矿、黄铁矿和毒砂浸染（2%～12%）。黄铁矿中含金 10～36g/t，毒砂中含有 50～160g/t 的金。约 50% 的黄金属于天然金，粒度小于 0. 1mm，纯度 508～943。有少量黄铜矿、方铅矿、闪锌矿、黝铜矿、辉锑矿和白钨矿等矿石矿物（Eirish，2003）。

乌廷卡矿床是典型的侵入（岩墙）型矿床。这种亚型矿床主要赋存在亚娜-科雷马矿带），在北极和科里亚克地区很少发现。乌廷卡主要矿体位于 7 号闪长岩斑岩岩墙中。石英-钠长石-毒砂细脉在主岩墙中形成网状结构（图 4-2-13）。这个近垂直岩墙长大于 4km，厚 1～2m，至少深 500m。金的品位为 4～5g/t，但单个富矿体的品位超过 50～100g/t。过去黄金的产量约为 12t，目前的资源量约为 10t。天然金（纯度 880～980）与毒砂、方铅矿、脆硫锑铅矿、硫锑铅矿和黝铜矿的粗颗粒伴生。岩墙的年龄为（150±3）Ma（U-Pb SHRIMP 测年数据）（Akinin et al. , 2009），而矿化 Ar-Ar 年龄为 126～138Ma（Newberry et al. , 2000）。

什科尔诺耶矿床是另一典型的矿床。在该矿床地质系统中，金银石英脉穿过 Burgagyn 岩群（约 $4km^2$）的闪长岩和花岗闪长岩，U-Pb 年代为 150Ma（Khanchuk，2006；Nokleberg et al. , 2005）。高品位金（约 50g/t）矿脉与主侵入体中的石英-绢云母蚀变晕伴生。东西向 1 号矿体长 400m，厚 1m，深 600m。目前该矿床处于开采状态，已生产黄金约 20t。

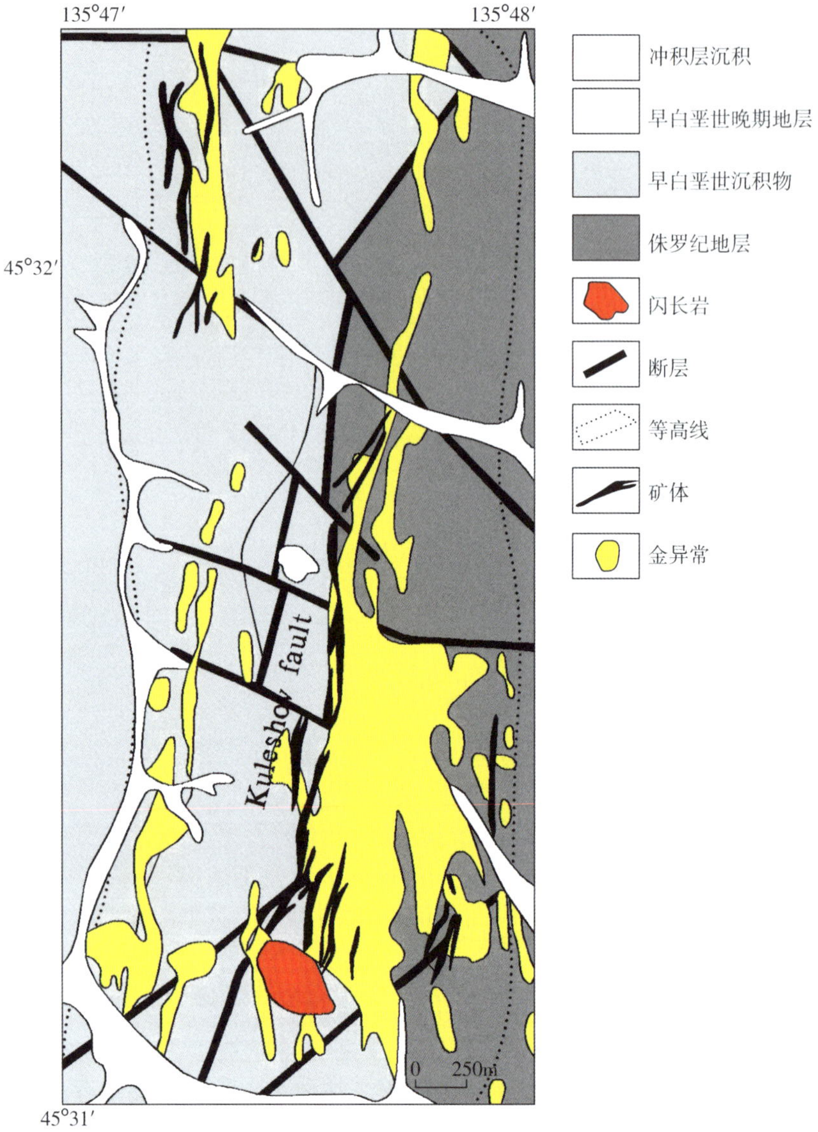

图 4-2-12 格鲁霍耶金矿床地质简图

（据 Goryachev et al.，2013，有修改）

（3）与侵入花岗侵入作用有关的金矿

这类金矿床在俄罗斯远东地区中具有良好的勘探潜力。然而，目前只有 3 个矿床具有经济价值。它们是蒙古-鄂霍次克带东部的别列齐托沃耶和基洛夫斯科耶矿床，以及锡霍特-阿林带南部的阿斯科尔德金矿床。这种类型的金矿床不同于其他矿床，因为：①它们与 I 型和 S 型花岗岩有着密切的时空关系；②原生黄经常与多种双金属矿物（原生铋、铋矿、锰铁矿、碲化铋、硫碲化铋等）结合。这种矿床类型的一个国际典型的例子是位于美国阿拉斯加州的诺克斯堡（Fort Knox）金矿。

别列齐托沃耶矿床位于 Khaikta-Orogzhan 深成岩体的花岗闪长岩中，平均金品位为

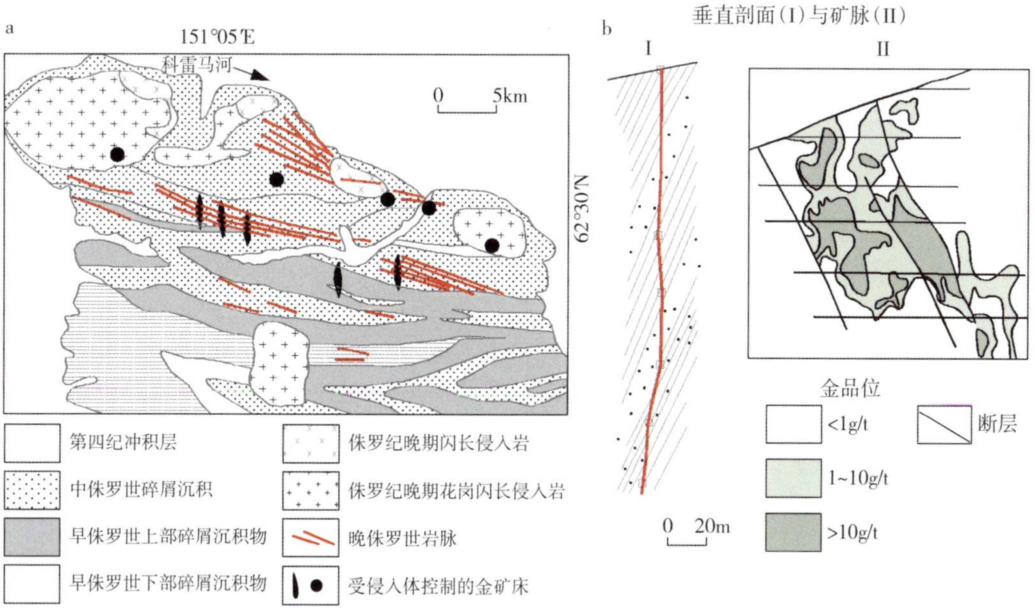

图 4-2-13 乌廷卡金矿床区域位置（a）和矿床局部剖面（b）

（据 Goryachev et al.，2013，有修改）

3.3g/t，金储量估计为 42.3t。这些矿石的中富含锌（0.97%）、铅（0.92%）和银（14.83g/t）。至少两个成矿阶段。该深成岩体位于大型中生代晚期 Khaikta 花岗岩岩基的顶部（图 4-2-14），K-Ar 和 Ar-Ar 年龄为 132~134Ma。别列齐托沃耶矿区还包括造山的 Khaikta、Trubny 金石英脉及与 Orogzhan 侵入岩有关的矿点。别列齐托沃耶矿的主要矿体呈透镜状（图 4-1-14）。第一阶段形成了黄铁矿+方铅矿+闪锌矿和块状矿石的浸染状低品位金，伴随着寄主岩石中爆炸角砾岩中的石英-绢云母蚀变。第二阶段以花岗岩中网状脉和细脉带的石英-白云母-电气石-石榴子石蚀变为代表。这些高品位金矿含有不同数量的硫化物（黄铁矿、毒砂、方铅矿，典型的铅-铋-硫酸盐、铅-铋和铋硫化物，以及天然金）。第一个矿石阶段发生在 131~132Ma，第二个阶段发生在 125Ma。Khaikta 深成岩体和相关花岗岩斑岩脉的 Rb-Sr 年龄为 126~133Ma（Stepanov et al.，2008）

基洛夫斯科耶金矿由含金石英脉组成，主要分布在中生代晚期花岗闪长岩深成岩体、古生代和中生代变质岩及陆相岩石中，主要沿蒙古-鄂霍次克缝合线分布（图 4-2-15）。自 19 世纪 80 年代以来，共开采了 55 条矿脉，生产黄金约 9.65t。矿体厚 0.1~2m，长 50~600m，延伸至 200m 以上的深度。矿石中还含有高达 1.6% 的铋和砷、0.9% 的铜、0.4% 的钨，以及局部的锌、铅、镍。主要矿石矿物包括毒砂、黄铜矿、铋矿、辉锑矿，铋和铜硫酸盐矿物、铋碲化物、硫碲化物，原生铋和金。

阿斯科尔德金矿床位于南普里莫里。该矿床发现于 1886 年，已产出黄金约 2t。非常狭窄（厚达 1.5cm）的高品位（通常超过 100g/t）石英细脉沿着断层带形成线性网状结构，该断层带位于灰岩化早期、晚克里特花岗岩和绢云母蚀变的古生代至中生代变质岩、火山岩和沉积岩中，属于晚中生代阿斯科尔德花岗质-变质穹隆（核心杂岩）。金平均品

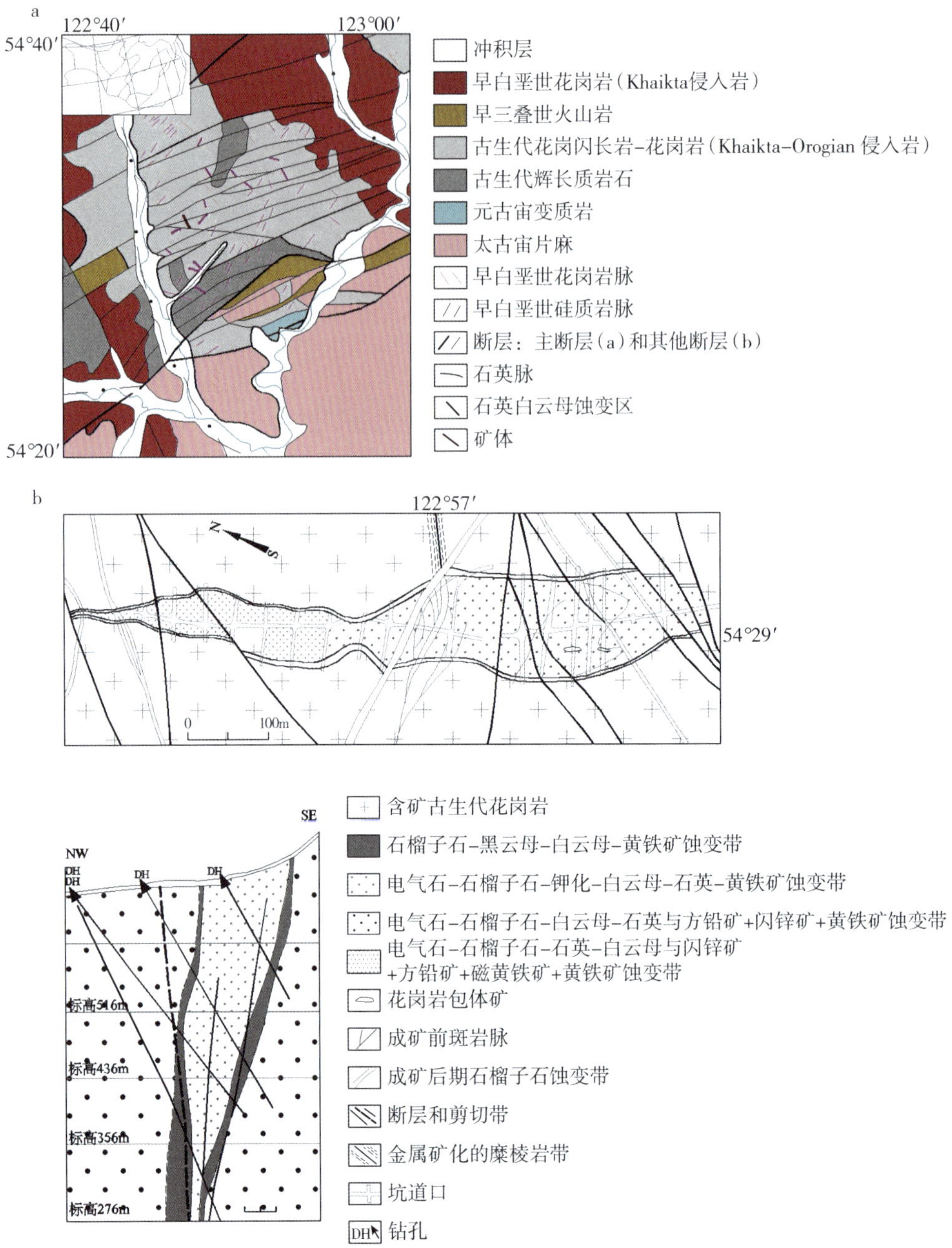

图 4-2-14　别列齐托沃耶区域位置（a）和地质简图（b）

（据 Avchenko et al.，2010，有修改）

位为 5.9~7.6g/t。矿石矿物包括黄铁矿、黄铜矿、铋矿、原生铋和金、铋硫碲化物和毒砂。在俄罗斯远东的其他地区也发现了类似的矿床。

（4）浅成热液金银矿床

在俄罗斯远东地区的大陆边缘弧和岛弧地体内含有浅成低温热液金银矿床。这些矿床

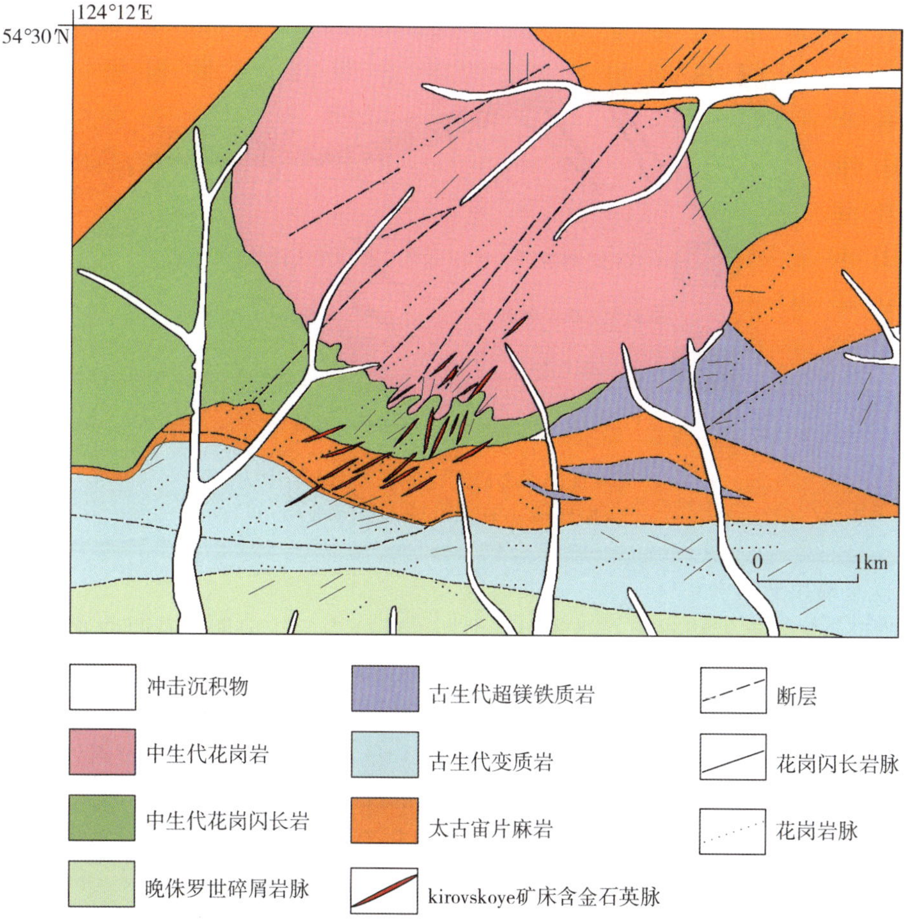

图 4-2-15　基洛夫斯科耶金矿地质简图
（据 Vasiliev et al.，2000，有修改）

通常是低硫化类型，已经开采 550t 黄金和几千吨银。俄罗斯远东地区最大的超热金银矿床为库巴卡（Kubaka）、库拉纳克（Kuranakh）、库波尔（Kupol），总产量约 330t。著名的杜卡特（Dukat）矿床是一个以银为主的超热液矿床，含有少量黄金。

库巴卡矿床（Kubaka）是一个古生代浅成低温热液金矿床。它位于泥盆纪 Kedon 火山带的长英质火山岩中，覆盖在前寒武纪奥莫隆（Omolon）地体上，是该地区发现的第一个矿床，已生产黄金 90t。Kedon 火山带还包含两个中型浅成低温热液矿床 Olcha 和 Birkachan。陡峭倾斜的库巴卡矿体厚 1～2m（图 4-2-16），石英片状矿脉可分为 3 个矿区，总长约 2km。围岩为中泥盆纪和上泥盆纪的聚集凝灰岩、熔结凝灰岩、流纹岩-英安岩和安山岩-英安岩。绿泥石、绢云母、水云母和石英是主要的蚀变矿物。矿石岩脉为石炭纪和中生代晚期。矿石的 Rb-Sr 年龄范围为 334～340Ma。除了钙铝石和石英外，矿石还含有方解石、萤石、重晶石和 0.5% 的矿石矿物（主要为原生金、辉银矿、赤铁矿、黄铁矿，以及少量砷黄铁矿、方铅矿和闪锌矿），金和银比例为 1∶1。

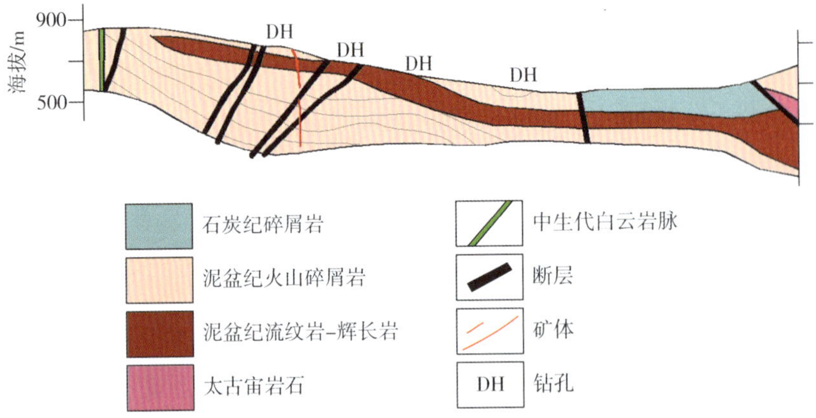

图 4-2-16 库巴卡金矿床在泥盆纪火山岩中的位置

（据 Stepanov et al.，1994，有修改）

（5）金锑汞脉型金矿

该类型金矿是多期相矿床，部分为造山期，部分为后造山期。有两种亚型：金-锑-汞（例如卡尤扎（Kyuchus）金矿）和金-锑（例如萨里拉克（Sarylakh）和森塔坎（Sentachan）金矿），均存在陆源的岩石中。

卡尤扎（Kyuchus）矿床位于库拉尔（Kular）区的东岸库拉尔地垒背斜处。黄金储量为 246t，平均品位 8.7g/t。金矿石还含有 0.4% 的锑、0.024% 的汞和 1.5% 的砷。围岩为晚三叠世互层粉砂岩、黑色页岩和砂岩。矿体由几个亚平行的硫化物矿化剪切带组成，沿着一个次级断层带延伸到一个南北走向的区域走滑 Yana-Dulgalakh 断层。该断层控制着 Verkhoyansk 变形被动大陆边缘，这一地区也是晚白垩世汞和锑矿床的分布区域。该金矿成矿带向东北—西南方向延伸 3.8km，厚度可达 15m。矿化剪切带的中心部分以石英-辉锑矿置换脉为特征，具有碧玉状地开石-水云母-铁-白云石和绢云母组成的围岩蚀变晕。所有矿石矿物都含有含金黄铁矿和砷黄铁矿的浸染状聚集体。黄铁矿的金含量高达 60~70g/t，毒砂的金含量则高达 400~500g/t。石英-辉锑矿脉中还含有天然汞、天然金、金汞合金、朱砂、雌黄、黑辰砂、辉铝矿、黝铜矿、硫锑矿、硫锑铅铜矿和硫锑锰银矿（Parfenov and Kuzmin，2001）。

萨里拉克（Sarylakh）Au-Sb 矿床发现于 1966 年。它位于亚娜·科莱玛（Yana Kolyma）区的因迪吉尔卡（Indigirka）地区。矿石储量为 11.5602 万 t 锑和 14t 金，品位为 20.89% 锑和 10.4g/t 金。已生产黄金产量为 13t，锑 10.5 万 t。最初，它是鲁德内（Rudny）断层带内的一个大型（500m 长，2m 厚，665m 深）石英-辉锑矿脉，是区域内 Adycha Taryn 走滑断层的一部分。在最近的勘探工作中，在鲁德内断裂带发现了 7 条较小的矿脉。矿床围岩为上三叠世粉砂岩和页岩。矿床在空间上与早白垩世（115~130Ma）闪长岩和侏罗纪（148~155Ma）流纹岩脉有关。该地区最近还有可能发现马洛塔伦斯科耶（Malotarynskoye）大型金矿床（表 4-2-4）。

表 4-2-4　俄罗斯远东地区金矿床的年龄数据表

矿床	矿物	年龄/Ma	测年方法	所属矿带	类型
Kubaka	水云母	330~335	Rb-Sr	OM	EP
Olcha	冰长石	255~265	K-Ar	OM	EP
Svetloye	绢云母	130~150	Ar-Ar	YaK	OSH
Ryzhyi	白云母	148	Ar-Ar	YaK	IR
Chepak	白云母	146	Ar-Ar	YaK	IR
Malysh-Dubach	白云母	147	Ar-Ar	YaK	IR
Netchen Khaya	白云母	146	Ar-Ar	YaK	IR
Chistoye	白云母+石英	140	K-Ar	YaK	IR
Transportnoye	白云母	140	Ar-Ar	YaK	OIH
Daryal-2	白云母	140	Ar-Ar	YaK	OIH
Surmyanaya	绢云母	139.5	Ar-Ar	Yak	OIH
Yugler	绢云母	138		YaK	OIH
Shturmovskoye	白云母	134.4~139.2	Ar-Ar	YaK	OIH
Dorozhnoye	白云母	136	Ar-Ar	YaK	OIH
Natalka	绢云母	135.2	Ar-Ar	YaK	OSH
Shkolnoye	白云母	1352	Ar-Ar	YaK	OIH
Degdekan	绢云母	133~137	Ar-Ar	Yak	OIH
Nagornoye	绢云母	135	K-Ar	YaK	OSH
Malo-arynskoye	绢云母	130	K-Ar	YaK	OSH
Pavlik	绢云母	N110		Yak	OSH
Goltsovoye	绢云母	128.2	Ar-Ar	YaK	OSH
Nadezhda	丝（绢）云母	126.5	Ar-Ar	Yak	OIH
Vetrenskoye	绢云母	125	Ar-Ar	YaK	OSH
Sarylakh	水云母	115~124	K-Ar	YaK	Au-Sb
Kyuchus	蚀变岩	122	K-Ar	Yak	Au-Sb
Myakit	白云母	141	Ar-Ar	OKR	IR
Teutedzhak	白云母+电气石	103	K-Ar	OKR	IR
Nezhdaninskoye（Au）	绢云母	118.4~119	Ar-Ar	OKR	OSH
Nezhdaninskoye（Ag）		95.2~98.2			
Julietta	冰长石	136	Rb-Sr	OKR	EP
Talanakh	绢云母	126	Ar-Ar	OKR	IR
Pilnen	绢云母	126	Ar-Ar	OKR	IR
Levo-Dybin	白云母	124.8	Ar-Ar	OKR	IR
Zaderzhnoye	绢云母	123.5	Ar-Ar	OKR	OSH
Tuguchak	白云母	124.2	Ar-Ar	OCH	IR

续表

矿床	矿物	年龄/Ma	测年方法	所属矿带	类型
Mayskoye	蚀变岩	110~113	K-Ar	OCH	OSH
Karalveem	白云母	104~123	K-Ar	OCH	OIH
Kirovskoye		126~131	Rb-Sr	MO	IR
Berezitovoye		131.2，125.3	Ar-Ar	MO	IR
Bamskoye		129	Rb-Sr	MO	OSH
Kuranakh	绢云母	136.2	Ar-Ar	MO	EP
Malomyr	绢云母	132	Ar-Ar	MO	OSH
Pokrovskoye	蚀变岩	129	Rb-Sr	MO	EP
Tokur	冰长石	122	Ar-Ar	MO	OSH
Nyavlenga	冰长石	93.7	Ar-Ar	OCVB	EP
Arylakh	水云母	86	Rb-Sr	OCVB	EP
Porozhistoye	绢云母	83	Ar-Ar	OCVB	IR
Irbychan	冰长石	825	Ar-Ar	OCVB	EP
Evenskoye	冰长石	80.4	A-Ar	OCVB	EP
Kegali	冰长石	79.9	Ar-Ar	OCVB	EP
Karamken	冰长石	78.9	Ar-Ar	OCVB	EP
Oira	冰长石	76.1	Ar-Ar	OCVB	EP
Khalali	蚀变岩	73	Rb-Sr	OCVB	IR
Teply	水云母	72	Rb-Sr	OCVB	EP
Valunistoye	冰长石	71.8	Ar-Ar	OCVB	EP
Dalnegorsk	富碳剪切带	115	Rb-Sr	SA	OSH
Krinichnoye	白云母	88	K-Ar	SA	IR
Askold	绢云母	79	Ar-Ar	SA	IR
Mnogovershinnoye	冰长石	60~70	K-Ar	ESA	EP
Milogradovskoye	蚀变岩	70.4	U-Pb	ESA	EP

注：IR—与侵入作用相关的，EP—浅成热液型，OSH—造山带沉积物型（orogenic sediment-hosted），OIH—造山带侵入型（orogenic intrusion-hosted）。

（据 Goryachev et al.，2014）

二、哈萨克斯坦

（一）金矿分布特征

哈萨克斯坦是中亚国土面积最大的国家，金矿资源量 3500t，目前有 149 个金矿项目在进行勘探与开发，以原生金矿为主，分布在哈萨克斯坦的北部、东部及东南部地区。矿床规模多为中小型，也有别斯图贝、查尔库拉等大型-超大型矿床（表 4-2-5）。2021 年产量为 77.6t。

表 4-2-5 哈萨克斯坦大型及以上规模金矿床的基本特征（据不完全统计）

矿床名称	成矿带	成矿类型	成矿时代	规模	储量/资源量/t	平均品位/($g \cdot t^{-1}$)
阿克巴卡依	楚伊犁	陆相火山岩	古生代	特大型	180/1000	18.50
巴克尔奇克	斋桑	黑色页岩	晚古生代	特大型	277/1200	9.40
瓦西里科夫	北哈	脉岩	古生代	特大型	360/600	4.6
斯特普纳克	北哈	脉岩	古生代	特大型	1500	
别斯图贝	北哈	脉岩	古生代	超大型	115/150	
查尔库拉	中天山	黑色页岩	古生代	超大型	100/120	12
阿尔哈雷	巴尔喀什	陆相火山岩	古生代	超大型	75/110	8
列宁诺戈尔斯克	阿尔泰	火山沉积	晚古生代	大型	33.25	2.93
济良诺夫	阿尔泰	火山沉积	晚古生代	大型	25.5	1.09

（据刘春涌，2005）

与花岗岩类热液活动有关的金矿在哈萨克斯坦分布较广，但能形成大型-超大型金矿的主要有 3 种类型。

1）黑色岩系矿床，此类矿床为均受一定层位控制经后期热液富集的层控型矿床，主要分布在西卡尔巴带的石炭纪黑色岩系内，其中巴克尔奇克金矿储量 250t，已达超大型。与我国交界处附近的中天山查尔库拉金矿床，产于元古界的黑色岩系中，储量达 100t；在科克切塔地块东部的别斯图贝金矿产于石炭系黑色岩系中，储量大于 300t。

2）热液型脉状矿床，如产于科克切塔夫地块内的瓦西里科夫热液脉型金矿总资源量达 500~600t，成矿时代为志留纪，斯特普纳克金矿潜在资源量达 1200~1500t。

3）浅成低温热液型金矿床，此类矿床与陆相火山岩有关，在哈萨克斯坦也可形成大型-超大型矿床，如分布在南巴尔喀什的阿尔哈雷金矿，成矿与二叠纪火山活动有关，又如分布在扎拉依尔-奈曼带内的阿克巴卡依金矿，资源量达 100t。

（二）金矿勘查开发现状

1. 勘查现状

哈萨克斯坦金矿资源丰富，近年来黄金勘查的投入变化不大（图 4-2-17），有 20 家左右的矿业公司在从事勘查活动，勘查投入居亚洲第 5 位。

贝斯科加（Beskauga）项目由 3 个连续的勘探许可证组成，Beskauga 矿产许可证面积为 8.425km^2，Stepnoe 和 Ekidos 勘查许可证面积均为 917km^2。公司不断地投入钻探工作，探明黄金储量 122.53t，铜 61 万 t，银 354t。

2. 黄金生产

目前哈萨克斯坦的黄金来自大约 15 座在产矿山（表 4-2-6），其中由嘉能可公司控制的 Kazzinc Consolidated 项目是目前最大的锌、铜、铅、银、金多金属矿山，该矿山从 1990 年试生产起，从未间断。在哈萨克斯坦从事黄金开采的企业除了嘉能可外，还有多金属国际有限公司（Polymetal International PLC）、哈萨克斯坦矿业有限公司（KAZ Minerals Ltd.）、诺德黄金有限公司（Nord Gold PLC）等。

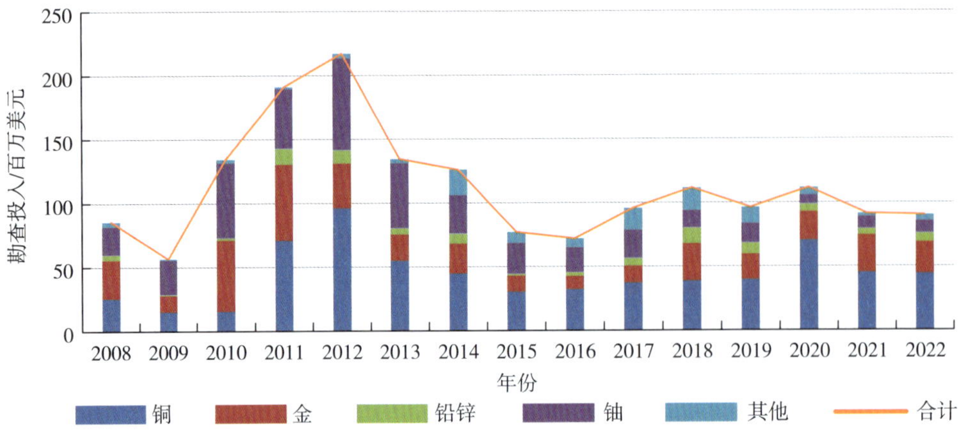

图 4-2-17　2008—2022 年哈萨克斯坦金勘查投入

数据来源为 S&P Global Market Intelligence，2023 年

表 4-2-6　2021 年哈萨克斯坦主要金矿山产量

	矿山名称	矿业公司名称	矿种	2021 年金产量/t
1	Kazzinc Consolidated	Kazzinc Ltd.	锌，铜，铅，银，金	26.22
2	Kyzyl	Polymetal International PLC	金	11.00
3	Varvara	Polymetal International PLC	金，铜，银	5.59
4	Bozshakol	KAZ Minerals Ltd.	铜，金，银，钼	3.20
5	Akbakai	AK Altynalmas JSC	金，银	2.03
6	Suzdal	Nord Gold PLC	金，银	2.01
7	East Region Operations	KAZ Minerals Ltd.	铜，锌，金，银，铅	1.53
8	Zholymbet	AK Altynalmas JSC	金	1.50
9	Raygorodok	RG Gold LLP	金	1.35
10	Bestobe	AK Altynalmas JSC	金，银，砷	1.03
11	Sekisovskoye	AltynGold PLC	金，银	0.97
12	Karaganda Region	Cuprum Holding Ltd.	铜，锌，金，银，钼	0.92
13	Aksu	AK Altynalmas JSC	金	0.83
14	Maikainzoloto	NA	金，铜，锌，铅，银	0.50
15	Central Region	Cuprum Holding Ltd.	铜，锌，金，银，钼，铅	0.44

注：数据来源为 S&P Global Market Intelligence，2023。

三、吉尔吉斯斯坦

（一）金矿分布特征

吉尔吉斯斯坦的金矿资源主要分布在 3 个成矿省：北天山成矿省、中天山成矿省、南天山成矿省，并进一步可划分成 7 个成矿带：吉尔吉斯-昆格成矿带、苏萨梅尔-卡拉卓尔津成矿带、塔拉斯成矿带、恰特卡尔成矿带、托古兹托洛乌成矿带、中天山成矿带、突厥斯坦-阿赖成矿带（图 4-2-18）。

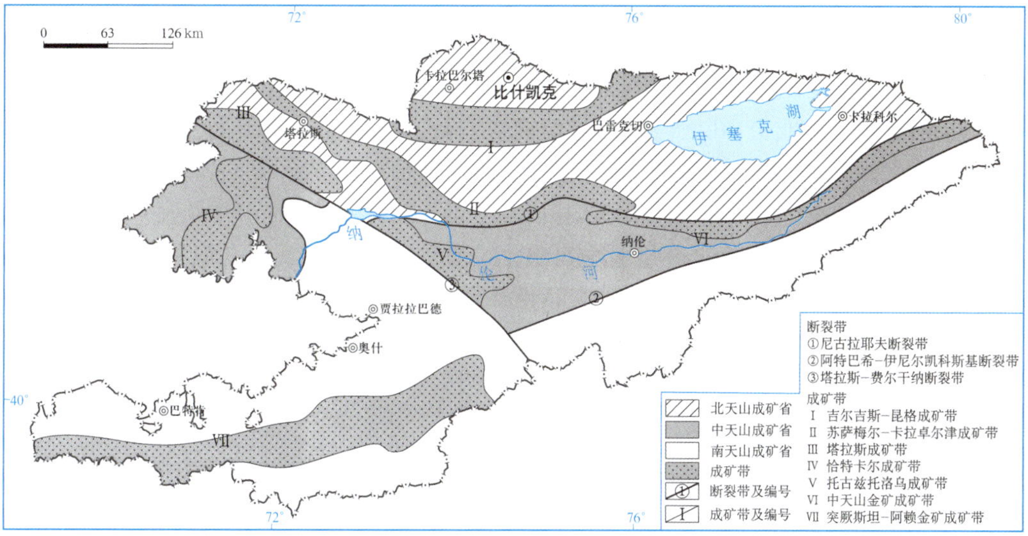

图 4-2-18　吉尔吉斯斯坦金矿成矿带示意图

（据曹积飞等，2016）

吉尔吉斯-昆格成矿带：沿吉尔吉斯山、外伊犁山、昆格山由西向东呈纬向延伸，向南凸起。金矿床多分布在早奥陶世碰撞型花岗岩岩基侵入体的上接触带。主要矿床有塔尔迪布拉克左岸（平均品位 5. 8g/t）、安达什（平均品位 2. 8g/t）、阿克塔什（平均品位 3. 9g/t）等矿床。

苏萨梅尔-卡拉卓尔津成矿带：沿塔拉斯山、苏萨梅尔山、巴雷克特山、卡普卡塔斯山由西北向东，从塔拉斯河下游向苏尔组萨雷河流域延伸。主要矿床有杰鲁伊（平均品位 5. 2g/t）、乌尊布拉克（平均品位 3. 6g/t）、卡拉基切-舒尔坦萨雷（平均品位 3. 8g/t）等矿床。

塔拉斯成矿带：沿塔拉斯山和苏萨梅尔山，从北西西向南东方位、从库尔库列乌苏河流域向乌尊阿赫马特河流域延伸。该成矿带与断裂及一系列密集的北西逆掩构造有关，南边界受塔拉斯-费尔干纳断裂带控制，北边界受别什塔什断裂系控制。主要矿床有什拉利津（平均品位 3. 6g/t）、柯伊布拉克（平均品位 2. 7g/t）、别什塔什（平均品位 3. 3g/t）等矿床。

恰特卡尔成矿带：位于中天山成矿省的西翼，地跨普斯科姆山、恰特尔山和部分阿托伊纳克山，从西南向东北方向延伸。区内矿化作用表现为单金属金矿化、锑-金矿化或铜-金矿化。主要矿床有桑达什（平均品位 4. 7g/t）、恰特卡尔（平均品位 2. 2g/t）、捷列克卡桑（平均品位 5. 34g/t）等矿床。其中捷列克卡桑矿区预测金资源量超过 250t，是吉尔吉斯斯坦很有开发潜力的金矿区之一。

托古兹托洛乌成矿带：位于费尔干纳山东北坡、托古兹托洛乌盆地的两侧、塔拉斯-费尔干纳断层和尼古拉耶夫线之间的古生代岩石构造楔中，沿着塔拉斯-费尔干纳断层从西北向东南延伸。金矿化呈多样性，有金-铜、金锑、金多金属、金铋、单金属金等类型。主要金矿资源集中在马克马尔矿区（平均品位 7.25g/t），资源储量约 40t，其他地区金矿品位较低。

中天山金矿成矿带：沿着纳伦河谷从西向东延伸，北部以尼古拉耶夫断层为界，南边界受古变质岩控制，西部被纳伦河谷疏松的沉积层覆盖，东部伸向哈萨克斯坦和中国境内。包括松克尔成矿亚带和库姆托尔-肯苏成矿亚带，吉尔吉斯斯坦最大的金矿床库姆托尔矿床位于库姆托尔-肯苏亚带的西南翼。

突厥斯坦-阿赖金矿成矿带：沿着突厥斯坦-阿赖山系的轴部和两侧高坡从西向东延伸，该成矿带黄金储量和预测资源量约 800t，主要矿床有安德根（平均品位 3.7g/t）、吉尔加（平均品位 4.56g/t）、索赫（平均品位 3.2g/t）、基奇克阿赖（平均品位 4.34g/t）等矿床。其中基奇克阿赖矿区黄金预测资源量约 350t，是吉尔吉斯斯坦值得优先开发的金矿区之一。

（二）金矿勘查开发现状

1. 勘查现状

吉尔吉斯斯坦矿产勘查的主要矿种为金、铜、铀等，整体矿业勘查投入占全球矿业勘查投入的比例介于 0.1462%～0.4586% 之间。2012—2016 年吉尔吉斯斯坦矿业勘查投入连续多年持续降低，至 2016 年降至最低值；2017—2021 年，矿业勘查投入整体稳定，仅存在小幅波动，2022 年因一矿业项目存在与吉尔吉斯斯坦政府的纠纷，勘查活动停滞导致勘探投入大幅下降（图 4-2-19）。

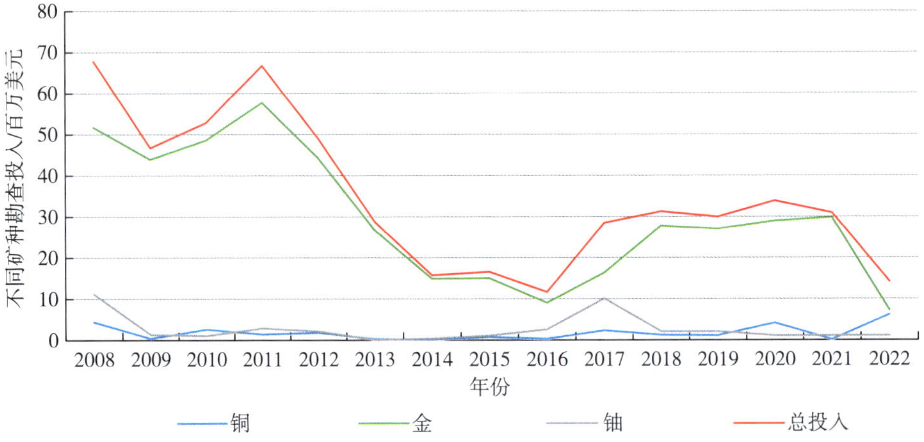

图 4-2-19　2008—2022 年吉尔吉斯斯坦金、铜等矿种勘查投入

数据来源为 S&P Global Market Intelligence，2023

2. 黄金生产

目前吉尔吉斯斯坦黄金每年产量在 20t 左右，黄金主要产自 10 座在产矿山，其中库姆托尔金矿是吉尔吉斯斯坦最大，世界黄金储量名列前茅的金矿，多年来，一直由加拿大

Centerra 黄金公司经营，但在吉尔吉斯斯坦政治活动中长期存在激烈争议，原因据称是金矿运作腐败严重、民众对外国开采本国自然资源不满及矿业开采对当地居民生活和环境的损害等问题持续发酵。黄金是吉尔吉斯斯坦最大的出口产品，仅库姆托尔金矿的黄金出口量就占该国 GDP 的 12%。萨德尔·扎帕罗夫于 2021 年 1 月赢得总统选举，上任后他便立即推动库姆托尔金矿国有化。2022 年 8 月该矿收为国有。

四、乌兹别克斯坦

（一）金矿分布特征

乌兹别克斯坦是世界上金矿资源最为丰富的国家之一，境内有金矿产地数百处，探明的资源量达 1800t 左右，境内金矿床成群产出，且规模巨大，拥有独立金矿 51 处（崔敏利等，2018），以黑色岩系的层控矿床为主，主要分布于库拉马成矿带和布坎套成矿带中（图 4-2-20）。

库拉马晚古生代成矿带出露在乌兹别克斯坦的东北部，为火山沉积盆地。构造位置位

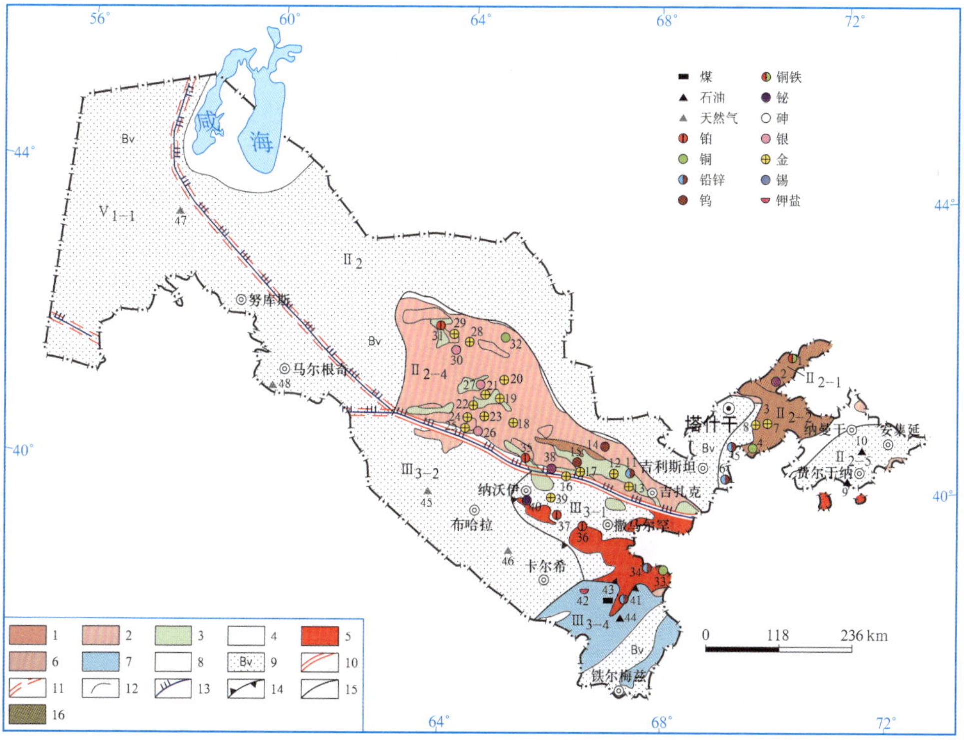

图 4-2-20　乌兹别克斯坦金矿成矿区带

（据李恒海等，2010）

1—固结基底（罗迪尼亚古陆）；2—固结基底上的盖层；3—加里东期固结陆壳；4—加里东期固结基底上的盖层；5—华力西早期（DC1）固结陆壳；6—华力西早期陆壳基底上的盖层；7—燕山期（J）固结基底的上叠沉积（K）；8—陆缘火山岩带（DC）；9—华力西期以来形成的陆内盆地；10—板块缝合带；11—推测的板块缝合带；12—地质界线；13—成矿域；14—成矿区；15—成矿带；16—金矿成矿带

于锡尔河地块边部、早古生代皱基底破碎地段。成矿期为石炭纪—二叠纪，由中酸性侵入杂岩与火山喷发活动形成浅成矿床。其成矿部位位于岩体与小岩株的内外接触带、岩体与碳酸盐岩围岩的外接触带、离侵入体中远距离的围岩内、火山构造内等多处。其矿物组合为 Cu-Au 型，Cu-Mo、Au、Ag 型，Au-Ag、Bi、Sb、S 型，Cu-Au 型为本成矿带矿床金属组合的基本特征。

布坎套前寒武纪古生代成矿带位于乌兹别克斯坦偏北，绝大部分被克孜尔库姆沙漠所掩盖，基岩出露呈孤岛状，工作程度较低，基础地质研究较差，但矿产较丰富。金矿成矿区的构造位置处于哈萨克斯坦板块与卡拉库姆板块间，为陆间活动带。其成矿环境在前寒武纪和早古生代为陆表海盆环境，晚古生代为岛弧环境，其成矿期主要是这两个。早古生代的成矿类型以层控矿床为特征，浅变质的黑色岩系是其矿源层，其矿床金属组合为：Au、Ag、U、W 型。晚古生代的成矿类型与侵入活动有关，侵入岩有闪长岩、花岗岩、花岗闪长岩、黑云母花岗岩等，热液型金属组合 Au 和 Sn。

乌兹别克斯坦各种成因类型的矿床综合特征如下。

（1）内生（深成）系列矿床

1）深成热液型伴生金矿：产于锡尔河地块边部侵入岩与火山沉积盆地中，属中酸性侵入岩的期后热液型，为细脉浸染状铜矿伴生矿物，矿物组合有黄铜矿、黄铁矿、辉银矿、金、银等，如阿尔马雷克铜金矿。

2）中深度热液独立金矿：产于布坎套陆间造山带中，尤其是深大断裂破碎带、片理带中，以含金石英脉和网脉状产出。金在石英中呈独立的析晶出现、在硫化物中呈次显微包体出现。银作为伴生组分存在。矿石矿物中有石英、碳酸盐矿物、重晶石、黄铁矿、毒砂、黄铜矿、闪锌矿、方铅矿、黝铜矿、硫锑铅矿、车轮矿、辉铋矿，近矿蚀变为硅化、黄铁细晶岩化，如恰尔米坦金矿。

3）浅成火山热液金矿：产于锡尔河地块边部火山沉积盆地内，多分布于火山构造中，火山岩是碱性的杂岩-安山岩、安山-英安岩、粗面安山岩，矿床赋存于火山颈相中，以火山热液形式交代围岩。矿体呈脉状交代体状。矿石内矿物组合复杂而丰富，多达 110 种，出现的新矿物有 12 种，但主要仅两种矿石矿物：石英-金矿石和金-银-碳酸盐矿物-石英。金的赋存呈细而分散状的自然金、银金矿和碲化物出现，分布不均。近矿蚀变有青磐岩化、黄铁细晶岩化和泥化，如科奇布拉克金矿。

4）火山沉积型伴生金矿：产于卡拉库姆地块边部隆起带的火山-沉积岩层中，以含金黄铁矿形式伴生于黄铁矿或黄铁矿多金属矿体中，如拜松伴生金。

（2）变生类型（同生-后生类型）矿床

产于布坎套陆间造山带，深部基底受断裂交汇影响，岩石破碎，多裂隙，与岩浆活动无关。

1）成矿条件。成矿期为奥陶纪—志留纪（另一观点认为是里菲纪）。地层为特定含碳质浅变质的类复理石建造，又称黑色岩系。这些黑色岩系中金的地球化学背景值偏高，因此具同生的一面。矿床赋存于各种裂隙中，呈脉状、细脉状、网脉状、柱状，矿石建造为金-硫化物-石英脉型，矿物组合金、银-黄铁矿、毒砂、白钨矿、铀矿物、毒砂。金的赋存以热液变质的游离金为主（与硫化物无关），金赋存于黄铁矿和毒砂中，可占 80%～

90%，如穆龙套金矿。

2）成矿时代。包括早古生代和晚古生代两个成矿期。因研究程度低，年代未定。成矿时代也可能包括前寒武纪的里菲纪，如穆龙套金矿。晚古生代成矿包括中-晚石炭世的科奇布拉克金矿田、晚石炭世—早二叠世的恰尔米坦金矿。

3）控矿因素。①大地构造因素：乌兹别克斯坦地处哈萨克斯坦-准噶尔板块的中天山造山带的转折端，使中天山构造线在乌兹别克斯坦产生偏转向北，具有穿透型横向构造，另有晚期的北东向穿透型断裂叠加之上。②岩浆作用因素：布坎套成矿带的深成金矿床与花岗闪长岩-花岗岩杂岩的第一期、第二期有关；库拉马成矿带的伴生金矿与花岗闪长岩-石英、二长岩杂岩的第一期有关；近地表的火山岩型金矿与安山岩-英安岩的火山作用有关。③地层-岩性因素：布坎套成矿带的穆龙套金矿产于特定的地层和岩石中，显示了地层-岩性的控矿作用。该类矿床受杂色别萨潘组下亚组控制。其岩性组合由互层变粉砂岩、变砂岩、千枚状页岩的类复理石岩系组成，后期的变质改造也有一定作用（李恒海等，2010）。

乌兹别克斯坦各金矿矿床特征见表4-2-7。

表4-2-7　乌兹别克斯坦金矿特征一览表

矿带	序号	矿床（田）名	成矿特征						储量/t
			时代	围岩	岩浆岩	矿石矿物组合	伴生矿产	成因类型	
恰特卡尔	1	恰达克金矿	C			碳酸盐岩、石英、金、冰长石	Ag	火山热液型	
库拉马	2	皮尔采拉布金矿							
	3	古扎克赛金矿							
	4	科奇布拉克金矿田	C	火山颈	中酸性岩	金、碲化物组合；硫化物、石英	Ag、Bi、Sn	火山热液型	160
	5	克孜拉巴萨依金矿	C	火山碎屑岩	中酸性岩	石英、金；明矾、金、黄银矿	Ag	火山低温热液型	120
布坎套	6	科克帕斯金矿田	O-S	黑色岩系		石英、辉锑矿黝铜矿、金	Ag、Cu、U	层控型	620
	7	布鲁特坎金矿	O-S	黑色岩系		石英、辉锑矿黝铜矿、金	Ag、Cu、U	层控型	
	8	阿里斯坦金矿	O-S	黑色岩系		石英、硫化物、金	Ag、Co、U	层控型	36
	9	特里阿达金矿	O-S	黑色岩系		石英、硫化物、金	Ag、Co、U	层控型	
	10	巴兰套金矿	O-S	黑色岩系		石英、硫化物、金	Ag、Co、U	层控型	70
	11	穆龙套金矿	O-S	黑色岩系		石英、黄铁矿、毒砂、白钨矿、金	Ag、Pd、W、U	层控型	6100
	12	别萨本套金矿	O-S	黑色岩系		石英、金、硫化物	Ag、Pd、W、U	层控型	
	13	阿曼泰套金矿	O-S	黑色岩系		石英、金、硫化物	Ag、Pd、W、U	层控型	94

续表

矿带	序号	矿床（田）名	成矿特征						储量/t
			时代	围岩	岩浆岩	矿石矿物组合	伴生矿产	成因类型	
布坎套	14	道格兹套金矿	O-S	黑色岩系		石英、金、硫化物	Ag、Pd、W、U	层控型	192
	15	阿吉布古特金矿	O-S	黑色岩系		石英、金、硫化物	Ag、Pd、W、U	层控型	
	16	马尔扎努拉克金矿	C	黑色岩系	正长岩	金、黄铁矿、毒砂、石英	Ag、Sd、As、Cu	热液型	
	17	恰尔米坦金矿	C	黑色岩系	正长岩	金，黄铁矿、毒砂、石英	Ag、Sd、As、Cu	热液型	240
	18	阿尔腾金矿	C	黑色岩系	正长岩	金、黄铁矿、毒砂、石英	Ag、Sd、As、Cu	热液型	
	19	萨尔明金矿	C	黑色岩系	正长岩	金、黄铁矿，毒砂、石英	Ag、Sd、As、Cu	热液型	
	20	卡拉库坦金矿	C	黑色岩系	正长岩	金、黄铁矿、毒砂、石英	Ag、Sd、As、Cu	热液型	

（据李恒海等，2010，有修改）

（二）金矿勘查开发现状

1. 勘查现状

近年来矿业公司在乌兹别克斯坦的矿产勘查投入增幅较大，从 2017 年的 1360 万美元增加到了 2022 年的 2820 万美元（图 4-2-21），投入增加超过一倍，各勘查公司聚焦金矿勘查，在阿乌明扎套（Ауминзатау）、布坎套、塔姆德套（Тамдытау）、别里套

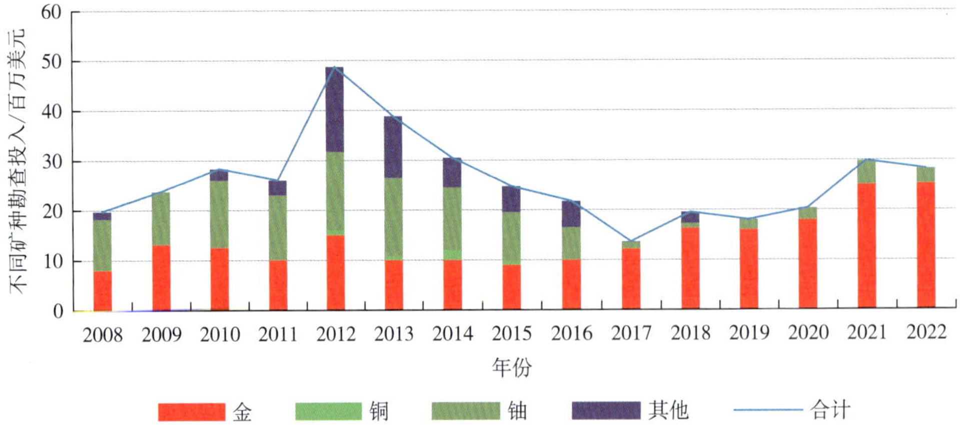

图 4-2-21　2008—2022 年乌兹别克斯坦金、铜等矿种勘查投入

数据来源为 S&P Global Market Intelligence，2023

（Бельтау）、库里朱科套、努拉套（Нуратау）、玛里古扎尔（Мальгузар）、恰克尔卡梁（Чакылкалян）、恰特卡尔－库拉玛的潜力区不断有重大发现。在中克孜勒库姆（ЦентральныйКызылкум）地区有望发现2~3个中型金矿。

乌兹别克斯坦政府也不断加大地质、矿业领域资金投入，2018—2020年共投入约3.3亿美元主要用于基础矿产勘查、技术引进、产能提升等方面，新发现多个大型金属矿床，新增加一批储量，同时新成立乌兹别克斯坦地质大学、新建成铜矿厂等，取得了显著成绩。乌兹别克斯坦政府还积极改善投资环境、加强矿业招商引资、深化矿业领域国际合作，法国、加拿大、英国、土耳其、俄罗斯、美国等在乌兹别克斯坦的投资不断加大，乌兹别克斯坦国内地质、矿业发展形势呈现上升态势。

2. 黄金生产

乌兹别克斯坦的黄金产量在过去几年中一直保持增长趋势，2021年的产量约为104.9t，占全球总产量的约3%，在亚洲位于中国、俄罗斯、印度尼西亚之后。黄金产量的90%主要来自穆龙套、阿尔马雷克（Almalyk）和固祖米赛（Guzhumsai）3座正在开采的矿山（表4-2-8）。纳沃伊矿业公司和阿尔马雷克矿业公司是乌兹别克斯坦固体矿产开发领域仅有的两家大型国有矿业企业，拥有乌兹别克斯坦几乎所有探明储量的金矿项目。近年来在新乌兹别克斯坦发展战略指引下，这两家矿企不断加大改革力度，积极开展国际合作，利用国际领先技术，提升企业生产力和竞争力。一些在建矿山例如扎尔米坦（Zarmitan，探明储量285t）、巴尔潘套（Balpantau，探明储量63t）等，已经进入矿山开采阶段，乌兹别克斯坦的黄金产量大幅提升。

表4-2-8　2021年乌兹别克斯坦主要金矿山生产情况

矿山名称	所属企业	黄金产量/t	世界单矿山产量排名	主要矿种
穆龙套（Muruntau）	纳沃伊矿业公司	80.15	2	金，银
阿尔马雷克（Almalyk）	阿尔马雷克矿业公司	15.79	16	铜，金，银，钼，锌，铅
固祖米赛（Guzhumsai）	阿尔马雷克矿业公司	1.27		金
合计		97.21		

注：数据来源为S&P Global Market Intelligence，2023。

五、塔吉克斯坦

（一）金矿分布特征

塔吉克斯坦已探明黄金储量560t左右，位居亚洲第11位。塔吉克斯坦拥有大量的砂金矿，分布遍及全国。主要砂金矿有达瓦兹（Darvaz）和朗库里（Rangkul）（图4-2-22），达瓦兹矿床位于喷赤河上游，为典型的现代河谷冲积型砂金矿，成矿时代为新近纪—第四纪，含金最高可达200g/m^3，探明的储量为23t，其金矿带远景储量可能大于100t，是中亚最大的砂金矿床。

塔吉克斯坦境内岩金矿床主要有康桥齐、帕鲁特、泽拉夫尚等。占金矿总储量89%

图 4-2-22 塔吉克斯坦金矿分布示意图

1—丘尔博伊（Chulboi）；2—巴霍·杜尔贝克（Baho Dulbek）；3—泽拉夫尚（Zeravshan）；4—上库马尔（Upper Kumar）；5—考若（Chore）；6—康桥齐（Kangqiao）；7—达瓦兹（Davaz）；8—Sebi Kopa；9—奥迪亚（Odia）；10—帕鲁特（Pakrut）；11—鲁米（Rumi）；12—布伦盖（Burrunga）；13—朗库里（Rangkul）

的岩金矿床产于塔吉克斯坦中部地区，尤以泽拉夫尚山谷的黄金资源最为引人注目。部分矿床类型属含金银石英-碳酸岩脉建造，而石英-金-硫化物建造多属矽卡岩型，金矿床多赋存于断裂构造内，矿体在碳酸岩中呈裂隙脉状，在沉积岩与火山岩中呈细脉状-硅化的线型拉伸带产出。矿石矿物中除金、银外，还可见黄铁矿、黄铜矿、毒砂、闪锌矿、方铅矿和黝铜矿（隋延辉，2010）。

吉劳矿床探明黄金储量为 52.2t，品位为 1.06g/t。塔罗金矿是塔吉克斯坦最大金矿床，位于吉劳矿床东南 10km 处，探明黄金储量为 85t，金品位 6.78g/t，除此之外还包含铜储量约 9.75 万 t，品位 0.78%。

（二）金矿勘查开发现状

1. 勘查现状

据不完全统计，截至 2022 年底，塔吉克斯坦有 24 个金矿山或矿业项目处于活跃期，有原生金矿和砂金矿，2022 年金矿勘查投入约 200 万美元（图 4-2-23）。塔吉克斯坦制定了 2021—2030 年国家地质工作发展规划，旨在进一步发展该国采矿业及加工业。该规划以塔吉克斯坦矿产资源储量现状及地质调查研究程度为基础制定。

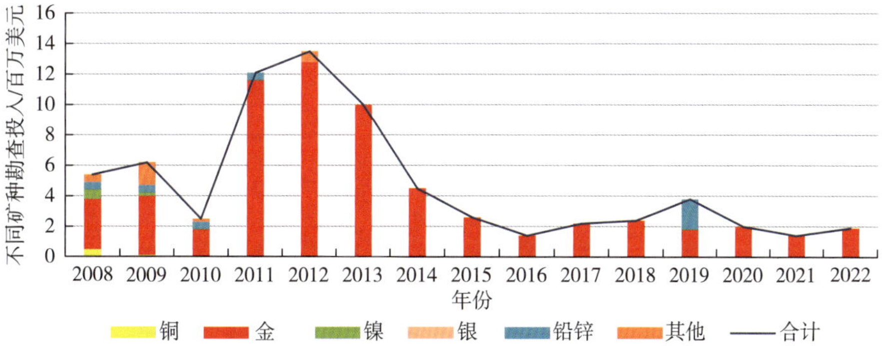

图 4-2-23 2008—2022 年塔吉克斯坦金、铜等矿种勘查投入

数据来源为 S&P Global Market Intelligence，2023

此外，近年来，外国投资者对塔吉克斯坦的金矿资源表现出极大的兴趣，这也进一步促进了塔吉克斯坦贵金属生产及出口的增长。据统计，2020 年塔吉克斯坦贵金属出口额超过 6.897 亿美元，比 2019 年增长 3.1 倍。

据塔吉克斯坦地质总局举行的新闻发布会介绍，塔吉克斯坦地质总局 2020 年共实施完成国家预算项目 22 个，经费约 65 万美元。同时，完成了 230 万美元的市场合同项目，主要从事油气与固体矿产开发。该局还完成了全国 40 个含金矿床的金储量估算工作。相关金矿床的地质勘查工作正在进行储量核实，查明后将登记至国家储量平衡表中。另外，该局还完成编制了全国 5 个地区的私人金矿开采区的相关图件。

2. 黄金生产

2021 年塔吉斯克坦的黄金产量为 8t，其中 6t 来自紫金矿业经营的泽拉夫尚公司，1.13t 来自中国有色经营的帕鲁特金矿，还有西藏华钰矿业合资公司塔铝金业投资建设的塔铝金业康桥奇锑金矿项目，该项目 2022 年已达到投产条件，年处理矿石量为 150 万 t，年产锑 1.6 万 t、金 2.2t。特变电工 2019 年获得了上库马尔金矿的开采权，2021 年公司黄金业务实现营业收入 3.71 亿元。

六、土耳其

（一）金矿分布特征

土耳其的金矿主要分布在侏罗纪—白垩纪形成的阿尔卑斯-喜马拉雅造山带内，该造山带也是特提斯欧亚成矿带（TEMB）的一部分。阿尔卑斯-喜马拉雅造山带产生了许多不同类型的矿床，这些矿床与板块的俯冲、碰撞、裂谷过程等有关。土耳其的金矿床及其他矿床主要集中在晚中生代和古近纪—新近纪地层中。土耳其在 31 个矿床中拥有约 597.9 万 oz（51t）的黄金储量，包括储量和资源量，其中 21 个矿床含有超过 20 万 oz 的黄金。另外其他 30 个矿床总共含有约 1 万 oz（31t）黄金资源。基斯拉达格金矿（Kisladag）和科普勒（Copler）目前含有 1760 万 oz（549t）的金总资源量，占土耳其黄金总探明储量的 50% 以上（图 4-2-24）。

图 4-2-24　土耳其 194 个金矿床类型和潜分布图

（据 Yigit，2006，有修改）

土耳其拥有与中生代和新生代火山深成岩弧相关的各种金矿床。其中，斑岩型金（铜）矿、浅成热液型（包括高硫化和低硫化类型）金矿和富含金的火山相关块状硫化物型（包括黑子型和塞浦路斯型）金矿是最有经济价值的金矿。造山型金矿，包括石英菱镁岩中的金矿化、砂金和矽卡岩型金矿储量不大，一般不具备经济意义。其他类型的金矿还包括卡林型金矿，与走滑断层相关的金矿，铁氧化物型铜金矿床，以及碳酸盐岩型金矿床等（表 4-2-9）。

表 4-2-9　土耳其主要金矿特点

序号	矿床名称	所在省	矿床类型	主要围岩	围岩时代	矿体形态	矿体走向
1	基斯拉达格（Kisladag）	乌萨克（Usak）	斑岩型金矿	多相花岗斑岩侵入	新近纪晚期	网脉状，角砾岩	西北偏西向
2	科普勒（Copler，或库库尔代尔，Cukurdere）	埃尔津詹（Erzincan）	斑岩型金-铜矿	花岗闪长岩、石英二长岩，矽卡岩化、石灰岩化	古新世、早侏罗世	网脉状	1km×2km，凹陷
3	沙欣利（Sahinli）	恰纳卡莱（Canakkale）	浅成热液型	安山岩、火山岩、片岩	始新世？古生代	脉状	主要是北东向矿脉，有一些东和北延伸
4	埃费姆库库鲁（Efemcukuru）	伊兹密尔（Izmir）	浅成热液低硫化物型	复理石、角砾岩，金矿化与流纹岩侵入有关	晚白垩世—古近纪、新近纪	脉状、网脉状、角砾岩置换	北西走向的断层和矿脉

续表

序号	矿床名称	所在省	矿床类型	主要围岩	围岩时代	矿体形态	矿体走向
5	欧瓦吉克（Ovacik）	伊兹密尔（Izmir）	浅成热液低硫化物型	安山岩、斑岩	早中新世	脉状带角砾岩的	M 型脉东走向，S 型脉北趋势和北西走向
6	塞拉特佩（Cerattepe）	阿尔特文（Artvin）	VMS 型/浅成热液型	英安质凝灰岩	晚白垩世	块状、脉络、分散状	断裂带东北走向
7	阿西奎（Asikoy）	卡斯塔莫努（Kastamonu）	VMS-塞浦路斯型	玄武岩枕状熔岩、碳质泥质岩、浊积岩	中侏罗世	大透镜，条带状	逆断层
8	科拉克（Corak）	阿尔特文（Artvin）	浅成热液型	安山岩流体、团聚体	晚白垩世	矿脉和网脉状	断裂带东北走向
9	阿吉达吉（Agi Dagi）	恰纳卡莱（Canakkale）	浅成热液高硫化物型	流动穹顶状	渐新世?	分散的角砾岩	东北走向
10	埃尔加尼（Ergani）	埃拉泽（Elazig）	VMS-塞浦路斯型	镁铁质海相火山岩、泥岩、红黑色石灰岩	始新世	大透镜状、网脉状、分散状	逆断层
11	泰克（Tac）	阿尔特文（Artvin）	浅成热液型	安山岩流体、团聚体	晚白垩世	矿脉和网脉状	断裂带东北走向
12	马斯特拉（Mastra）	古木沙内（Gumushane）	浅成热液低硫化物型	安山岩斑岩、安山岩凝灰岩	始新世	网脉状，局部地角砾岩	剪切带西北走向
13	马登达格（Madendag）	恰纳卡莱（Canakkale）	浅成热液高硫化物型	片岩、安山岩	早中新世	静脉、角砾岩、网脉状	矿脉西北走向，矿化裂缝东北走向
14	阿尔廷特佩（Altintepe）	奥尔杜（Ordu）	浅成热液型	火山沉积岩、长石斑岩安山岩，流纹岩穹隆	晚白垩世	脉络、网状物、角砾岩、弥漫状	断层带延山脊东向延伸
15	马登奎（Madenkoy，或卡耶利（Cayeli））	里泽（Rize）	VMS 型	英安质凝灰岩	晚白垩世	块状、网脉状	矿体东北走向，倾角为60°~80°
16	库渠克德雷（Kucukdere）	巴勒克西尔（Balikesir）	浅成热液低硫化物型	安山岩斑岩	中新世	带状、脉状石英-碳酸盐岩	矿脉北东向
17	塔夫桑（Tavsan）	库塔希亚（Kutahya）	造山带型	蛇纹石、变质灰岩、石灰岩	侏罗纪—晚白垩世	弥漫状、豆荚状、网脉状	逆冲断层具有一系列低角度的北东向

续表

序号	矿床名称	所在省	矿床类型	主要围岩	围岩时代	矿体形态	矿体走向
18	古木沙内（Gumushane）	阿尔特文（Artvin）	斑岩型铜-金矿	花岗闪长斑岩、石灰岩	中-晚始新世，古新世	网脉状	断层北北西向
19	穆尔古尔（Murgul）	阿尔特文（Artvin）	VMS 型/浅成热液型	英安质凝灰岩	晚白垩世	弥漫状、小型块状矿石	漏斗形网状矿化带，矿体椭圆形剖面，矿体具有北北西向
20	基拉兹利（Kirazli）	恰纳卡莱（Canakkale）	浅成热液高硫化物型	安山岩	早中新世	网脉状、角砾岩、弥漫或更替	矿体近水平走向
21	凯马兹（Kaymaz）	埃斯基谢希尔（Eskisehir）	造山带型	海相沉积岩和伴生蛇绿岩	晚白垩世?	主要在角砾岩	高度变形的岩石

注：以上金矿金储量和/或资源超过 0.2Moz。

1. 斑岩型金矿

土耳其斑岩型金矿和伴生金的斑岩型矿床主要与白垩纪晚期至中新世晚期的花岗岩有关。3 种不同的金属构造环境，大致呈东—西趋势，代表岛弧和大陆弧环境，分别是庞蒂德斯（Pontides）成矿区、安纳托利德（Anatolides）成矿区、边界褶皱（Border Folds）成矿区。

（1）庞蒂德斯（Pontides）成矿区

尽管庞蒂德斯成矿区尚没有找到富含金的具有经济价值的斑岩型矿床，但仍有几个具有明显的矿化的斑岩铜-金勘查潜力区，例如 Derekoy、Sukrupasa 和 Ikiztepeler（土耳其西北 Kirklareli 地区），以及 Yukesekoba 和 Gumushane（土耳其东北 Artvin 地区）。在 Kirklareli 地区，斑岩矿化与白垩纪晚期、磁铁矿系列 I 型花岗岩有关（Ohta et al.，1988）。在 Derekoy 地区，矿化与英云闪长岩和二长斑岩有关。使用钾蚀变带英云闪长斑岩的 K-Ar 测年，矿化年龄为（76.7±3.8）Ma（新鲜二长斑岩的 K-Ar 年龄为（70.9±3.5）Ma；Ohta et al.，1988）。在 Sukrupasa 勘探区，与斑岩矿化相关的二长闪长岩到花岗闪长岩的 K-Ar 年龄为（81.7±1.6）Ma（Moore et al.，1980）。Derekoy 地区拥有 270t 矿石资源，铜品位为 0.28%（Mutschler et al.，1999）。金品位未做详细测算，但与铜和钼相结合，可以产生具有经济意义的矿体（Ohta et al.，1988）。Derekoy 的钾质蚀变是在英云闪长斑岩的主要侵入体中发现的，主要矿化带位于千枚岩带内（Ohta et al.，1988）。在 Sukrupasa 和 Ikiztepeler 斑岩远景区内，钨矿化作用突出，表明母岩浆可能与基底的片麻岩发生反应（Ohta et al.，1988）。

东庞蒂德成矿区的斑岩型金矿与侵入岩有关，其成矿时代主要从晚白垩纪到始新世（K-Ar 年龄为 26~79Ma；Moore et al.，1980）。Gumushane 斑岩铜-金潜力区 Artvin 与始新世中晚期的花岗闪长岩斑岩有关，与东庞蒂德斯的其他斑岩铜矿系统相比，金品位更高，可高达 13g/t，具有更广泛的泥质蚀变带（Soylu，1999）。该远景区还包括贱金属和贵金属矿化体，作为石灰岩和花岗闪长岩接触处的碳酸盐岩替代品。

（2）安纳托利德（Anatolides）成矿区

该区包含土耳其最大的两个金矿床（表 4-2-9），即位于乌萨克省的基斯拉达格金矿和埃尔津詹省的科普勒（库库尔代尔）金矿。此外，该带包含许多斑岩远景区，如 Dikmen，Saricayiryayla，Turkmen，Kizilviran，Mamlis 和 Sin。

基斯拉达格（Kisladag）于 1998 年被发现，其具有品位低、规模大的特性（Eldorado Gold，2003）。该矿床与新近纪的多相粗安岩斑岩侵入体（很可能是中新世（Eldorado Gold，2003）有关，是土耳其第一个具有经济价值的斑岩金铜矿床，并于 2005 年开始生产。基斯拉达格是一个富含金同时钼含量较高的斑岩型矿床（Sillitoe，2002）。通常，富含金的斑岩矿床缺乏钼，但 Bingham、Ok Tedi 和 Skouries 除外（Sillitoe，2000）。金与至少 3 个阶段的部分重叠网状矿脉和角砾岩有关，形成一个马蹄形、环绕形的长 800m 呈北—南和宽 500m 东—西向的北、东和南向矿体。该矿床的另一个特征是缺少石英脉，但强烈的石英-电气石网状脉纹非常突出。具有多孔的硅质岩区域，具有强烈的酸蚀作用，可能代表一个岩石盖层。氧化带的深度从 20～100m 不等，在矿床侧面附近往往更深，朝着侵入矿床中心逐渐减少（Eldorado Gold，2003）。

科普勒（Copler）金矿是土耳其第二大金矿床，主要分布在花岗闪长岩、石英二长岩和石灰岩中。侵入岩的年龄很可能是古新世，矽卡岩化石灰岩是早侏罗世（Ozer，1994）。科拉尔斑岩铜金矿床的矿化和蚀变具有典型斑岩系统的特征，但该系统中没有明显的典型同心斑岩蚀变（AMDL，2003）。矿化主要与层状蚀变有关，叶状蚀变被泥质蚀变所覆盖。科拉尔矿床的特点是直径为 1km×2km 的突出地表凹陷，可以从空中或卫星图像（LANDSAT 或 ASTER）中轻松识别。这种表面凹陷可能表明该系统相对缺乏石英，就像碱性矿床一样（Sillitoe，2002）。矽卡岩和/或置换铁帽出现在与侵入岩接触的石灰岩和大理岩上。碧玉状角砾岩的结构控制的矿化主要存在于科普勒断层沿线及变质沉积物和大理岩接触带沿线。在斑岩金铜矿带东北约 1km 处，有一个含铜-金的锰氧化物富集矿体，以前开采锰后开采铜金（AMDL，2003）。

土耳其的含金矽卡岩矿床与矽卡岩型贱金属相比，不值一提，唯一的含金矽卡岩位于该带内。Altinoluk 矿床位于 Biga 半岛，由 KazdagMassif 的片岩、大理石和闪岩组成，储量有限（平均金品位 5g/t，银品位 25g/t，铅品位 8.21%，锌品位 6.72%；MTA，1993a）。此外，几个含金矽卡岩矿化体与土耳其西北比加半岛的耶尼杰（Yenice）花岗岩有关。

（3）边界褶皱（Border Folds）成矿区

该成矿区中唯一已知的潜力区是 Ispendere。斑岩铜-金矿化与白垩纪晚期的 I 型钙碱性花岗岩有关（K-Ar 年龄为 75～86Ma；Dumanlilar et al.，1999）。地表没有出现金异常，而钻芯中发现的金品位高达 2.62g/t。向东延伸的蚀变和矿化带含弱钾质、千枚岩质、泥质青磐岩化蚀变，尽管矿化通常与层状-青磐岩化和/或千枚岩带有关（Dumanlilar et al.，1999）。

2. 浅成热液型金矿

晚白垩世至第四纪的陆相和海相火山岩占土耳其总面积的 20%，不包括与蛇绿岩有关的镁铁质火山岩。当然，与大陆弧火山活动相关的钙碱性成分的古近纪—新近纪陆相火山岩是浅成热液金矿化的有利成矿围岩（Cooke and Simmons，2000）。浅成热液金矿床和潜力区集中在土耳其的3个不同地区，即东庞蒂德、土耳其东北部和土耳其西部。

土耳其西部伊兹密尔地区的欧瓦吉克（Ovacik）、埃费姆库库鲁（Efemcukuru）、库渠克德雷（Kucukdere）、阿吉达吉（Agi Dagi）和萨欣利（Sahinli）矿床与陆上火山岩有关。欧瓦吉克金-银矿床位于东北东走向的贝尔加马（Bergama）地堑的北部边界，是早中新世安山岩斑岩中低硫化脉矿床的典型例子。东向和西北走向的带状石英脉，分别称为M和S矿脉，陡峭地向北倾斜，是具有经济价值的主矿脉。金含量超过100g/t的较高品位的金与胶粒状石英脉和晚期角砾岩有关。与黄金相关的石英样品的流体包裹体研究表明，成矿流体的温度在150~250℃之间，盐度为7%~8%（Yilmaz，2002）。

库库克德雷（Kucukdere）是土耳其西部另一个相对较小的低硫化脉状矿床。这是一个富含硼的浅成热液系统，由阿兰西德斯（Alanicidere）和凯斯塔内贝莱尼（Kestanebeleni）两个主要矿脉组成，同时还有许多晚期富含硫化物的小矿脉。西北走向的断层不仅控制着脉状矿化及其相关的网状物、角砾岩和交代矿化，而且还有部分流纹岩侵入。金矿化与至少两个不同的次生事件有关，即早期的交代作用和晚期的热液蚀变，至少包括3个阶段。然而，由于氧化带中的表生蚀变高达100m，金品位从而得到提高（Oyman et al.，2003）。来自石英样品的流体包裹体显示出200~300℃之间的广泛均质化温度，以及0~8%当量的盐度，表明存在复杂的地热系统。在一些矿脉中可以看到交代石英、蔷薇辉石和斧长石带，以及少量的方解石、菱锰矿和菱镁矿，这可能反映了矽卡岩化主岩的地球化学特征。

在东庞蒂德成矿区，大部分浅成热液矿化在空间上与晚白垩世—始新世钙碱性火山岩有关（MTA，1993b）。一些地层温度高至300℃的矿脉沉积物被包括在浅成热液中。马斯特拉（Mastra），埃维亚特佩（Evliyatepe）（Dogan，2001）和阿尔坦泰佩（Altintepe）矿床都与该地区的海底到陆上火山岩有关。马斯特拉矿床是低硫化型浅成热液矿化的一个例子，围岩为安山岩熔岩和中新世的凝灰岩，向东北倾斜70°的西北走向剪切带控制着矿化和相关蚀变。金主要伴生于网脉状沉积石英岩和硫化物多金属矿石中。与金矿化相关的两个阶段石英的流体包裹体具有160~340℃的均质化温度，盐度为4.1%~10.9%（Tuysuz et al.，1995）。高盐度和相对较高的温度可以解释贱金属含量较高，贱金属通常以氯化物络合物的形式存在。此外，浅成热液环境可能为浅海环境，系统中氯离子易于获得，同年龄沉积岩整合覆在安山岩之上。

土耳其东北部的塞宾卡拉希萨尔（Sebinkarahisar）地区包含许多浅成热液脉型金矿，如埃斯金亚·伊拉西（Eskine Yaylasi）艾蒂尔·雅伊拉西（Etir Yaylasi）、因乐·雅伊拉西（Inler Yaylasi）和阿萨尔奇克（Asarcik）（图4-2-24），其中一些显示出向中温环境的过渡。多金属、贱金属和贵金属矿床成矿围岩通常为早白垩纪流纹岩、英安岩和安山岩，如艾蒂尔·雅伊拉西（Etir Yaylasi）金品位高达78.8g/t。这些矿脉与朝东和北西走向的断层和断裂系统有关，含有黄铁矿、黄铁矿、砷黄铁矿、黄铜矿、铋矿、砷铜矿、方铅矿和沥青铀矿等；方铅矿和沥青铀矿仅在阿萨尔奇克（Asarcik）矿脉中发现。金和银在埃斯金亚·伊拉西（Eskine Yaylasi）的矿脉中随处可见，金与辉铝石-辉铝石石英有关。石英、萤石、碳酸盐矿物、重晶石和电气石是常见的脉石矿物。矿脉主要分布在石英正长岩和石英二长岩中，由厚度为 2～4m 的主多金属矿脉组成，走向北西，长度约 2.25km。一条次脉，约 2m 厚，向西延伸 800m，长约 2.25km，以及一个次生脉，厚度约 2m，向东延伸 800m。石英、萤石和闪锌矿中流体内含物的均质化温度范围为 140～300℃，盐度为 3%～15%，除阿萨尔奇克（Asarcik）矿脉除外，其他早期贱金属相的温度高达 360℃（Ayan and Dora，1995）。阿萨尔奇克金矿从矿脉到母岩电气石化，厚度高达 1m，高岭土化、绿帘石化和黄铁矿化依次从矿脉到主岩（Ayan and Dora，1995）。塞宾卡拉希萨尔（Sebinkarahisar）的脉型矿化仅限于早白垩世地层，并伴随着晚期泥质带中的强烈明矾化（明矾石+高岭土+石英+绢云母+黄铁矿）（Ozgenc，1993）。

阿尔廷特佩（Altintepe）金矿床的金含量约为 0.3Moz，由火山沉积岩，斑岩安山岩和流纹岩穹顶组成。蚀变组合和伴生的硫化物表明矿体可能形成在低硫化-高硫化矿化或高硫化-低硫化矿化的混合环境中。在巴赫切西克（Bahcecik）和基拉兹利（Kirazli）也发现了这种模式。在巴赫切西克，早期的石英-绢云母蚀变被后来的、空间上更广泛的、高级的泥质蚀变叠加；金矿化伴随蚀变的两个阶段。在美国内华达州的康斯托克（Comstock）矿区也存在这种浅成热液环境中高硫化和低硫化共存的现象。

3. 火山成因块状硫化物型金矿床（VMS 型）

土耳其的 VMS 矿床可以分为两种不同的类型，即黑矿型和塞浦路斯型。这些矿床可以包含富金矿体（其中黄金是伴生矿物）或金矿体（其中黄金是主要经济矿种）。

（1）黑矿型 VMS 矿床中的金矿

土耳其的黑矿型火山伴生块状硫化物矿床仅限于东庞蒂德的双峰火山岩地区。主要为晚白垩世的海相火山岩。克莱太珀（Cerattepe）、穆尔戈尔（Murgul）和马登科伊（Madenkoy，也称为 Cayeli）矿床是 VMS 型金矿中的典型例子。重晶石-金-银与次要贱金属的结合存在于托普拉克泰佩（Toplaktepe）矿化点中。阿卡森（Akarsen）、塞伊特勒（Seyitler）和卡亚巴斯（Kayabasi）等矿化点也具有以上特征。金矿化作用要么在块状硫化透镜体内，要么在网状带内，类似于现代海底热液硫化物矿床和古 VMS 矿床的成矿特征。克莱太珀（Cerattepe）和托普拉克泰佩（Toplaktepe）在海底环境中具有浅成热液矿化的一些特征。金矿化与金-铜伴生或金-锌-铅-银伴生。

（2）塞浦路斯型 VMS 矿床中的金矿

塞浦路斯型指任何蛇绿岩为围岩的 VMS 矿床。尽管土耳其出露大面积的蛇绿岩，但已知的 VMS 矿床仅限于土耳其北部的库鲁（Kure）地区和土耳其东南部的埃尔加尼（Ergani）地区。

库鲁包括两个 VMS 矿床，西部的阿西奎（Asikoy）和东部的巴基巴巴（Bakibaba），以及一些小矿点。矿体位于库尔蛇绿岩的玄武岩序列中，包括大量熔岩流、枕状熔岩、角砾岩枕状物和凝灰岩。阿西奎和巴基巴巴矿床赋矿围岩为岩枕拉斑玄武岩，上面覆盖着碳质泥质岩和可能是早侏罗世的浊积岩。暴露在阿西奎露天矿东壁的北走向和东北走向褶皱、北和东走向断层及吴冲断层是该地区的主要构造元素。矿体围岩蚀变主要为绿泥石、石英和硫化物组成，并含有少量绿帘石、方解石、菱铁矿和镜铁矿，伊利石-云母蚀变发生在蚀变岩体顶部。绿泥石富含铁，铁含量向块状矿石方向增加。阿西奎是该地区已知最大的单一矿床，钴含量很高（品位 0.09%～0.68%，平均品位为

0.30%）。它是一个单一的透镜状块状矿体，主要由黄铁矿和黄铜矿组成，下面由散布和网状黄铁矿和偶尔出现的黄铜矿组成。微量元素研究表明，阿西奎矿体是在相对较低的温度下形成的，因为它的钒、镍和钛含量较差，而富含锌、镉、钴、铅和锑。对母岩的地球化学研究表明，火山岩是岛弧拉斑玄武岩，形成于弧前环境中岛弧火山活动的早期阶段（Koc et al.，1995）。

东南延伸的安纳托利德蛇绿岩带以众多塞浦路斯型 VMS 矿床而闻名，被认为是塞浦路斯特罗多斯（Troodos）地块缝合带的东部延伸。东南安纳托利亚造山带的蛇绿岩、复理石和海底火山岩形成于晚白垩世至中新世中期，由于逆冲断层结构的复杂性，人们对其了解甚少。东南延伸的安纳托利德逆冲带中以辉铜矿为主的 VMS 矿床与镁铁质火山岩直接相关，基性火山岩以辉绿岩脉侵入的玄武岩和/或溢质枕状熔岩或块状熔岩流为主。研究最多的 VMS 矿床露头在埃尔加尼（Ergani）矿区，该矿区被称为马登（Maden）杂岩。然而，尽管最近有人试图重新定义马登杂岩，但其年代、地层、结构位置及起源仍不明确。Erler（1984）提出，东南延伸的安纳托利德逆冲带中块状硫化物矿床的构造环境不同于典型的塞浦路斯型环境（MORB），而是沿着弧后扩展带形成的。块状硫化物中的主要组合包括黄铁矿、磁黄铁矿、黄铜矿、磁铁矿、赤铁矿和少量闪锌矿。

土耳其大多数塞浦路斯型矿床的金和银含量尚不清楚。但埃尔加尼（Ergani）铜金矿例外。该矿床由两个矿体（Anayatak 和 Mihrapdag）组成。矿床含有相对较高的金品位（平均品位 1.2g/t）。矿体由始新世的镁铁质海底火山岩、泥岩和红黑色石灰岩组成。矿石矿物主要为黄铁矿、黄铜矿、磁黄铁矿和磁铁矿；硅化和绿泥石化是主要的蚀变类型。在 Anayatak 矿床，在大块透镜体下方有一个明显的富含磁铁矿的区域（Erler，1984）。在该地区的克达克（Kedak）勘探区发现品位高达 45g/t 的金、43g/t 的银和品位为 2% 的铜（从旧矿井中的样品中获得的结果）。

4. 造山带型金矿床

土耳其的造山带型金矿床包括中温金矿床和与石英（滑石）菱镁岩相关的金矿床。土耳其的造山型金矿床与欧洲大多数造山带型金矿床一致，与古特提斯闭合导致的晚古生代瓦里斯坎（Variscan）造山运动有关，并且位于新元古代至早古生代的结晶岩中。

（1）中温金矿床

土耳其的中生代早期结晶变质岩中发现有造山带型金矿床和成矿远景区，包括门德列斯（Menderes）、克尔谢希尔（Kirsehir）、必特利斯（Bitlis）和伊斯特兰卡（Istranca）地块。

结晶变质岩主要包括云母片岩、片麻岩和大理石，是门德列斯（Menderes）地块金矿化的围岩。在 Tire、Bozdag、Aribasi、Yusuflu、Umurbaba、Kure 和 Cavuslar 地块，金矿化发育在黄铁矿-毒砂-石英脉中，同时具较高含量的砷和铋。这些远景区大多包含小规模、不连续的矿脉和矿化脉，属于次经济矿脉。然而，由于金的晶粒尺寸较大，它们可能是砂矿化的关键来源。然而，曼德列斯地块中富砷黄铁矿的含金石英矿脉起源仍然存在争议。

（2）与石英（滑石）菱镁岩相关的金矿床

与石英（滑石）菱镁岩相关的金矿化作用发生在蛇绿岩超基性岩（主要是蛇纹岩）

的剪切接触处。逆冲断层、正常断层和剪切带是高流体流动和相关金矿化的有利赋存场所，并伴有石英（滑石）菱镁岩蚀变。方解石、白云石、铁白云石和菱镁矿是这类矿化中普遍存在的碳酸盐矿物。石英-碳酸盐矿物蚀变和相关的金矿化，主要是石英脉，超基性复合物的蛇纹岩化（Ucurum and Larson，1999）。主要位于伊兹密尔-安卡拉-埃尔津詹（Izmir-Ankara-Erzincan）构造带的白垩纪特提斯蛇绿岩混合岩组合是这类金矿化的围岩，并控制着它们在土耳其的分布（Robertson，2002）。塔夫桑（奥伦西克）（Tavsan（Orencik））、土耳其西部的凯马兹（Kaymaz）和土耳其东部的纳尔曼（Narman）就是这种矿化类型的例子。

塔夫桑金矿找矿远景区地位于伊兹密尔-安卡拉混合带的南部边界处的蛇纹岩、灰岩和蛇绿岩混合组合的石灰岩中（Larson and Erler，1993 年）。渗透硅化可能是蛇纹岩的石英-碳酸盐矿物蚀变的结果，也可能是石灰岩置换（碧玉岩形成）的结果，如卡林型系统（Yigit，2001）。塔夫桑金矿找矿远景区包含 0.28Moz 金，沿北东走向的低角度逆冲断层包含 5 个矿化带。

凯马兹金矿找矿远景区存在于海洋沉积物和相关的蛇绿岩中，含有金资源量 0.22Moz。细粒金矿化与硅化、角砾岩化的多个阶段有关。石英、蛇纹石、铁白云石和白云石是主要的脉石矿物（Eldorado Gold 金矿，2001 年）。角砾化和硅化发生在多个阶段。微细浸染铬铁矿可帮助某些矿化地区确定其超镁铁质成因。

5. 砂金

溪流或冲积、残积和海滩砂矿是土耳其最常见的砂矿类型。土耳其西部的萨特（Sart）、梅尔特（Mert）湖及土耳其东部的达尔法内卡兹卡亚（Darphane Kazik-kaya）就是例子，其他成矿远景区包括 Akillicay、Nif Cayi、Geyve、Hamek 和 Harput。尽管安纳托利亚（Anatolia）的砂矿开采历史悠久，但土耳其的砂矿矿床目前都未达经济可采规模。

在萨特，砂矿原生金存在于中新世至第四纪的冲积层和砾岩中，大多数金赋存在砾岩中（20Mm^3，平均品位为 96.5mg/m^3）。其他金资源位于新近纪的溪流梯田中，平均含水量为 65mg/m^3。除金外，金红石、锆石和磁铁矿是该地区的常见矿物。Bozdag 的结晶岩主要是片岩，是砂金的源岩。金含量的异质分布会对水力开采的经济性产生负面影响。在土耳其东部 Ortakale-Kars 的梯田和冲积层中也发现了类似的砂金矿床，例如 Darphane 砂矿（Tuysuz，1991）。

全新世海滩砂矿的例子位于土耳其西北部的梅尔特湖伊格内达-柯克拉雷利（Igneada-Kirklareli）地区。重矿物的原岩很可能是晚白垩世德米尔奎（Bozdag）花岗闪长岩。此外，砂矿含有磁铁矿、锆石，以及微量的朱砂、金红石、钛铁矿、白钨矿和镜面赤铁矿。虽然平均金品位为 0.5g/t，但储量太小，无法进行经济开采。

（二）金矿勘查开发现状

1. 勘查现状

土耳其矿产勘查的主要矿种为金、铜和铂族金属等，整体矿业勘查投入占全球矿业勘查投入的比重介于 0.42%~0.5%之间，目前有大约 11 家公司在开展勘查活动，缺乏国际大矿业公司的参与。从2012年起土耳其矿业勘查投入多年持续降低，至2019年降至最低值；2019年后矿业勘查投入整体上升（图4-2-25）。勘查投入集中在黄金，2021—2022年共打钻孔625个，其中有重要发现的152个，占比24.32%，找矿潜力较大。

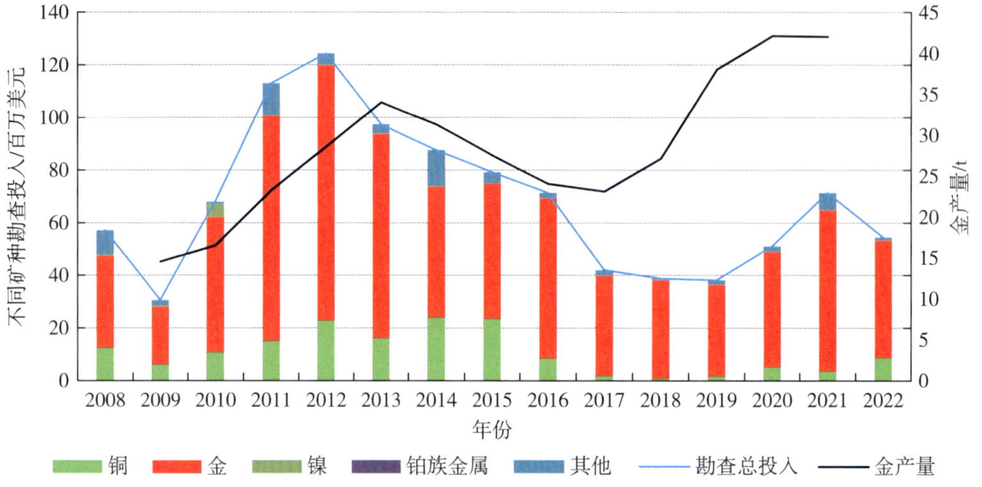

图4-2-25 2008—2022年土耳其金、铜等矿种勘查投入

数据来源为S&P Global Market Intelligence，2023年

2. 黄金生产

土耳其于2001年开始生产黄金，产量为1.4t，随后其黄金产量稳步攀升，2013年达到34t这一历史高点，随后土耳其黄金产量从2013年以后持续下降至2017年的23.1t，但2018年攀升至27.1t，2019年达到38t。该国的目标是在未来五年内达到100t黄金产量。土耳其在2001年至2019年间生产了近340t黄金，土耳其潜在储量总计1700t。已经发现了33个金矿床，其中15个现已投入运营。2021年生产土耳其的黄金75%来自前十大矿山（表4-2-10）。土耳其被认为是运营成本最低的地区之一，其基础设施也在不断完善。然而，要大幅提高黄金产量，需要长期的研究和投资。

表4-2-10 2021年土耳其主要金矿山生产情况

序号	矿山名称	所属公司	主要矿种	2021年产量/t
1	科普勒（Copler）	SSR Mining Inc.，Lidya Madencilik San. ve Tic，Calik Holding Anonim Sirketi	金，银，铜	9.33
2	基斯拉达（Kisladag）	Eldorado Gold Corp.	金，银	4.94
3	欧瓦吉克（Ovacik）	Koza Altin Isletmeleri A.S.	金，银	4.09
4	Oksut	Centerra Gold Inc.	金，银	3.17
5	门德列斯（Menderes）	Frontline Gold Corp.	金	3.12
6	埃费姆库库鲁（Efemcukuru）	Eldorado Gold Corp.	金，银	2.63
7	希米特德（Himmetdede）	Koza Altin Isletmeleri A.S.	金，银	1.37
8	凯马兹（Kaymaz）	Koza Altin Isletmeleri A.S.	金，银	1.27

续表

序号	矿山名称	所属公司	主要矿种	2021 年产量/t
9	阿尔坦泰佩（Altintepe）	Bahar Madencilik Sinaya Ve Tic	金，银，铜	0.91
10	科兹勒特佩（Kiziltepe）	Özaltin Holding A. S.， Ariana Resources PLC，Proccea Construction	金，银	0.59
11	马斯特拉（Mastra）	Koza Altin Isletmeleri A. S.	金，银	0.24
	合计			31.65

注：数据来源为 S&P Global Market Intelligence，2023。

七、蒙古

（一）金矿分布特征

蒙古金矿资源丰富，因地质工作程度较低，总体资源量并不明确。从成矿类型看，蒙古金矿主要包括斑岩型、造山型、火山成因块状硫化物型等，还有一些中、小型砂金矿。斑岩型金矿主要产于洋内弧，与铜、钼伴生，分布在巴彦洪戈尔、曼莱-曼达赫、额尔登特-巴彦戈尔等地区，典型矿床如奥尤陶勒盖、哈马戈泰等；造山型金矿主要为与侵入岩相关的含金石英脉型金矿，分布在中北部的北肯特和西南部与中国接壤的巴伦胡莱（Baruunhuurai）等地区，典型矿床如博若（Boroo）、敖兰敖包（Olon Ovoot）、查干陶勒盖（Tsagaan Tolgoi）等；火山成因块状硫化物型金矿床主要分布在变质地体和古弧后和弧前盆地，与铜、铅锌矿化密切相关，很少发现沿蛇绿岩带含有铂族金属的金矿，代表性矿化为蒙古西部的元古宙巴彦爱拉戈（Bayan Airag）铜金矿和蒙古南部的泥盆纪察希尔陶勒盖（Tsahir Tolgoi）金矿；砂金矿床按形成条件分为冲积型和冲积-洪积型，大多为近地表的单层砂矿，少数为两层，个别的是深埋藏砂矿，规模以中、小型为主，个别的可达大型。

从成矿时代看，蒙古的金矿在元古宙、早寒武世、晚志留世、泥盆纪、二叠纪、中生代和新生代都有产出，主要以与二叠纪、三叠纪和侏罗纪岩浆活动有关的岩金矿床，以及与白垩纪、上新世和全新世形成的砂金矿床为主。其他地质时期仅形成少数小型原生金矿床，但晚志留世、泥盆纪形成的低品位金矿化带规模十分可观。古生代形成的金矿主要分布于蒙古的西部，中生代形成的金矿主要分布于蒙古的东部，特别是蒙古-外贝加尔成矿区（图 4-2-26）。

从分布特征看，蒙古的金铜矿主要分布在以下 4 个成矿带。

1）北肯特金铜矿带：位于北蒙褶皱系东南侧，带内主要为强烈变质的晚前寒武纪和早古生代陆源复理石类砂泥质沉积岩，岩石中金的背景值相对较高。岩浆岩为古生代—中生代钙碱性侵入体，地表已发现多处冲积砂金矿及少量硫化物含金建造型岩金矿。金矿通常位于近东西向断裂与北东向断裂交汇处，主要和早中生代多期辉长岩类花岗岩类侵入体有关，在酸性岩浆活动期后有强烈热液活动，生成石英细脉或次生石英岩、细粒黄铁矿化变花岗岩和石英-绢云母交代岩，金矿（化）体多属石英细脉型或次生石英岩型。

2）额尔登特-巴彦戈尔金铜矿带：位于蒙古中北部、蒙古-外贝加尔成矿带的西北

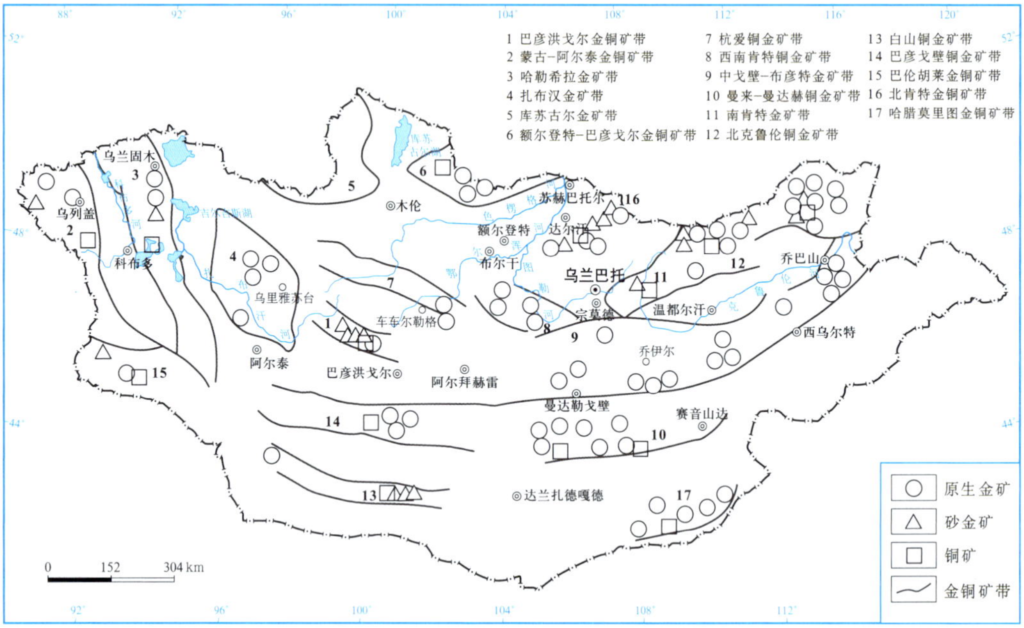

图 4-2-26 蒙古主要金铜矿带分布示意图
（据施俊法，2006）

部，构造上属于北蒙造山带，具与肯特多金属金成矿带类似的有利成矿条件，典型矿床包括著名的额尔登特超大型斑岩铜钼矿床，是斑岩型金铜矿的有利找矿区。

3）巴彦戈壁铜金成矿带：位于杭爱隆起区的西南部，呈北西走向，由绿片岩及寒武纪超基性岩和辉长岩组成，是蒙古主要的砂矿型金矿成矿区域。

4）曼来-曼达赫铜金成矿带：形成于晚侏罗世到早白垩世，为蒙古南部重要的斑岩型铜金成矿带，斑岩型金铜矿化与火山侵入岩岩墙、岩脉有关。主要矿床有纳林呼都格斑岩铜金矿矿床、哈马戈泰斑岩型铜金矿（金储量 220t，平均品位 0.216g/t，铜储量 292 万 t，平均品位 0.262%）等。

（二）金矿勘查开发现状

1. 勘查现状

蒙古主要矿产勘查的投入，从 2012 年起持续下跌，这归因于该年出台的《关于外国投资战略领域协调法》（蒙古 2013 年新《投资法》出台废止了该法），该法把地质矿产领域确定为战略性意义的领域，并要求外资参股超过 49% 的项目必须提交给国家大呼拉尔讨论后才能决定，导致大量外资撤出蒙古，矿产勘查投入断崖式下跌。

2012 年的蒙古勘查投入达 2.85 亿美元，为近十年的最高峰值，随后发生急速下降，到达 2020 年的低谷 1260 万美元，2022 年有所回升，达到 3300 万美元。其中金矿的勘探投入为 1000 万美元，铜矿为 2230 万美元（图 4-2-27）。从蒙古近两年来所有勘探公司发布的钻孔数量信息也可观察到蒙古矿产勘查活动的回暖迹象。

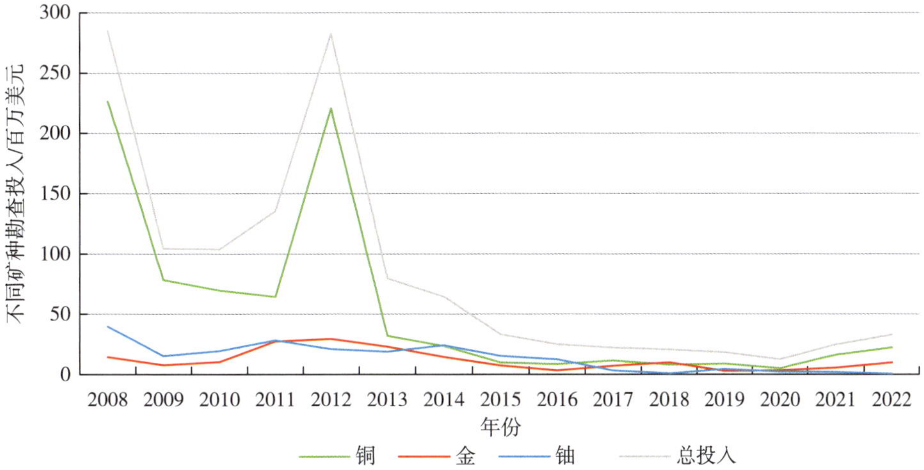

图 4-2-27 2008—2022 年蒙古金、铜等矿种勘查投入

数据来源为 S&P Global Market Intelligence，2023

2. 黄金生产

蒙古金产量来自 3 部分：一是冲积砂金矿，目前蒙古有冲积砂金矿开采证 440 个，每年约产金 4t 左右；二是从斑岩型铜金矿矿山以伴生矿形式生产，主要来自奥尤陶勒盖、额尔登特两座矿山（2021 年奥尤陶勒盖铜金矿和额尔登特铜金矿分别生产黄金 13.27t 和 0.15t）；三是从独立岩金矿中生产，主要是阿尔泰查干鄂博（Altan Tsagaan Ovoo，ATO）和博若（Boroo）金矿。博若金矿 2004 年至 2017 年的 13 年中开采了 56.7t，目前生产规模较小。黄金草原黄金公司运营的 ATO 矿 2022 年生产金 0.95t，2024 年有望完成矿山建设，黄金产量能达到 4.25t/年。

八、老挝

（一）金矿分布特征

老挝位于我国西南三江成矿带南延部分，金矿点分布广泛，成矿受构造控制作用明显，主要区域控矿构造为北北西向和北北东向，两条构造带在中北部川圹省交汇，分别形成了沙湾那吉-拉绍-川圹金多金属成矿带、长山北北东向成矿带和萨那砍-赛松本-川圹北东向金成矿带，主要成矿类型包括在河流冲积层中产出的砂金矿，与花岗闪长岩有关的石英脉型和产于碎屑岩中的蚀变岩型、斑岩型金矿，以及产于灰岩中的含金方解石脉型金矿，另外红土型金矿也是老挝金矿类型之一。金矿的集中分布区域特征明显，砂岩型金矿点主要有 3 个集中区，原生岩金矿点有 5 个主要的矿化集中区（图 4-2-28）。

1）占巴塞（Champassak）-阿速坡（Attapu）金矿化集中区（A 区）：主要产出三叠纪流纹岩中的浅成低温热液型金矿，矿化带受近南北向波罗芬高原构造控制，该地区也是老挝出露老地层的区域，可见大面积糜棱岩，蚀变强度大，多为金和铜伴生矿点。在占巴塞南部和阿速坡县分别发现了金铜矿点。会维金矿、赛色塔金矿床位于阿速坡的色贡河与

图 4-2-28　老挝金矿点分布特征和矿化集中区划分图

（据邵长亮，2015）

色嘎南河交汇一带，在色嘎南河有砂金淘金点，该矿床围岩高岭土化和叶蜡石化蚀变特征明显，易于发现。

2）色奔（Sepon）金铜矿化集中区（B 区）：位于老挝沙湾拿吉省东部色奔镇区域。民采矿历史悠久，最为著名的是色奔金铜矿床。该区大地构造位于长山褶皱带南东段，出露地层以古生界碎屑岩、碳酸盐岩建造为主，岩浆活动以发育花岗闪长斑岩和少量岩脉为特征，区内构造主要为北西向和东—西向两组，两组断裂构造交汇部位是花岗闪长岩体和一些细小的中酸性岩墙和岩席杂岩体的产出集中部位，也是矿化的最有利部位。该区域金矿化主要以微细粒浸染状形式存在，蚀变类型主要有硅化、泥化、脱钙或脱碳酸盐化。含碳酸盐岩的容矿岩石中脱碳酸盐化相当普遍，在钙质细碎屑岩和硅质岩中泥化蚀变比较发育，在断层通道、不同地层岩性界面及含矿热液通道中有岩脉侵入的地段硅化最为强烈，在矿区形成了碧玉质岩或燧石，该碧玉质岩多为含金矿石。

3）川圹（XiangKhong）火山岩金铜矿化集中区（D 区）：位于长山成矿带中段，呈北西—南东向展布，区内已发现金铜多金属矿点多处，产出了超大型矽卡岩-斑岩型富开金铜矿。区内产出二叠纪流纹岩类火山岩和同生侵入的花岗闪长岩体，并在蚀变围岩中发育有交代黄铁矿蚀变带，上石炭统—二叠系夹火山岩和碎屑岩的碳酸盐岩是主要赋矿围岩。在南岸河（Nam Ngun）及其流域发现了金异常出现，在流纹岩或蚀变带发现了与斑岩有关的铜金矿床模式；在川圹省南部少数地区的下伏岩石主要为安山岩，这些岩石可能是一些金异常的源区，该地区沿泥盆纪沉积物的走向出现贱金属和汞的矿物组合，可能仍属低温热液成因。

4）琅勃拉邦-南乌江（Louangprabang-Nam Ou）金矿化集中区（E 区）：位于长山构造带北段，为北西向构造带和南东向两条区域构造带交接部位，区内分布有不同性质、不同时期的断裂，韧性剪切带较为发育，岩浆活动频繁，这些对金铜多金属矿的形成极为有利。已经发现土壤和水系沉积物金异常 20 多处。琅勃拉邦省巴乌县的帕奔金矿是该区域规模较大，品位较高的矿床，产于泥盆纪砂岩与二叠纪灰岩层间构造破碎带中。

5）萨那砍-巴格莱（Sanakham-Paklay）火山岩金矿化集中区（F 区）：位于老挝西南部，华力西期的北东向大断裂贯穿全区，印支期—燕山期板块对接北东向构造大规模发育，形成区域性大剪切带。已发现的金矿点有十几处，整体呈北东向展布，多赋存于砂岩、花岗岩、花岗闪长岩之中的石英脉和构造破碎带中，侵入岩与灰岩接触带部位存小规模的矽卡岩型金矿体，该矿集区具有开发价值的金矿床包括萨那坎金矿、巴格莱金矿、邦金金矿、班康姆金矿，推断该区深部可能存在斑岩型金铜多金属矿床。

（二）金矿勘查开发现状

1. 勘查现状

老挝矿产勘查的主要矿种为铜、金、钾盐等，缺乏国际大的矿业公司投入。从 2012 年起老挝矿业勘查投入连续多年持续降低，至 2018 年降至最低值；2020 年后矿业勘查投入整体上升，勘查投入集中在铜、金 2 个矿种（图 4-2-29）。

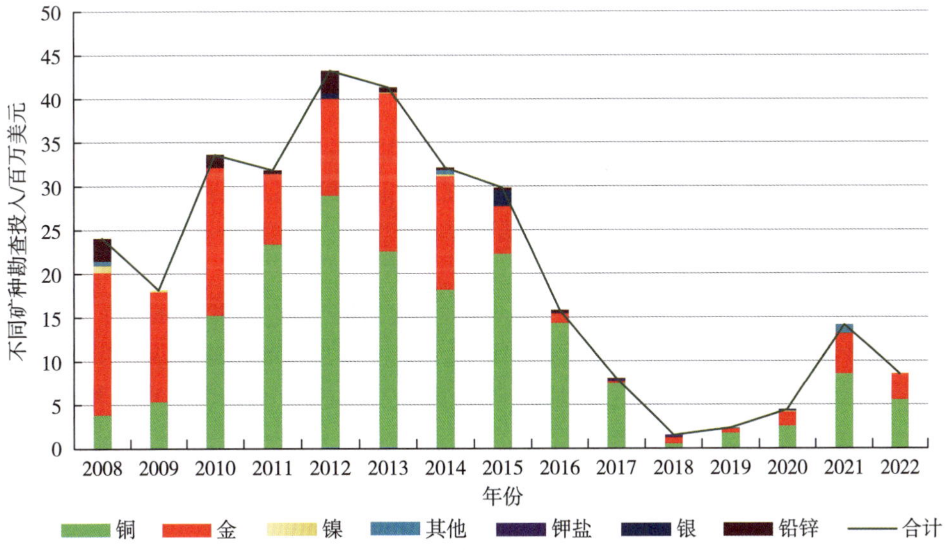

图 4-2-29　2008—2022 年老挝金、铜等矿种勘查投入

数据来源为 S&P Global Market Intelligence，2023

2. 黄金生产

据世界金属统计数据，近十年来，老挝黄金产量在4~6t之间，岩金开采主要来自广东广晟资产全资所有的澳大利亚泛澳资源公司（Panaust）所运行的老挝川圹省富开姆（PhuKham）斑岩型铜金矿和老挝万象省班会晒（Ban Houayxai）金银矿床，随着中国赤峰黄金集团重启老挝色奔金矿及丰沙湾（Phonsavan）地区一些小型金矿的开采，老挝的黄金产量将逐年增加。

九、菲律宾

（一）金矿分布特征

菲律宾金矿主要分布在菲律宾大断层两侧，成矿类型包括浅成低温热液金矿床及斑岩型金铜矿，具体可分为5个矿集区：吕宋岛中央山脉（中科迪勒拉山）西侧的碧瑶（Baguio）金矿区、太平洋北甘马磷省沿岸的帕拉卡莱（Paracale）金矿区、马斯巴特岛西北的马斯巴特（Masbate）金矿区、莱特岛南部-棉兰老岛东北部的北阿古桑省苏里高（Surigao）金矿区、棉兰老岛东南部的马萨拉（Masara）金矿区。还包括不在以上矿集区的知名矿山，如新维斯盖亚省的Santafe和Runruno地区等。

碧瑶金矿区：位于吕宋岛中央山脉西侧，是菲律宾开采最早、最富的金矿区之一，主要出露白垩纪—古近纪变质火山岩和沉积岩，金矿化主要受控于菱形断裂体系，主要矿床类型有浅成低温热液型和斑岩型，以浅成低温热液型为主，主要成矿时代为中新世晚期—上新世，典型矿床有碧瑶铜金矿。

帕拉卡莱金矿区：位于北甘马磷省沿岸，被认为是菲律宾金品位最高的地区，曾发现金块。主要矿床类型有浅成低温热液型和砂矿型，其中，砂金矿为该区早期开采的主要对象，主要分布在马拉圭特（Malaguit）河流域，浅成低温热液型金矿化主要与帕拉卡莱新生代花岗闪长岩和中新世玄武质安山岩有关。典型矿床有帕拉卡莱金矿。

马斯巴特金矿区：位于马斯巴特岛中部和东北部，是菲律宾最大的露天金矿开采区域，主要成矿类型为浅成低温热液型铜金矿，典型矿床包括世界级阿罗罗伊（Aroroy）金矿和大型马斯巴特金矿床等，金矿化主要赋存在安山岩岩体内（陈喜峰等，2017）。

苏里高金矿区：位于东棉兰老岛北苏里高省和北阿古桑北部，区内基底岩石由变质的砾岩、砂岩、页岩、蛇纹石化橄榄岩、变质闪长岩和大理石组成，侵入岩主要有渐新世闪长岩、上新世—更新世侵入岩，火山岩主要有古近纪玄武岩，含金石英脉主要分布在北东和北西向剪切断层和东西向扩张裂隙中。

马萨拉金矿区：位于东棉兰老岛南东部马碧尼北部到金金（King King）南部，区内主要发育白垩纪—古近纪安山质-玄武质火山岩、火山碎屑沉积，岩浆岩主要为古近纪以来的小闪长岩、斑状安山岩岩株和岩墙，大多数金矿化赋存于火山岩沉积岩和侵入岩中。

（二）金矿勘查开发现状

1. 勘查现状

菲律宾矿产勘查的主要矿种为铜、金、钼、镍等，整体矿业勘查投入占全球矿业勘查投入的比例在 0.27% 左右，据不完全统计，至少有 24 个公司在从事铜、金矿的勘查。从 2012 年起菲律宾矿业勘查投入连续多年持续降低，至 2018 年降至最低值，并持续在每年 3000~4000 万美元之间，集中在铜、金两个矿种（图 4-2-30）。

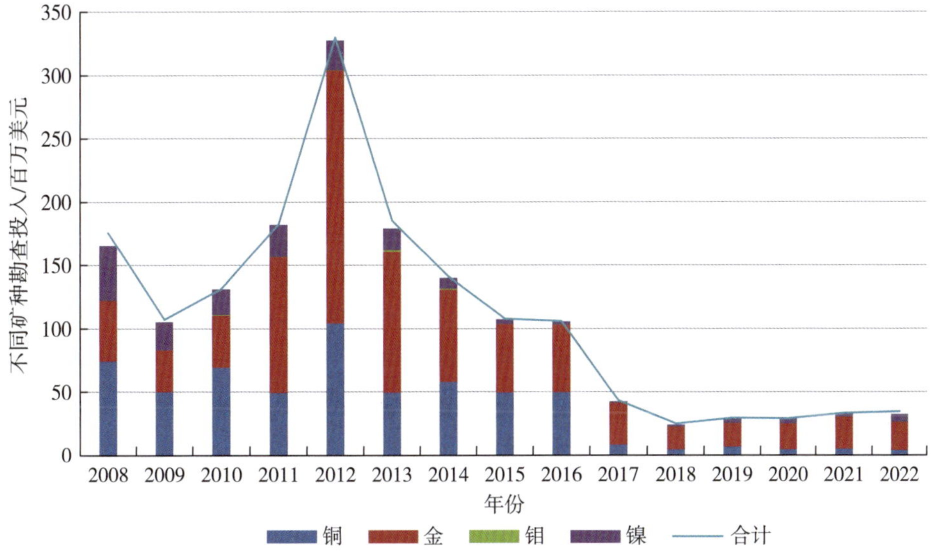

图 4-2-30　2008—2022 年菲律宾金、铜等矿种勘查投入

数据来源为 S&P Global Market Intelligence，2023

2. 黄金生产

菲律宾具有悠久的历史，目前黄金产量位居亚洲第 7 位，2021 年生产黄金 18.4t。马斯巴特（Masbate）金矿是菲律宾最大的在产矿山，由 Zoom Minerals Holdings Inc.（占 60% 股份）和加拿大金银公司（B2Gold Corp.，占 40% 股份）共同经营，该矿山具有百年的可采历史，目前探明的储量为 95.2t，金平均品位 0.83g/t，其他还有几座矿山在小规模开采（表 4-2-11）。

表 4-2-11　2021 年菲律宾主要金矿山生产情况

	矿山名称	主要矿种	金产量/t	所属公司
1	马斯巴特（Masbate）	金，银	6.30	Zoom Minerals Holdings Inc.，B2Gold Corp.
2	Co-O	金，银，铜	2.69	Ten Sixty Four Ltd.
3	Maco	金，铜，银，锌，铅	2.11	Apex Mining Co.
4	Runruno	金，钼	2.08	Metals Exploration PLC
5	Padcal	铜，金，银	1.56	Philex Mining Corp.
6	Atlas Toledo	铜，金，银，铁矿石，钼	0.71	Atlas Consolidated
7	Lepanto	金，银，铜	0.48	Lepanto Consolidated Mining Co.

续表

	矿山名称	主要矿种	金产量/t	所属公司
8	Didipio	金，铜，银，锌，铅	0.42	OceanaGold Corp.，Private Interest
9	Acupan	金，银	0.30	Benguet Corp.

注：数据来源为S&P Global Market Intelligence，2023。

手工和小规模金矿开采（ASGM）是菲律宾一个蓬勃发展的行业，估计有500万名矿工在该国81个省份中的40多个省开展业务。据不完全统计，菲律宾大约20%的黄金来自手工和小规模采金业。许多矿区的当地社区建立支持小规模采矿作业的社团，并为相关企业提供进一步收入来源，作为企业间的相互补充。除了直接参与供应链的矿工外，手工和小规模采金业还支持另外2万人从事其他相关服务产业。然而，许多手工和小规模矿工在黄金开采过程中使用汞，这是该国最大的汞排放源，使用汞的手工和小规模采金业作业还污染了附近的土壤、庄稼、海洋、鱼类和当地居民赖以生存的其他水生生物，菲律宾政府正在努力为正规的手工和小规模采金业创造一个有利的环境，以加强社区发展，提高生产力，并消除汞的使用。

十、印度尼西亚

（一）金矿分布特征

印度尼西亚位于特提斯成矿域东南端、环太平洋成矿域及印度-澳大利亚成矿域交汇的地方，成矿地质条件较好，矿产资源丰富、种类较齐全，金矿点几乎遍布全国（图4-2-31）。

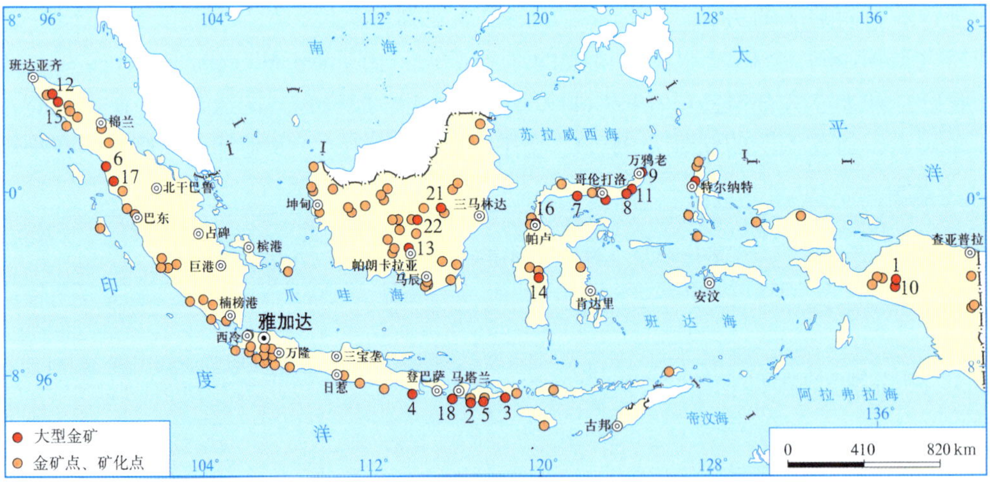

图4-2-31 印度尼西亚大型金矿、金矿点、矿化点分布示意图

金矿多为与古近纪—新近纪火山岩有关的浅成热液型金矿床和矽卡岩-斑岩型铜金矿床。大型、超大型金矿主要分布在苏门答腊-爪哇铜、金成矿带和新几内亚岛铜、金成矿带内。主要金矿为巴布亚省的格拉斯贝格铜金矿，此外还有中加里曼丹省位于巴里克帕帕

(Balikpapan) 岛的戈梭翁 (Gosowong) 铜金矿，以及西努沙登加拉省的松巴哇岛的巴都希贾乌 (Batu Hijau) 铜金矿、马鲁古省的哈勒马荷诺 (Halmahera) 金矿和西爪哇省的鲍哥尔 (Bogor) 金银矿区。最优经济意义的是斑岩型金铜矿，浅成低温热液型金（银）矿，典型矿床柯莲 (kelian) 金矿等。

（二）金矿勘查开发现状

1. 勘查现状

印度尼西亚矿产勘查的主要矿种为铜、金、镍、煤炭等，整体矿业勘查投入占全球矿业勘查投入的比例在 1% 左右，是亚洲矿产勘查投入除中国、俄罗斯外最多的国家，是亚洲的矿产勘查热点地区之一。据不完全统计，至少有 24 个公司在从事铜、金矿的勘查。从 2012 年起，矿业勘查投入连续多年持续降低，至 2016 年降至最低值，近几年勘查投入每年在 1.2 亿美元左右（图 4-2-32）。

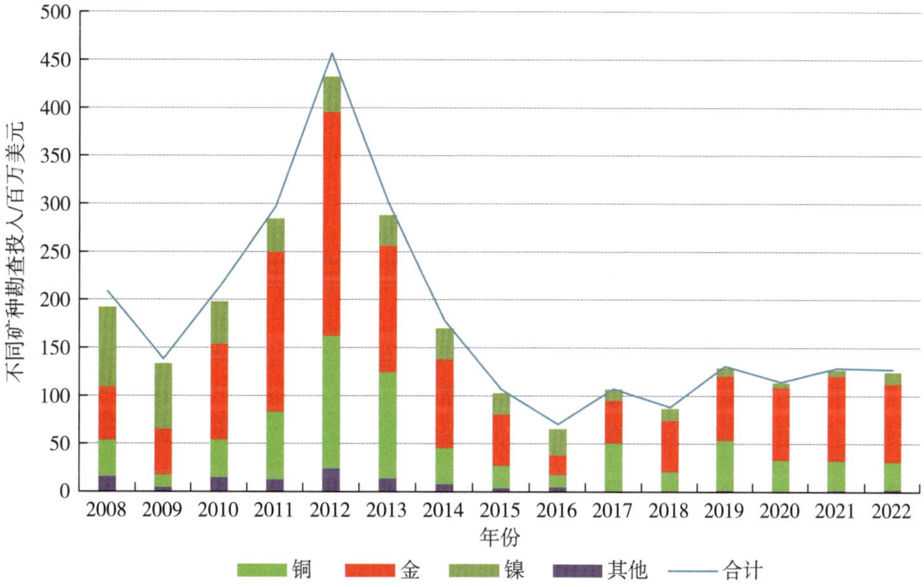

图 4-2-32 2008—2022 年印度尼西亚金、铜等矿种勘查投入

数据来源为 S&P Global Market Intelligence，2023

印度尼西亚最近几年矿业并购非常活跃，例如，2022 年 8 月远东黄金有限公司通过盈利交易从未公开的卖方手中收购 Woyla 铜金矿项目的 80% 股权。Woyla Woyla 金矿床位于西苏门答腊地体北段，为一中型规模的金矿床。由 Andalan International Pte Ltd. 和 PT Merdeka Copper Gold Tbk 组成的投资集团从 Lion Select Group Ltd. 收购了 Pani 项目剩余 33% 的股份，该项目位于印度尼西亚哥伦打洛。

2. 黄金生产

2021 年印尼黄金产量为 102.6t，在亚洲位于中国、俄罗斯、哈萨克斯坦之后，其黄金生产除了来自格拉斯贝格等大型矿山外（表 4-2-12），手工业者开采也占了近 1/4 的产量。

表 4-2-12　2021 印度尼西亚主要金矿山生产情况

	在产矿山	主要矿种	所属公司	金产量/t
1	格拉斯贝格（Grasberg）	铜，金，银	PT ID Asahan Aluminium，Freeport-McMoRan Inc.	38.77
2	马塔比（Martabe）	金，银	PT Agincourt Resources	9.10
3	Toka Tindung	金，银	PT Rajawali Corp.	5.50
4	Batu Hijau	铜，金，银	PT Amman Mineral Nusa Tenggara	4.43
5	Gosowong	金，银，铜	PT Indotan Halmahera Bangkit，PT Aneka Tambang Tbk	4.20
6	Tujuh Bukit	金，银，铜，钼	PT Merdeka Copper Gold Tbk，Unnamed Owner	3.53
7	North Lanut	金，银	PT J Rsrc Asia Pasifik Tbk，Private Interes，Sumatra Copper & Gold PLC	2.78
8	Cibaliung	金，银	PT Aneka Tambang Tbk	0.93
9	Poboya	金	Unnamed Owner，PT Bumi Resources Tbk	0.75
10	Way Linggo	金，银	Capwill Global Ltd.，Indonesian Investors	0.68
11	Seruyung	金	PT J Rsrc Asia Pasifik Tbk，Private Interest	0.35
12	Pongkor	金，银	PT Aneka Tambang Tbk	0.31
	合计			71.33

注：数据来源为 S&P Global Market Intelligence，2023。

根据印尼能源和矿产资源部（ESDM）2020 年发布的黄金储量数据，当前印尼黄金储量为 2600t。据报道，印尼黄金储量占世界总储量的 5%。

据印尼能源和矿产资源部 2020 年黄金储量清单显示，印尼最大的金矿储量位于巴布亚省，占印尼黄金总储量的 52%。同时，努沙登加拉群岛也被印尼能源和矿产资源部列为印尼拥有最多金资源的地区，金矿石潜力可达 50 亿 t。

格拉斯伯格矿（Grasberg complex）由自由港公司运营，目前正在扩建和产能提升阶段。

在未开发的十大金矿方面，印度尼西亚胡乌（Hu'u）地区的昂托（Onto）项目和七丘斑岩型铜金矿项目纷纷上榜。昂托项目于 2013 年 8 月首次被发现，金金属量约 1014t，由印度尼西亚桑巴瓦提姆矿业公司（PT Sumbawa Timur Mining，简称 STM 公司）开发，该公司由东星资源有限公司（Eastern Star Resources Pty Ltd.，淡水河谷公司 ValeSA 公司的全资子公司，占 80% 股份）和印度尼西亚国企 ANPTAM（20% 股份）共同持有。七丘斑岩型铜金矿项目（Tujuh Bukit）位于在产的七丘金矿之下，由默迪卡铜金公司（PT Merdeka Copper Gold Tbk）所有，金金属量约 890t，铜金属量约 820 万 t，预计矿山寿命超过 40 年。

默迪卡铜金公司为上市公司，宁德时代间接控股的邦普时代公司的全资子公司香港邦普时代新能源有限公司持有默迪卡铜金公司 5% 股份。

第三节　主要铜金资源国家投资环境

一、俄罗斯投资环境

对于国际资本而言，俄罗斯属于高风险与高收益并存的地区，虽然近期的俄乌冲突导致对俄投资风险进一步增大，但是突发危机并不会改变对俄投资的长期机会。

1. 优势

近年来，俄罗斯出台了一系列促进国内矿业开发的政策。例如，2020 年，俄罗斯联邦自然资源部修改了《矿业权管理办法》，新管理办法允许矿业权持有者根据自身的需求，对已有的矿业权进行分立、合并。持有者提出申请，只需通过地下资源管理局或联邦政府批准即可。原矿权许可证经分割后，可分别获得许可证，原证作废。通过矿业权分立，持有者可以对矿业权局部进行进一步开发，同时又可以保留矿业权的其他部分。同样，投资者也可以将持有的多个矿业权进行合并。此项改革将有利于提高下部土壤的开发效率，优化税收，并增加项目的投资。2021 年，俄罗斯政府取消了对俄罗斯联邦北极地区钻孔的设计文件进行国家环境影响评估的必要性，加快了北极地区矿业项目的顺利实施。

近年来，俄罗斯加强了远东地区的资源开发，设立社会经济发展特区使得外国投资者可享受国民待遇。外国投资者的资产或合资企业的资产在国有化和被征用时有权得到补偿等，多项优惠政策吸引外资，调节国外对俄投资导向。例如，2021 年 4 月 6 日，哈萨克斯坦铜业公司与俄罗斯联邦远东和北极发展部下属的远东发展有限公司签署协议，确认 Baimskaya 铜矿项目被列入社会经济发展特区，在促进投资方面享有特定的税收优惠。

2. 劣势

尽管投资环境正在不断改善，但是俄罗斯仍然属于具有较大不确定性和较高投资风险的国家，尤其是 2022 年 2 月俄乌冲突爆发以来，俄罗斯已然成为世界上投资风险较高的国家之一，其投资环境的劣势主要表现在：

俄罗斯立法主体多层级导致了法律环境不确定性风险。以投资者在对俄投资过程中面临的土地利用问题为例，由于俄罗斯联邦立法和联邦各主体立法共同进行土地关系的法律调整，因此就会出现俄联邦与联邦各主体、自治地方关于土地利用法律的差异与冲突。还存在立法多领域性引发的冲突，例如调整土地关系的基础性文件是俄联邦《土地法典》与《民法典》，但在《农用土地流转法》《森林法典》《水法典》等法律文件中又对特定类别土地进行了单独调整或者存在特别规定。其域内法律法规数量多且修改频率较高。例如俄罗斯 1991 年 7 月 4 日出台的《俄罗斯联邦外国投资法》，该部法律在 2002—2018 年将主要政策修改了 10 余次，修改内容加强了对本土战略资源的管控并提升了域外投资者的准入门槛。俄罗斯的法律呈现出较强的政策倾向性。例如《俄联邦外资进入对保障国防和国家安全具有战略意义商业组织程序法》确立了负面清单制度并同时对涉及战略安全的50余种行业设置了高标准的外资准入门槛，规定若外国私有投资者拟收购持有战略资产的公司25%以上的股份或表决权，或者若外国国有企业收购持有战略资产的公司5%以上的股份或表决权，需要取得由俄罗斯总理领导的外商投资监管政府委员会的批准，并明确禁止外国国有企业通过交易取得持有战略资产的公司的控制权；《俄罗斯联邦矿产法》明确了俄罗斯联邦政府对石油、天然气等能源的开采权，同时对域外投资进入俄罗斯能源领域实行了严格的管控。

俄罗斯长期以来经济结构失衡，油气产业成为国家经济的支柱和命脉。俄乌冲突爆发以来，俄罗斯经济遭遇西方国家的新一轮制裁，主权信用评级屡遭下调，多家银行被排除在环球银行间金融通信协会（SWI FT）支付系统之外，多家跨国公司（包括英国石油、壳牌、挪威国家石油公司多个石油巨头在内）计划撤出在俄投资。3月初，俄政府采取多项措施限制俄乌战争引发的资本外逃，包括禁止一万美元以上的外币现金出境；临时限制外资出售俄罗斯资产等。在西方更严厉经济制裁的打击下，俄罗斯将迎来新一轮经济衰退，经济的动荡不安使得对俄投资风险剧增。

俄罗斯地广人稀，人口增长速度始终处于缓慢的状态，是世界上人口老龄化现象最严重的国家之一，据俄罗斯联邦统计局统计，2022年劳动力人口缺口已达1000万元，例如油气开采领域劳动力缺口约50%，4/5的企业存在高级技术人员短缺问题，1/4企业工程技术和管理人员短缺。

二、吉尔吉斯斯坦投资环境

近年来，吉尔吉斯斯坦新政府连续出台政策、调整矿业管理机构、加快基础设施建设，为吉尔吉斯斯坦矿业经济发展打下了基础，创造了有利条件，但同时也存在一定风险。

1. 优势

2021年吉尔吉斯斯坦新政府成立之初宣称吉尔吉斯斯坦外交政策将一如既往地为国家经济和社会发展创造有利外部条件，矿业作为传统的支柱行业，也将会得到吉尔吉斯斯坦政府较多的政策支撑。

2021年7月，吉尔吉斯斯坦新政府恢复了吉尔吉斯斯坦能源与工业部（2015年被撤销），同时成立吉尔吉斯斯坦国家地质勘探公司，对吉尔吉斯斯坦境内的地质矿产领域进行管理，职权更加清晰，结构更加优化。

吉尔吉斯斯坦是内陆国家，公路运输是最重要的运输方式，2020年1月吉尔吉斯斯坦交通通信部制定《2020—2024年公路发展规划》，拟在“中亚国家经济合作计划”框架下实施修复4条具有国际走廊意义的公路项目，联通东亚、东南亚至俄罗斯和欧洲地区。2022年5月，吉尔吉斯斯坦政府表示计划自2022年秋季开始建设中吉乌铁路，若完工将大大提升我国通往中亚、南亚的货运水平。吉尔吉斯斯坦水能储量非常丰富，现有水电站基本可满足其国内工农业生产需求。目前，吉尔吉斯斯坦国内电网与哈萨克斯坦、乌兹别克斯坦及中国相联通，吉尔吉斯斯坦每年从乌兹别克斯坦、哈萨克斯坦、土库曼斯坦进口部分电力，并向哈萨克斯坦、中国出口部分电力。

2. 劣势

吉尔吉斯斯坦新政府上任以来颁布了《吉尔吉斯斯坦共和国税法修正案》《关于探矿权采矿权使用费管理办法》，连续签发多个收紧外资矿业投资政策及开展多项整顿矿业的措施，使得吉尔吉斯斯坦矿业投资环境的政策风险上升。如 2020 年 9 月，吉尔吉斯斯坦向国外出口金矿石和金精矿的采矿及加工企业的税率提高至 7%。2021 年 9 月，吉尔吉斯斯坦再次提高矿业权使用费，探矿权使用费、采矿权使用费以勘查年度计算，按区块面积逐年缴纳。

除了上述政策变化外，吉尔吉斯斯坦新政府还开展了对境内所有矿业企业的经济、环保问题大检查；重新审定库姆托尔金矿、杰鲁伊金矿等矿山的开发协议，以增加国家财政收入；修改矿业领域相关法律法规，提高本国雇员比例、提高公司当地采购比例、禁止出口原矿；寻求所有采矿项目的永久股份等措施。上述新的采矿业政策的变化对外国矿业投资限制措施可能性较大，使吉尔吉斯斯坦矿业投资环境的政策风险上升。

社区环境一直是在吉尔吉斯斯坦进行矿业投资经常遇到的问题，无形的增加公司的经营管理成本。2020 年，吉尔吉斯斯坦议会选举引发政局动荡，中国、俄罗斯、哈萨克斯坦等国在吉尔吉斯斯坦的矿业投资项目遭到袭击，给企业生产经营带来了巨大损失。

三、哈萨克斯坦

哈萨克斯坦地处中亚核心位置，是丝绸之路经济带的重要节点，具有丰富的矿产资源，地缘政治经济意义重大，是中国企业开展国际矿业投资合作的重要目标国之一。哈萨克斯坦的总体投资环境优越，吸引外资力度逐渐加大，矿产勘探开发水平不断提升，但也面临政策法规不稳定、地质技术资料不可靠及运营等方面的风险。

1. 优势

（1）总体投资环境优越

哈萨克斯坦政局长期较为稳定，经济较为发达，综合国力居中亚地区首位，是全球发展最快的国家之一，国家总体投资环境优越。在 2019 年、2020 年“全球和平指数（Global Peace Index）”排行榜上，哈萨克斯坦在 163 个国家中位居第 64 和 70 位，稳居中亚和独联体国家第一位。在“2020 全球营商环境”报告中（World Bank，2019），哈萨克斯坦高居第 25 位，在中亚地区商业投资吸引力排名中稳居首位。哈萨克斯坦交通、电力及其他基础设施较为完善。2014 年以来，通过实施“光明之路”国家发展计划，强力推进基础设施建设，2020—2025 年“光明之路”规划方案拟投资 150 亿美元更新、新建高等级公路及机场等。

（2）吸引外资力度逐渐加大

自独立以来，哈萨克斯坦一直将吸引外国投资作为经济发展的重要战略，已累计吸引外资 3300 亿美元。2019 年，对哈的外国直接投资总额（FDI）为 241 亿美元，主要来自于荷兰（30%）、美国（23%）、瑞士（9%）、中国（7%）和俄罗斯（5.8%）等。其中，采矿和冶金业投资占 56%，达 135 亿美元，是外国投资的最重要产业。近年来，哈政府相继实施了一系列改革举措，加大对外国投资的吸引力度。2017 年 8 月，与世界银行合作制定了“2018—2022 年国家投资战略”，出台了有关改善投资环境、私有化计划和经济多样化的新政策，列出了包括中国、美国、俄罗斯等 36 个吸引外资重点国，并确定了油气、矿产品加工、信息、通信技术等吸引外资重点产业；2019 年 4 月，成立国家投资协调委员会，主任为政府总理，建立新的投资框架及项目推广流程，确定由阿斯塔纳国际金融中心统一协调国家投资工作，由国有哈萨克斯坦投资公司（Kazakh Invest）为投资者提供“单一窗口”服务；2020 年 9 月，提出把吸引投资和促进哈萨克斯坦商品及服务出口作为政府优先事项，强调将最大限度地利用共建“一带一路”机遇；同时，将与投资者签订战略投资协定，并提供实物补贴、优惠融资、部分担保及出口支持等多项优惠举措。计划到 2025 年，固定资产投资将达到哈萨克斯坦 GDP 的 30% 以上，投资对国家经济发展将发挥关键驱动作用。

（3）矿产勘探开发水平不断提升

近年来，哈萨克斯坦通过修订采矿业法律法规、改革政府矿业管理机构及实施国家地质计划等，不断改善矿业投资法律环境，提高矿业管理行政效能，增强矿产资源勘探开发水平。最新版地下资源法，旨在进一步消除矿产资源开发方面的行政障碍，简化矿业权获取程序，最大限度为投资者创造便利条件，进一步提升采矿业的国际竞争力。比如，提高法律位阶，将“法律”改为“法典”；将原资源使用合同制修改为许可证制，实施“先到先得”原则，简化办理程序；储量评价标准逐渐与国际接轨，引入澳大利亚模式等。同时，2020 年，开展了地下资源使用权首次在线拍卖，降低了企业和政府成本，提高了矿业投资吸引力。2020 年 5 月，批准实施“2020—2025 年国家地质勘探计划”，计划进一步加强东哈萨克斯坦州、卡拉干达州等多个矿产资源型地区的地质勘探工作，确保矿产资源储量增加。此外，哈萨克斯坦不断扩大国际矿业投资合作，2020 年以来相继与加拿大、匈牙利、俄罗斯、美国及德国等国政府及企业进行会谈，进一步巩固和拓展矿业合作关系。在加拿大弗雷泽研究所（Fraser）2017 年度世界矿业投资环境调查报告中，哈萨克斯坦矿业投资吸引力指数位居世界第 24 位（Fraser Institute，2018），已成为国际最具矿业投资吸引力的国家之一。

2. 劣势

哈萨克斯坦存在政策法规不稳定性风险。哈萨克斯坦为了保持经济快速发展，采取了吸引外资的政策，对于外资给予了很多的优惠。但是，其政策存在变动性。例如《地下资源法》历经十多次的修订，新《地下资源法》中坚持“本地化含量”规定，即要求外资企业在投资期间必须完成采购本地产品及服务指标，多雇佣本地员工，这使企业生产经营活动产生不利影响，形成事实上的投资壁垒。

在哈萨克斯坦投资还存在地质技术及运营风险。由于哈萨克斯坦大量待开发项目的地质勘探工作为苏联时期完成，项目地质技术报告等资料的可靠性有待核实。此外，以往项目的资源储量估算多基于苏联标准，并且哈萨克斯坦斯坦现行的资源储量标准（GKZ）也与国际通用标准分类不一致，标准之间的相互转换还存在认识不一。因此，准确评价矿业项目的资源禀赋尚存在一定的技术风险。

四、乌兹别克斯坦

乌兹别克斯坦具有独特的地缘优势，近年来发展势头较好，中乌关系稳步提升。同时，乌兹别克斯坦地质工作程度高，金、铜等矿产资源储量丰富，但开发程度低，市场空间大。其国内政治环境稳定、社会环境、安全局势良好、经济发展平稳，同时政府积极改善营商环境，首次开放固体矿产资源投资市场，鼓励外资进入矿业领域。

1. 优势

从2010年至今，乌兹别克斯坦政府多次对国内地矿主管机构的职能进行调整和完善，优化职能设置，提高执行效率，加速国内地勘行业发展。同时修改《地下资源法》，完善矿权颁发程序，吸引外资进入矿业领域。2017年5月24日，乌兹别克斯坦总统米尔济约耶夫颁布了《关于加速利用外资开展国内战略性固体矿产资源地质调查与开发措施》。同年5月31日，乌兹别克斯坦内阁发布了《吸引外资开发战略性固体矿产地目录》以及《吸引外资开展战略性固体矿产地质调查潜力区目录》，这是乌兹别克斯坦政府首次对外开放矿业市场，引导外资进入。《矿产地目录》中包括29处矿产地，其中金矿12处，C2级储量共计14.568t。《潜力区目录》中包括111个区块，其中金、银潜力区31个，有色金属潜力区18个。2018年1月，乌兹别克斯坦地质矿产委员会发布了《乌兹别克斯坦2020—2024年地质行业发展规划》，明确了未来几年地质行业发展的具体目标和任务。5年内，乌兹别克斯坦计划拨款3.316亿美元，用于金、银、铀、铜、铅锌、钨、稀有和稀土金属元素资源基地增储，计划分别增加474t、444.8t、3.23万t、21万t、23.9万t、2.4万t和4600t。该规划的主要任务之一就是巩固乌兹别克斯坦矿产资源基地的可持续发展，同时实行积极投资政策，吸引外资进行矿产开发，拉动矿业经济发展。应该说，这是自乌兹别克斯坦独立后首次大规模地开放矿业市场，释放了合作信号，在这种背景下，与塔吉克斯坦、吉尔吉斯斯坦和哈萨克斯坦相比，乌兹别克斯坦的矿业投资迎来了机遇。

2017年2月7日，米尔济约耶夫以总统令形式颁布了其执政的纲领性文件《乌兹别克斯坦共和国进一步发展战略》，其中将国家经济现代化作为首要任务，内容就包括发展对外贸易、改善投资环境。根据《2018年营商环境报告》，乌兹别克斯坦在全球190个经济体中排名第74位，较2017年上升13位，在中亚国家中排名第二位，仅次于哈萨克斯坦。法律方面：2018年8月，米尔济约耶夫签署改善投资环境的总统令，对吸引外国投资及保护个人和企业土地所有权等现行政策进行大幅修改。根据总统令，外国投资者在合资企业中最低持股比例从以前的30%降到15%，合资企业的最低注册资金从此前的6亿索姆（约合7.2万美元）降到4亿索姆（约合4.8万美元）。税收方面：为继续加大招商引资力度，为企业提供额外的税收优惠，同时促进本国企业的持续发展，改善税务部门的工作效率，2018年以来，乌兹别克斯坦政府改革税收制度，制定了相关草案并征求公众意见。新草案将增值税税率从20%降至12%，取消法人利润税，仅对股息红利征税25%；将养老金缴费、教育和医疗机构物质技术基础发展基金缴费、共和国道路基金缴费合并为国家信托基金缴费，企业缴费比例从3.5%降至3.2%，企业法人所得税（7.5%）和社会基础设施发展税（15.5%）合并为大型组织所得税，税率降至14%。外汇管理方面：2016年底，乌兹别克斯坦政府公布了《外汇自由化政策》的总统令草案，放宽了外汇出境限制，除政府令规定的情况外，1万美元以内外汇资金出境不受限，携带2000美元以内现金出入境不必申报。

2. 劣势

地质资料的可信度对企业的进入和后期追加地质勘探投资等具有重要意义。虽然乌兹别克斯坦属于独联体国家中地质行业较发达的国家之一，发展水平明显高于塔吉克斯坦、吉尔吉斯斯坦和土库曼斯坦等国，但其大部分基础勘探资料、地质报告等都形成于苏联时期，相关评价标准与国际通用标准不一致，准确评价矿业项目的资源禀赋尚存在一定的技术风险。此外，乌兹别克斯坦与其他中亚国家相比地质信息保密程度较高，开放性较低，很难获得对企业有实际投资指导意义的地质资料。因此企业在进行投资可行性分析时，需要充分调研地质资料的完整性和可靠性。

从乌兹别克斯坦矿业市场格局来看，固体矿产投资还处在起步阶段，市场本身在法律规范、组织结构、经营管理等多方面稍有落后，在一定程度上增加企业在乌兹别克斯坦投资的市场风险。

五、塔吉克斯坦

1. 优势

塔吉克斯坦是首批与我签署共建“一带一路”文件的国家之一。当前，塔吉克斯坦致力于建设本国工业体系，实现由农业国家向工农业国家的转变。中塔两国经济互补性强，中国优势产能和技术适合塔吉克斯坦发展需要，随着共建“一带一路”在塔吉克斯坦的深入推进，两国经贸合作的前景将更加广阔。

塔吉克斯坦境内发育有南天山造山带和帕米尔构造带，地质构造演化期次多，断裂和活动带发育，岩浆熔融体、含矿流体和热液活动频繁，为大型矿床、特大型矿床的形成和分布创造了有利地质条件。目前发现的吉劳、塔罗等大型金矿就发育在这种地质背景下，与乌兹别克斯坦穆龙套金矿、吉尔吉斯斯坦库姆托尔金矿属同一条含矿构造线。因此，塔吉克斯坦地质工作程度虽然不高，但成矿地质背景优越，找矿潜力巨大。

塔吉克斯坦2015年通过了《塔吉克斯坦共和国至2030年国家发展战略》，计划投入1180亿美元用于经济社会发展，明确提出大力发展山区交通网，为矿产资源开发利用创造更加有利的外部环境，力争未来5年将采矿业增长率较2015年增长6.4倍。同年，塔吉克斯坦公布了《2016—2026年国家稀有金属储量调查及评价规划》，计划投入300万美元对苏联时期发现的一批稀有金属矿点开展勘查工作，提交储量评价报告，推动后续开发工作，相关政策和规划的出台为今后地质勘查、矿业开发国际合作提供了依据。

2. 劣势

（1）矿业管理不规范

塔吉克斯坦地质总局和塔吉克斯坦工业与新技术部是矿业主管部门，前者负责探矿权发放，后者负责采矿权发放，地方管理机构负责发放土地使用许可证及办理矿山用地手续，国家工业安全生产监督局负责矿山安全生产监督。多部门、多领域的交叉重叠管理造成了诸多不规范行为。根据塔吉克斯坦《许可证法》规定，矿业权通过直接谈判或者招标形式发放，但在实际操作过程中人为因素是关键，行政审批速度慢、手续繁琐、不规范、不透明执法情况时有发生，对矿业投资造成了不利影响。

（2）矿产品销售风险

矿业企业在塔吉克斯坦生产的矿产品，尤其是黄金，几乎100%被塔吉克斯坦央行收购，但塔吉克斯坦央行用于支付的不是美元，而是本国货币索姆尼。受塔吉克斯坦外汇管制、汇率变动等影响，企业收购大量索姆尼后，一是无法兑换成美元或人民币汇回国内，二是存在贬值风险，三是当地没有可供购买的工业产品。因此，矿产品如何转换成企业实际利益也是值得注意的风险点。

（3）基础设施保障不足

塔吉克斯坦在苏联时期属于边远地区，基础设施建设落后于其他独联体国家。塔吉克斯坦独立后政府无力在基础设施建设领域进行投资，且经几年内战破坏，基础设施陈旧落后，尤其是道路网络不发达、电力短缺等严重制约了国家经济发展。据统计，塔吉克斯坦现有公路总长1.42万km，其中，经首都通往中国的公路仅有一条，长1002km，运输能力有限。塔吉克斯坦水资源丰富，建有水电站30座，但冬季缺电现象严重，经常限时供电，影响企业作业。

六、蒙古

蒙古矿产资源丰富，正处于历史的转折点。蒙古经济支柱产业已从农业和畜牧业转变为快速发展的采矿业，为矿产勘探和外国投资提供了独特的机遇。2022年外资企业在蒙古的投资产业分布主要集中在矿产勘探和开发领域，占国外资企业对蒙古整体投资规模的76.8%。蒙古被称为全球大型采矿项目的最后一个空白地区，矿业正在为蒙古快速的经济和社会发展铺平道路。

1. 优势

（1）中蒙关系迈上新台阶，成为邻国关系新典范

2020年蒙古向中国捐赠了3万只羊，掀起了两国相互支持、相互信任的高潮。2022年11月，应国家主席习近平的邀请，蒙古总统呼日勒苏赫对中国进行国事访问，中蒙双边政治互信进一步加深。双方签署了《中华人民共和国与蒙古国政府经贸合作中期发展纲要》等16份双边合作文件，未来双方还要加强立法机构、政府、政党、地方等部门和科技、教育、卫生、旅游、媒体、青年、人文等领域加强交流合作，助力中蒙友好固本强基，惠及两国人民。

中蒙于1994年签订《中蒙友好合作关系条约》，2014年发表《中华人民共和国和蒙古国关于建立和发展全面战略伙伴关系的联合宣言》。2022年11月中蒙双方共同发表中华人民共和国和蒙古国关于新时代推进全面战略伙伴关系的联合声明，双方一致同意，继续将中蒙良好政治关系积极转化为合作动力，用好两国地理毗邻、经济互补的优势，着力

推进和拓展互利合作，实实在在造福两国和两国人民。

（2）中蒙双方政府支持经贸合作向纵深发展

中国连续多年成为蒙古第一大投资来源国和贸易伙伴国，中蒙贸易总额占蒙古对外贸易总额的60%以上。2021年，中蒙双边贸易额首次突破100亿美元。未来将继续发挥好中蒙经贸科技联委会、中蒙矿能和互联互通合作委员会等机制作用，积极落实新修订的中蒙经贸合作中期发展纲要，制订《中华人民共和国政府与蒙古国政府投资合作发展纲要》，力争早日将两国贸易额提升至200亿美元，中蒙双方政府支持两国企业按照市场原则和商业规则扩大煤炭、铁矿石、农产品贸易。

（3）蒙古政局进入稳定期

2020年6月24日，蒙古举行国家大呼拉尔选举，执政的蒙古人民党以压倒性优势赢得选举。根据蒙古相关法律，蒙古人民党提名总理人选。2020年7月2日，呼日勒苏赫连任蒙古总理。2021年1月27日，蒙古新政府成立，奥云额尔登当选为蒙古第32任总理，为了保持政策连续性和稳定性，新政府仍保留上届政府机构设置。2021年6月，人民党候选人呼日勒苏赫当选新任总统，人民党独揽议会、政府、总统三大权力机构，政局进入相对稳定期。

（4）蒙古外商投资环境进入稳定期

蒙古外商投资环境相对稳定，蒙古现行《投资法》于2013年颁布实施，旨在鼓励和促进外商投资，保护投资者合法权益。蒙古国家大呼拉尔是国家最高权力机构，行使立法权。蒙古法律体系较为完善，但也存在法律规定相互矛盾，频繁修订法律的弊端。

2. 劣势

（1）现有可靠基础地质资料较少

蒙古的地质矿产资料绝大部分是由苏联和蒙古地质工作者于20世纪50~60年代地质普查完成的，技术参数准确性差，真正经过详勘的矿产地较少。受蒙古经济实力的影响，近年来政府用于开展基础地质调查、矿床评估、水文地质调查等基础性勘查工作的资金非常有限，2015—2019年累计投入资金仅约660亿蒙图，折合人民币不足1.6亿元。因此蒙古基础地质调查工作程度较低，现有的可利用的资料少，找矿难度较大。

（2）基础设施较差

蒙古基础设施较为薄弱，作为经济建设基础的道路建设和电力结构尚不完善，水资源短缺，人才匮乏，这些因素都制约着蒙古经济的发展。

（3）气候条件较寒冷

蒙古冬季气候寒冷，一年内可施工期只有不足6个月时间，每年9月15日至次年5月15日为供暖期。冬季严寒天气中钻机等设备故障率高、作业效率低，建议在工程计划中做好冬季工作方案与工程预案。

七、伊朗

伊朗人口众多，地理位置优越，资源禀赋优势明显，是西亚北非地区的经济大国，具有较大的矿业发展潜力。2023年2月，伊朗总统莱希成功访华，两国元首会晤达成一系列重要共识，强调双方应积极落实《中伊全面合作计划》，打造更多务实合作成果。中国是伊朗最大的贸易伙伴，同时也是伊朗最大的石油及非石油产品出口市场，重要的外国直接投资来源地。当前，伊朗经济社会前景存在较多不确定因素。赴伊朗矿业投资的企业应充分考虑制裁风险、商业风险及安全风险，稳妥谨慎、适度有序地开展相关合作，以切实保障人员及财产安全。

1. 优势

伊朗经济发展因受美国制裁步履维艰，伊朗政府接连出台多个政策推动经济增长和对外经济合作。在“抵抗型经济”纲领指引下，伊朗政府推动“伊朗制造”战略，大力发展国内生产和促进非油产品出口，完善上下游产业链。2023 年 6 月，伊朗政府在“七五”计划中将年均经济增速目标设定为 8%，平均通胀率为 19.7%，每年创造 100 万个就业岗位。

伊朗政府从多方面立法支持国家创新发展。2014 年，伊朗最高领袖宣布国家科技政策，其中有关技术开发和商业化及支持企业发展的主要措施包括：支持科技园和城镇的建立和发展；到 2025 年，将研发预算占国内生产总值至少提高到 4%；支持知识产权，执行必要的基础设施和法律要求；加强私营部门在科技方面的作用；发展和促进大学、科学中心、科学家和研究人员以及当地和外国公司之间的国内和国际合作；通过利用大国市场，致力于国内制造业的技术转让和获取专门知识；利用伊朗侨民的科学和技术能力，吸引著名的外国专家和研究人员；将伊朗转变为科学中心，并应用区域和国际研究人员、专家和创新者的成果；发展经济自由区，吸引先进技术。

伊朗政府大力支持矿业发展。根据伊朗国家银行公布的信息，2021 年国家银行将 54% 的贷款和投资给予工矿产业。2022 年，伊朗最大的国有矿业公司戈尔·格哈尔工业和矿业公司宣布，该公司已与伊朗工业、矿业和贸易部签署合作备忘录，投资建设 36 个重点工业基础设施项目。同时，伊朗矿山和采矿业发展与革新组织 2021 年投资 2.38 亿美元在全国各地开展采矿基础设施建设，以推动产业链升级和现代勘探开发技术发展，最大限度利用内部资产提升国内生产能力。伊朗计划在 2025 年前成为世界第六大钢铁生产国，即年产 5500 万 t 钢铁，但受国际钢材价格低迷影响，伊朗部分钢厂运营困难，正在建设的大型钢厂进度有所放缓。

2. 劣势

2018 年 5 月，美国单方面退出伊核协议，随后重新对伊朗实施严厉的经济制裁。美国对伊朗制裁已几乎涵盖伊朗金融、化工、航运、金属、制造业、纺织业等所有宏观经济领域。伊朗面临较大的经济发展压力，货币汇率低位震荡，失业率和通货膨胀率高，居民收入下降，通胀率实际水平居高不下。

伊朗在矿业的发展程度十分低，矿区基础设施、采矿设备及技术人员等方面都较为欠缺，前期投入资金较多，盈利周期较长。

八、土耳其

土耳其凭借着优越的地理位置、较为稳定的社会环境、丰富的能源及矿产资源、较高的地质工作程度、健全的矿业法律法规及庞大的市场需求为矿业投资者创造了一个相对利好的投资环境。但同时也存在着政治危机和安全风险、地震等自然灾害风险，以及外商准入门槛高、财政赤字、汇率不稳等经济风险。

1. 优势

土耳其地质工作程度及信息化程度较高，1∶25000 地质图几乎覆盖全国，在有经济价值的大部分重点地区均完成了 1∶5000、1∶2000 和 1∶1000 比例尺的经济地质图，1∶25000 地球化学、地球物理的填图工作也正在开展，国内 60%的地质资料均已进行数字化建库。同时，各类地质矿产资料均向公共机构、大学、企业、私人部门和个人开放，酌情收取费用，资料收集渠道畅通，可有效规避投资风险。

土耳其是连接欧亚大陆的交通要道，是古丝绸之路通往欧洲的门户，在共建“一带一路”中扮演着重要的角色。其港口、机场、公路、铁路等基础设施完善，同时，土耳其政府制定了 2023 年发展规划，大力推进基础设施建设，以实现经济总量跻身世界前十大经济体的目标。土耳其优越的地理位置和发达的交通运输网络，使得投资者可以拥有中东及欧亚地区 15 亿人口、25 万亿美元综合 GDP 和 8 亿美元国际贸易额的潜在市场。同时，劳动力供应充足，人口平均年龄 30 岁，劳动力素质较好。

2021 年，土耳其与中国货物贸易额达 342.3 亿美元，同比增长 42.2%。2022 年，土耳其 GDP 增长率为 5.6%。此外，土耳其国内有多个关于金属资源和能源矿产勘查和开采的项目，以及多个有关工业矿物产能扩大的项目。土耳其国内整个矿产行业的资源产品生产总量和产能有望进一步增加。再加之土耳其政府近年来持续推进矿产行业的自由化和私有化，越来越多的外国直接投资项目将投入运营。未来十年内，土耳其有望成为黄金的主要生产国，并将进一步增强其在硼、水泥、长石、大理石和钢铁等矿产品生产方面世界主要生产国的地位。

土耳其沿袭了古罗马时期的法系，法律体系相对比较完善，2010 年新修订的矿业法简化了采矿申请手续，并提供采矿奖励和租税减免措施。同时，土耳其的金融体系为银行主导型，并且设有多个负责监管监督的主管部门。土耳其具有有效健全的金融监管机制。根据国际管理发展执行主管调研（IMD WYC executive survey），土耳其金融与银行业监管竞争力在欧洲处于领先地位。健全有效的监管环境有利于保持金融市场信心、稳定性和竞争力，保护投资者权益。

土耳其地跨欧亚，扼守古丝绸之路西端，基础设施完善，联通欧亚非三大市场，经济持续快速增长，是 OECD 和 G20 成员，积极参与区域一体化和全球经济治理，是中国共建“一带一路”的重要合作伙伴。在中国共建“一带一路”的推动下，中土两国经贸和投资将继续稳步发展，共建“一带一路”将通过土耳其，把亚洲和欧洲连接在一起。土耳其作为矿业大国，中国企业可借助“一带一路”的东风加强对土耳其矿业投资；同时，土耳其一些大宗矿产品及能源资源自给能力有限，是中国大宗商品的产能转移的有效渠道。

2. 劣势

土耳其起伏不定的政局削弱了法治和司法制度。尽管土耳其是伊斯兰世界最为世俗化的国家，但是国内的政治局势始终不稳定。在 20 世纪后半期，土耳其几乎每 10 年就发生一次军事政变。其后果是推翻了民选政府，践踏了自由和法治。

土耳其对外商投资设置高门槛，外企需要按 1∶5 比例招收国际和本地雇员，为本地雇员缴纳高额社保，并且征收高额营业税，执行欧洲环保标准，因此中企投资的经济成本会比较高。

土耳其长期存在经常性账户赤字和汇率不稳定等问题。土耳其是欧洲共同市场成员，长期依赖欧盟工业技术和标准，选举政治压力下，土耳其政府往往追求短期经济效益，更加不愿意重视工业研发投入，因此土耳其出口创汇能力较差。

近年来，地区动荡导致土耳其出口萎缩和旅游收入下降，土耳其经常性账户赤字问题进一步恶化。此外，土耳其为吸引外资，放开汇率管制，外汇可自由进出所有金融市场，但是中央银行又缺乏政策独立性，任何国内外政治经济形势变化都会迅速反映到国际热钱的流动上，继而导致里拉汇率的短期剧烈波动。

九、老挝

老挝是与中国山水相连的邻国，中国是老挝的最大矿业投资国，中国企业已在老挝形成良好的矿业投资格局。老挝交通极不便利，但水电设施相对较完备，中老铁路通车后大大降低了运输成本。同时，矿业是老挝新兴的支柱产业之一，政府出台了多项鼓励外资投资矿业开发的政策，但其地质工作程度和矿产勘查开发程度都很低，甚至缺少专业的地质调查技术机构，这也加大了投资风险。

1. 优势

老挝具有丰富的自然资源，生产和生活成本较低，投资各产业起步均较晚，市场开发潜力很大。多年来，老挝政府引进外资和争取外援的外向型经济发展模式已成为本国经济和社会发展的一项基本国策。例如，《老挝外资法》规定，投资除涉及国家安全、环保、公共卫生领域外，对个人投资者开放每一行业；可以自由选择独资或合资方式；外来投资者的货币在国内可以自由兑换；对外资企业利润和分红的限制较少。

除此以外，老挝还有相对较轻的税赋，例如，在一定时期内，外来投资者在项目进口设备和原材料征收可享受到低至 1% 的税率。在国内工业、水利等基础设施建设领域，政府将给予无偿援助、减免进口关税、政府融资、允许垄断等优惠政策。这些因素较东南亚其他国家相比，都让其拥有了相对宽松的投资环境。

2. 劣势

老挝的法律、法规基本齐备，但在执行过程中有时存在有法不依、执法不严的问题，需注意法律风险。老挝人口少、市场小，难以规模化生产制造，大部分物资靠进口，成本相对较高，投资经营中需注意成本调查、核算。老挝基础建设条件欠佳，工业较难配套，物流成本较高，运输时间长，煤炭严重缺乏，水电虽丰富，但电网建设欠佳，全国仍有 1/6 的村庄没有通电。老挝劳动力不足，且劳动力素质和技能有待提升，工期紧的项目执行难度较大。

十、菲律宾

菲律宾位于亚洲大陆的南缘，是商业、贸易的中转站，在泛北部湾经济合作中具有十分重要的地缘优势。尽管菲律宾吸收外资的水平还有待提高，但其良好的自然资源环境和日益改善的政府鼓励投资政策，特别是菲律宾目前经济社会形势不断好转，2021 年解除了自从 2012 年开始施行的暂停新矿业协议措施，也解除了长达 4 年之久的铜、金、银和复杂矿石的露天开采禁令，使菲律宾的矿业投资环境得到很大的改善，但仍需警惕其政策的多变性。

1. 优势

菲律宾拥有充足的人才资源，其教育事业发展良好，人才资源丰富，全国有 94.6% 的文化普及率，72% 的人能流利地讲英语，易接受外来不同文化。同时，企业在菲律宾的经营成本相对低廉，菲律宾普通劳动力成本低于亚洲大多数国家，白领雇员平均工资水平仅为美国的 1/4。在基础设施方面，菲律宾拥有充足的设施和完备的办公区，租赁价格低廉，而且这些办公区大多由国际房地产公司管理，有合理规范的租赁协议。

为加大引资力度，吸引更多外国投资进入菲律宾，菲律宾政府采取了一系列鼓励投资的政策措施，积极改善投资环境，如不断开放外商投资领域，允许外国投资者拥有 100% 股权，对出口导向型企业实行投资优先计划等。为促进吸收外资，菲律宾政府每年制定投资优先计划，列出了当年度受菲律宾政府鼓励的投资领域，并根据《菲律宾投资法典》所规定的一系列优惠政策，为投资相关领域的企业提供税收、信贷和其他方面的优惠。

2. 劣势

菲律宾的矿业政策存在不确定性，2021 年矿业政策有所放宽。菲律宾的电力成本高，是东南亚地区电费最高的国家，开矿所用的工程机械设备主要依靠进口。此外，菲律宾自 2012 年以来开始实施严格的《环保审查法》，2017—2018 年，菲律宾环保部门展开了全国范围的矿山审查，针对不满足要求的矿企采取停产的措施，大批矿山被迫关停。在解除新矿山禁令时，也明确表示严格执行有关矿山安全和环境政策的规定。

十一、印度尼西亚

印度尼西亚的矿业法律法规正逐步完善，制定了一系列的矿业法律法规，具有较完善的矿业管理制度，并鼓励外资投资矿业开发。与此同时，矿业产业链本土化需求增加，加快了禁止矿产资源出口的进程。对于中资企业而言，在印度尼西亚投资兴建矿物冶炼及下游产业，利用当地低廉的人力成本开展有色金属冶炼和深加工，带动成套设备出口，既为国内有色金属过剩产能找到出路，又为国内“双碳”目标的实现做出贡献，将是双赢局面。

1. 优势

印度尼西亚政府修正采矿法，简化审批流程，放宽外资投资门槛。2020 年 5 月，《采矿法修正案》通过，对 2009 年出台的采矿法进行了修订。修改要点有：一是集中管理权限，取消地方政府颁发采矿许可证的权限，权限收归中央政府控制。二是增加许可证类型，采矿许可证类型由3种增加为8种，新增岩石开采许可证、矿业服务许可证等。三是放宽许可证转让规定，2009年矿法不允许持有超过51%股份的采矿许可证公司转让股份给第三方，新修订采矿法规定获得能源矿产部批准后，企业可以转让股份。四是调整撤资要求，2009年采矿法规定持有采矿许可证的外国公司须在生产5年后，将所有权转让给印度尼西亚中央/地方政府，在第10年保证印方持有51%的股份，新采矿法规定外国公司有义务逐步向印度尼西亚中央/地方政府、国有/私营企业剥离51%的股份，但未规定时限。五是促进下游产业发展，采矿与冶炼加工整合在一起的矿山将获得30年的较长运营期限，并且在满足特定条件时延期10年。此外，新采矿法还对工作合同和煤炭工作合同许可证获得延期、不转换采矿许可证区域内空间和空间用途、能源与矿产资源部及相关机构协调解决土地所有权问题等方面做出了保证。

2. 劣势

印度尼西亚政府早在2014年就曾颁布过铝土矿出口禁令，后于2017年取消，2020年开始禁止镍原矿的出口，2022年又发布禁止印度尼西亚煤炭出口。2023年6月，印度尼西亚政府宣布禁止铝土矿、锡矿、铜矿和棕榈油等矿产资源的出口，以鼓励矿产冶炼和下游产业的发展。

外资要获得印度尼西亚的矿产，需先发展当地的矿产冶炼和下游产业，在印度尼西亚生产出金属成品或半成品之后，印度尼西亚政府才允许出口。在如此的矿业政策驱动下，例如中国青山集团和德龙集团投资在苏拉威西岛建设青山工业园，开展基础设施建设，搭建了从镍矿原料到中间品再到不锈钢成品的全产业链设施，使得印度尼西亚成为世界主要不锈钢出口国之一；美国自由港墨兰公司2021年10月宣布在格雷西克经济特区启动建设铜冶炼厂项目，总投资30亿美元，设计产能包括170万t铜精矿和60万t阴极铜；2022年2月，美国自由港墨兰公司又宣布与三菱材料公司合资建设耗资2.23亿美元的东爪哇铜冶炼厂扩建项目，此次扩建将使该厂的阴极铜产能从30万t增加到34.2万t。

第五章　亚洲铜金矿勘查开发选区与布局建议

第一节　亚洲铜金矿勘查开发选区原则

铜矿、金矿的勘查开发涉及地缘政治、国际关系、人文背景、运输条件及经济技术实力等诸多因素，而对于境外金矿资源勘查开发区优选主要考虑以下 3 个原则：

1）要拥有一定的铜、金资源储量和潜力资源量，这是矿产资源开发利用的基础性地质条件。中国周边国家虽然不是金、铜资源储量大国，但具有很好的成矿远景，例如蒙古、哈萨克斯坦、吉尔吉斯斯坦、印度尼西亚、菲律宾等国，这些国家地质工作程度低，发现新金、铜矿床的潜力较大，是中资企业理想的目标投资区。

2）要综合考虑与矿产资源配套的基础设施，这是保障境外矿业投资盈利的基本条件。例如水源、电力、道路、港口等，铜属于大宗矿产，对基础设施的要求更高。

3）要与我国有良好的政治经济与贸易关系，拥有利于中国企业投资的法规政策，这是企业境外投资风险评估的重要依据。在符合上述 2 个条件的靶区中，需要继续通过权衡与我国的政治经济贸易关系，主要包括投资环境、开发现状、法律法规等来最后确定开发利用国外金矿资源的理想区域。

第二节　亚洲铜矿勘查开发选区

综合亚洲铜矿资源分布、资源禀赋与投资环境等，依照选区原则，圈定了 26 个铜矿资源潜力区，结合国家投资环境分析，将 26 个铜矿资源潜力区进行了三级划分：A 级—优先介入，B 级—重点布局，C 级—加强可行性研究，D 级—特别关注。具体分级见表 5-2-1 和图 5-2-1。

表 5-2-1　亚洲铜矿资源重点潜力区等级评估　　单位：万 t

等级	潜力区编号	潜力区名称	所属国家	潜在资源量
D	1	中国鄂东南-赣东潜力区	中国	19800.00
D	2	中国西南三江北段潜力区	中国	28000.00
D	3	中国昂仁-工布江达潜力区	中国	49000.00
D	4	中国西藏阿里多龙潜力区	中国	22000.00
D	5	中国新疆东天山-北天山潜力区	中国	20000.00
D	6	中国内蒙古阿拉善左旗-狼山潜力区	中国	3600.00
D	7	中国内蒙古多宝山-塔源潜力区	中国	2950.00
B	8	蒙古额尔登特潜力区	蒙古	7360.00
B	9	蒙古南戈壁潜力区	蒙古	35449.33

续表

等级	潜力区编号	潜力区名称	所属国家	潜在资源量
A	10	俄罗斯贝加尔边疆潜力区	俄罗斯	13045.00
A	11	俄罗斯图瓦潜力区	俄罗斯	7967.87
A	12	俄罗斯伊加尔卡潜力区	俄罗斯	21599.00
A	13	俄罗斯济良诺夫斯克潜力区	俄罗斯	2351.65
A	14	中部哈萨克斯坦舒-萨雷苏盆地潜力区	哈萨克斯坦	41808.39
A	15	哈萨克斯坦阿拉木图潜力区	哈萨克斯坦	11466.32
A	16	外乌拉尔车里雅宾斯克潜力区	俄罗斯、哈萨克斯坦	8717.98
C	17	外高加索纳希切力潜力区	阿塞拜疆、亚美尼亚	6905.28
B	18	土耳其恰纳卡莱潜力区	土耳其	1641.47
C	19	萨尔哈德高原塞恩德格潜力区	伊朗、土耳其、巴基斯坦	25867.36
A	20	缅甸蒙育瓦-勃生岛弧潜力区	缅甸	6548.00
A	21	老泰万象潜力区	老挝、泰国	1852.88
C	22	菲律宾吕宋岛潜力区	菲律宾	11613.44
C	23	菲律宾南部棉兰老岛潜力区	菲律宾	26297.11
B	24	印尼苏门答腊-马来区	印度尼西亚	2973.55
B	25	印尼玛琅区	印度尼西亚	15759.48
B	26	印尼巴布亚区	印度尼西亚	16262.60

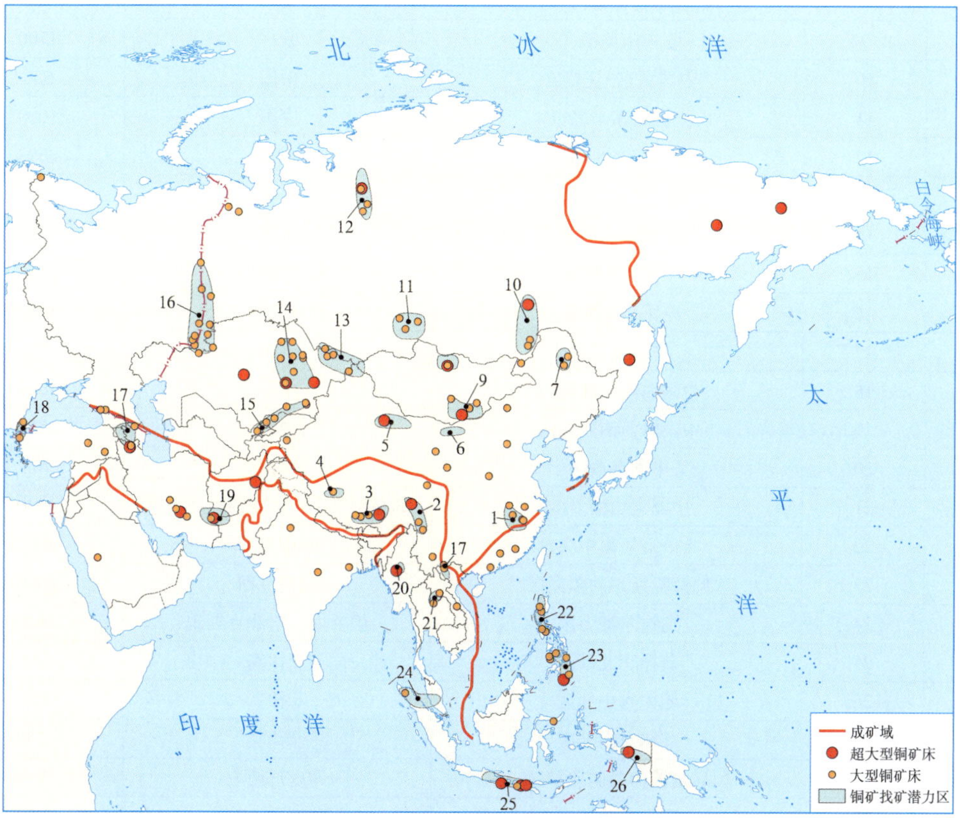

图 5-2-1 亚洲铜矿资源重点潜力区

第三节　亚洲金矿勘查开发选区

在第一、二、三章对亚洲金矿资源分布研究的基础上，依照勘查开发投资选区原则，圈定了33个金矿资源潜力区，结合国家投资环境分析，将33个金矿潜力区进行了三级划分：A级—优先介入，B级—重点布局，C级—加强可行性研究，D级—特别关注。具体分级见表5-3-1和图5-3-1。

表5-3-1　亚洲金矿资源重点潜力区等级评估　　单位：万t

等级	潜力区编号	潜力区名称	所属国家	潜在资源量
A	1	俄罗斯楚科齐区	俄罗斯	1900
A	2	俄罗斯马加丹州潜力区	俄罗斯	1200
A	3	俄罗斯勘察加区	俄罗斯	270
A	4	俄罗斯阿穆尔-哈巴罗夫斯克区	俄罗斯	960
A	5	俄罗斯伊尔库茨克雅库茨克区	俄罗斯	3100
A	6	俄罗斯赤塔区	俄罗斯	1100
A	7	俄罗斯奥林匹亚达地区	俄罗斯	1240
B	8	蒙古肯特区	蒙古	100
B	9	蒙古南戈壁区	蒙古	1700
D	10	中国冀东-辽西区	中国	530
D	11	中国辽东半岛区	中国	1000
D	12	中国胶东半岛区	中国	3693
D	13	中国西天山区	中国	134
D	14	中国东昆仑区	中国	720
D	15	中国西秦岭区	中国	3582
D	16	中国小秦岭区	中国	3268
D	17	中国雅江区	中国	132
D	18	中国西南三江南段	中国	1970
D	19	中国黔西南西北区	中国	1754
D	20	中国粤西区	中国	700
D	21	中亚天山潜力区	乌兹别克、吉尔吉斯、塔吉克	4900
A	22	哈萨克斯坦中央区	哈萨克斯	460
A	23	哈萨克斯坦阿尔泰区	哈萨克斯	2000
A	24	乌拉尔潜力区	俄罗斯、哈萨克斯坦	1000
C	25	菲律宾北部区	菲律宾	1300
C	26	菲律宾中部区	菲律宾	480
C	27	菲律宾南部区	菲律宾	1250
B	28	印尼苏门答腊北部区	印度尼西亚	380
B	29	印尼爪哇岛区	印度尼西亚	1800

续表

等级	潜力区编号	潜力区名称	所属国家	潜在资源量
B	30	印尼伊利安岛区	印度尼西亚	1550
C	31	伊阿巴三国交界区	伊朗、阿富汗、巴基斯坦	1450
A	32	沙特红海东岸区	沙特阿拉伯	540
D	33	土耳其-伊朗高山区	土耳其、伊朗	1700

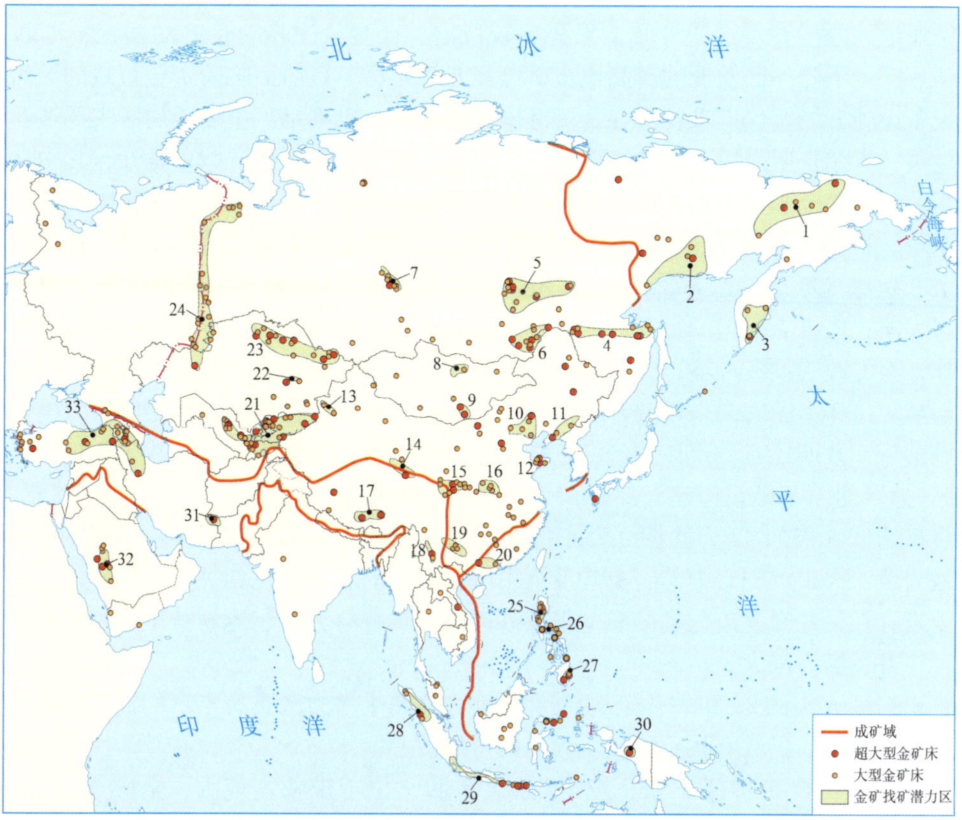

图 5-3-1 亚洲金矿资源重点潜力区

第四节 亚洲铜金矿投资合作方式与勘查开发建议

综合亚洲铜金矿资源分布、资源禀赋与投资环境，提出如下建议。

（一）共建“一带一路”，积极跟进资源潜力区开展铜矿金矿的勘查开发

A 级的金矿选区 1~7、22~24，铜矿选区 10~16 主要位于俄罗斯、哈萨克斯坦、乌兹别克斯坦、吉尔吉斯斯坦、塔吉克斯坦这几个国家，俄罗斯伊尔库茨克-雅库茨克区拥有全球著名的苏霍伊洛格金矿，再加上楚科齐、堪察加、马加丹、阿穆尔-哈巴罗夫斯克、

赤塔、奥林匹亚达、乌拉尔几个潜在铜、金资源潜力区，整个俄罗斯的金矿潜在资源量超过1万t，铜矿潜在资源量超过1.3亿t。普京签署了《俄联邦社会经济超前发展区联邦法律》，《俄罗斯远东地区土地免费配发法案》，规定了远东地区在发展经济的过程中享受包括税收、行政审批在内领域的若干优惠条件，俄罗斯外贝加尔边疆区政府向中央政府提出建议，希望能够在当地建立一个国际超前发展区，以更加优惠且与国际接轨的政策，吸引外资加速招商引资。但是，俄罗斯金矿资源开发前景较好的远东地区，面临着气候条件差，人口稀少，基础设施差，开发手续复杂和相对较慢的许可允许程序等问题。哈萨克斯坦是中亚地区经济发展最快、政治局势比较稳定、社会秩序相对良好的国家，苏联解体后，工业产量下降，已发现的高品位金矿已经开采殆尽，目前面临着资金短缺的局面，现有的设备设施升级换代困难，潜在金资源储量接续投入也不足。中亚天山区主要涉及乌兹别克斯坦、吉尔吉斯斯坦、塔吉克斯坦3个国家，该区的原生金矿数以万计，其中乌兹别克斯坦的穆龙套金矿、吉尔吉斯斯坦的库姆托尔金矿、塔吉克斯坦尤以泽拉夫尚金矿带闻名于全球。目前，乌兹别克斯坦的政局较稳定，经济实现较快发展，2022年乌兹别克GDP首次突破800亿，达803.84亿美元，同比增长5.7%，劳动力资源丰富，为中亚第一人口大国；塔吉克斯坦奉行开放的对外经济政策，积极寻求国际社会援助，开展对外经济合作，努力改善投资环境；吉尔吉斯斯坦经济自由度较高，市场准入较宽松，过境运输优势明显。这3个国家未来投资开发前景乐观，但是目前存在的问题就是交通、电力等基础设施落后，政府还有一定计划经济色彩，办事效率低，法制不健全。建议积极围绕共建“一带一路”进行基础设施建设部署，寻找时机积极跟进。

金矿选区A级的32为沙特红海东岸区，该地区绝大多数金矿化都是与粗粒侵入岩、岩床或岩墙、火山沉积岩中的石英脉及火山沉积岩中的层状矿化相关的原生矿化，次生矿化主要发育在一些富含硫化物的氧化带及砂矿中，具有与苏丹、厄立特里亚相似的矿床产出特征，开发潜力巨大。

铜矿选区A级的20和21位于缅甸和老挝，这两个潜力区具有丰富的铜矿资源，因地质工作程度较低，仍具有找到新矿、大矿的可能。

属于B级的金矿选区8和9、铜矿选区8和9位于于蒙古境内，金矿选区28、29、30、铜矿选区2、24、26位于印度尼西亚苏门答腊岛、西努沙登加拉岛和巴布亚岛，这10个潜力区均拥有一定的金矿、铜矿储量，目前总体勘查开发程度不高，基础设施和物流条件也较好，政府开放投资区，是当前和今后一定时期境外金矿资源勘查开发的重点工作地区，但是目前矿业政策不稳定，建议随时观望其政府矿业政策调整，随时介入。B级金矿选区33位于土耳其、伊朗交界处，该地区地质工作程度较高，但矿产资源勘查开发水平较低。B级铜矿选区18位于土耳其小亚细亚高原的最西段，该区域且目前尚无中国大型矿业企业在此进行投资，建议可以在适当时期介入。

属于C级的金矿选区25、26、27，铜矿选区22和23位于菲律宾吕宋岛、棉兰老岛等处，菲律宾位于环太平洋斑岩成矿带上，斑岩型铜金矿潜力巨大，全国各地均有分布，但需综合考虑地缘政治和菲律宾多变的矿业投资政策等因素，在适当时期介入。

属于C级的萨尔哈德高原塞恩德格潜力区（铜C19，金C31）位于伊朗、巴基斯坦、阿富汗交界处，也称为“金新月地区”，建议该地区目前观望为主。

（二）以股权兼并、收购等方式参与勘探程度较高的金铜矿项目

积极关注位于A、B类潜力区内已有金矿、铜矿项目的勘探进展，对已有数据进行严格的分析，以准确的数据为基础，开展严谨的资源潜力研判，在股权兼并收购等活动开展前，聘请专业的团队开展尽职调查。通过这种方式中国矿企获取海外铜金矿资源的例子很多，例如紫金矿业收购蒙古哈马戈泰项目等，以收购项目的方式参与勘探程度较高的项目是降低找矿风险的较好方式。

（三）以合资开发、合作开发等方式参与海外现有铜金矿山的运营

合资开发方式是指中国企业与矿产资源所在国家的企业或相关方通过共同出资，在矿产资源项目所在国家注册成立矿业公司，按照公司制的经营与运作规范，合作开发当地的矿产资源；合作开发方式是指中国企业与矿产资源所在国家的企业或相关方通过签订合作合同约定双方的合作条件、产品和收益的分配、亏损与风险的分担、经营管理模式等事项，合作开发当地的矿产资源项目。这两种方式也是中国企业海外矿业项目投资的基本方式。对于矿业发展相对落后的国家，中国企业还可以以矿山租赁的方式进行经营，例如中冶集团以租赁形式经营巴基斯坦山达克铜金矿项目已超过20年。

（四）参与国内新一轮找矿战略突破行动

为保障国家的矿产资源安全，新一轮找矿战略突破行动已经全面启动，我国将放开探矿权二级市场，允许探矿权流转，进一步完善吸引社会资本投入矿产勘查开发的相关政策，自然资源部将陆续出台一些政策，进一步营造良好的市场环境，鼓励或者吸引社会资本能够投入到找矿行动。因此，建议重点关注D区内已有金矿、铜矿的探矿权，充分发挥自身优势，统筹谋划，通过参与矿产资源勘探开发，促进企业跨越式发展。

参考文献

鲍庆中，沙德铭，王宏．2003．也谈南天山古生代造山带内穆龙套型金矿床的控矿因素和找矿方向．地质与资源，12（3）：159-165.

鲍庆中，周永恒，邵军，等．2015．俄罗斯远东东北部中生代造山带成矿地质背景——兼论鄂霍次克-楚科奇火山深成岩带金属成矿作用．地质通报，34（4）：605-617.

蔡光耀，安芳．2018．造山型金矿床地质背景、地球化学特征和成矿模型研究综述．地质科技情报，37（6）：163-172.

曹积飞，王斌，孟广路，等．2016．吉尔吉斯斯坦天山成矿带主要金矿类型及区域成矿规律．地质科技情报，35（1）：140-146.

曹积飞，翁凯，Jahongir J M，等．2023．乌兹别克斯坦中天山金铜成矿特征与找矿潜力评价．中国地质，1-18.

柴璐，周永恒，李霄．2017．俄罗斯金矿的发展前景//中国矿物岩石地球化学学会矿床地球化学专业委员会，中国地质学会矿床地质专业委员会，矿床地球化学国家重点实验室．第八届全国成矿理论与找矿方法学术讨论会论文摘要文集，矿物学报，2.

陈军强，张超，李志丹．2012．斑岩型铜矿床研究现状与进展．中国矿业，21（12）：67-69+73.

陈文明．2002．论斑岩铜矿的成因．现代地质，（1）：1-8.

陈喜峰．2017．菲律宾马斯巴特（Masbate）大型金（银）矿矿床地质特征与成因//中国矿物岩石地球化学学会第九次全国会员代表大会暨第16届学术年会文集，2.

成功，邱献引，孙卫宾，等．2015．印度共和国金矿资源及其地质特征．黄金科学技术，23（5）：28-34.

崔敏利，陈秀法，张伟波，等．2018．全球金矿地质特征与战略分析．北京：地质出版社，113-26.

崔敏利，叶锦华，何学洲．2017．"一带一路"地区大型超大型金矿床地质背景与成矿作用．地质通报，36（1）：154-167.

戴宝章，赵葵东，蒋少涌．2004．现代海底热液活动与块状硫化物矿床成因研究进展．矿物岩石地球化学通报，23（3）：246-254.

方俊钦，聂凤军，徐备，等．2013．蒙古国欧玉陶勒盖斑岩型铜（金）矿田的找矿新进展．地质科技情报，32（5）：188-194.

高合明．1995．斑岩铜矿床研究综述．地球科学进展，（1）：40-46.

高辉，梅燕雄，王浩琳，等．2012．阿富汗铜矿资源潜力与找矿方向．矿产勘查，3（5）：700-706.

郭林楠，刘书生，聂飞，等．2022．老挝琅勃拉邦-泰国黎府成矿带古特提斯构造-岩浆演化与金铜成矿作用．沉积与特提斯地质，42（2）：228-241.

韩雪．2012．贵州烂泥沟卡林型金矿床地质地球化学特征及成因探讨．成都：成都理工大学，19（35）：368-368.

侯增谦，莫宣学，杨志明，等．2006．青藏高原碰撞造山带成矿作用：构造背景、时空分布和主要类型．中国地质，（2）：340-351.

侯增谦，曲晓明，黄卫，等．2001．冈底斯斑岩铜矿成矿带有望成为西藏第二条"玉龙"铜矿带．中国地质，（10）：27-29+40.

侯增谦，杨岳清，曲晓明，等. 2004. 三江地区义敦岛弧造山带演化和成矿系统. 地质学报，(1)：109-120.
胡金财，张泰，邵长亮，等. 2010. 老挝琅勃拉邦省巴乌县帕奔金矿阶段性勘探报告.
胡鹏，张海坤，曹亮，等. 2020. 印度尼西亚苏门答腊岛斑岩型铜（钼）矿产资源定量评价. 矿床地质，39（5）：867-878.
季克俭，吕凤翔，王立本. 1992. 热液矿床的成矿新观点和预测方法. 中国地质，(11)：19-21.
季亚旗，陈开河，陈炜，等. 2019. 哈萨克斯坦金属矿地质矿产特征及找矿前景评价. 世界有色金属，522（6）：91-92.
江思宏，韩世炯，陈郑辉，等. 2019. 蒙古国铜矿床成矿规律. 地质科技情报，38（5）：1-19.
江思宏，聂凤军，张义，等. 2004. 浅成低温热液型金矿床研究最新进展. 地学前缘，(2)：401-411.
雷啟东. 2002. 塔吉克斯坦雅夫奇岭金矿区地球化学特征及找矿前景. 世界有色金属，610（22）：71-73.
黎诺. 1993. 高温气态变岩浆成岩和地液成矿作用//矿床地质研究所，中国地质科学院矿床地质研究所文集（26）. 北京：地质出版社，24.
李光明，李金祥，秦克章，等. 2007. 西藏班公湖带多不杂超大型富金斑岩铜矿的高温高盐高氧化成矿流体：流体包裹体证据. 岩石学报，(5)：935-952.
李恒海，邱瑞照，等. 2010. 中亚五国矿产资源勘查开发指南，武汉：中国地质大学出版社，108-112.
李惠，付志忠. 1986. 鄂东矽卡岩型铜矿床的地球化学异常模式. 桂林冶金地质学院学报，(2)：177-184.
李亚亚. 2017. 关于造山带金矿研究现状. 旅游纵览（下半月），253（16）：170+172.
李志丹，薛春纪，张祺，等. 2017. 中亚南天山穆龙套型金矿地质背景、成矿特征和找矿策略. 地质找矿论丛，32（4）：509-525.
梁锦，周永章，李红中. 2015. 扬子-华夏构造结合带的演化阶段及对斑岩铜矿形成的控制机制. 地学前缘，22（2）：144-159.
廖启林，戴塔根，刘悟辉，等. 2000. 阿尔泰南缘典型块状硫化物矿床成矿环境浅析. 地质与勘探，36（6）：23-26.
刘春涌，王永江. 2007. 初论中亚黑色岩系型金矿床的基本特征——兼论新疆黑色岩系型金矿找矿方向. 新疆地质，(1)：34-39.
刘春涌. 2005. 哈萨克斯坦巴克尔奇克等大型以上规模金矿床. 中亚信息，(4)：20-24.
刘春涌. 2006. 哈萨克斯坦杰兹卡兹甘特大型砂页岩型铜矿床. 中亚信息，(2)：27-29
刘文杰，肖成东，王丽霞. 2009. 金矿床成矿理论研究综述. 现代矿业，25（7）：19-21+35.
卢焕章，池国祥，朱笑青，等. 2018. 造山型金矿的地质特征和成矿流体. 大地构造与成矿学，42（2）：244-265.
卢焕章. 2000. 高盐度、高温和高成矿金属的岩浆成矿流体：以格拉斯伯格 Cu-Au 矿为例. 岩石学报，16（4）：465-473.
卢琦园，郑义，王成明，等. 2018. 阿尔泰南缘乌拉斯沟铜矿床 S-Pb-Sr-Nd-C-H-O 同位素特征及其对成矿物质和流体来源限定. 地球科学，43（9）：3141-3153.
吕鹏瑞，孟广路，王斌，等. 2017. 吉尔吉斯斯坦塔尔迪布拉克斑岩型金铜矿床地球化学特征及其意义. 地质与勘探，53（5）：935-946.
吕鹏瑞. 2022. 新形势下中国和中亚国家矿产资源合作研究. 武汉：中国地质大学出版社，105-127.
毛景文，余金杰，袁顺达，等. 2008. 铁氧化物-铜-金（IOCG）型矿床：基本特征、研究现状与找矿勘查. 矿床地质，(3)：267-278.
毛景文，张作衡，王义天，等. 2012. 国外主要矿产类型、特点及找矿勘查. 北京：地质出版社，317-328.
梅燕雄，裴荣富，杨德凤，等. 2009. 全球成矿域和成矿区带. 矿床地质，28（4）：383-389.
孟广路，王斌，杨博，等. 2013. 哈萨克斯坦巴尔喀什斑岩铜矿成矿带地质特征分析. 矿物学报，33

（S2）：1052-1053.
米长征，周少君. 2021. 菲律宾阿罗罗伊金矿地质特征及找矿靶区选择. 世界有色金属，567（3）：108-109.
裴荣富. 2008. 1：2500 万世界大型超大型矿床成矿图. 北京：地质出版社.
裴亚伦，尹显科，王波，等. 2018. 黑色岩系型金矿遥感解译与成矿规律研究——以乌兹别克斯坦龙套金矿床为例. 四川地质学报，38（4）：685-688+693.
齐程元，韩宝福. 2017. 蒙古南戈壁欧玉陶勒盖铜（金）矿床地质特征及其对我国找矿勘查工作的启示. 地质找矿论丛，32（3）：351-359.
秦增刚，刘俊杰，孙树光. 2014. 浅谈蒙古国铜矿资源. 西部资源，62（5）：98-101.
邱瑞照，谭永杰，朱群，等. 2014. 中国及邻区重要成矿带成矿规律研究与境外地质工作思考. 中国地质调查，1（3）：44-52.
邱正杰，范宏瑞，丛培章，等. 2015. 造山型金矿床成矿过程研究进展. 矿床地质，34（1）：21-28.
曲晓明，辛洪波. 2006. 藏西班公湖斑岩铜矿带的形成时代与成矿构造环境. 地质通报（7）：792-799.
饶世成，高智. 2017. 斑岩型铜矿床成因研究进展. 西部资源，79（4）：63-64.
茹菲娜·阿力木江，陈川，高玲玲，等. 2002. 基于 ASTER 数据的遥感蚀变信息提取——以西天山穆龙套地区为例. 地球学报，43（2）：235-245.
芮宗瑶，黄崇轲，齐国明，等. 1984. 中国斑岩铜（钼）矿床. 北京：地质出版社.
芮宗瑶，王龙生，王义天，等. 2002. 东天山土屋和延东斑岩铜矿床时代讨论. 矿床地质，（1）：16-22.
芮宗瑶，张洪涛，陈仁义，等. 2006. 斑岩铜矿研究中若干问题探讨. 矿床地质，（4）：491-500.
芮宗瑶，张立生，陈振宇，等. 2004. 斑岩铜矿的源岩或源区探讨. 岩石学报，（2）：229-238.
邵长亮，王居松，李宗瑾，等. 2015. 老挝金矿成矿区带和矿化集中区探究. 矿产勘查，6（6）：787-792.
施俊法，唐金荣，周平，等. 2010. 找矿模型与矿产勘查. 北京：地质出版社，119-132.
石原舜三，刘燕华. 1988. 菲律宾金矿床的类型及成矿模式. 地质地球化学，（11）：1-9+44.
隋延辉. 2010. 塔吉克斯坦主要岩金矿床. 新疆地质，28（1）：99-103.
孙佳，牛英杰，金文强，等. 2020. 老挝北部爬奔金矿床成矿作用及成矿模式. 有色矿冶，36（5）：1-7.
汤中立，闫海卿，焦建刚，等. 2006. 中国岩浆硫化物矿床新分类与小岩体成矿作用. 矿床地质，（1）：1-9.
唐文龙，李俊建，彭翼，等. 2021. 华北地区铜矿资源特征及成矿规律研究. 地质找矿论丛，36（2）：131-142.
万维，傅恒，黄海平，等. 2007. 哈萨克斯坦楚-萨雷苏盆地热兹卡兹甘地区构造运动与沉积演化. 沉积与特提斯地质，（4）：56-62.
王功文，陈永清，黄静宁，等. 2018. 中南半岛和西太平洋巨型成矿带 Cu、Au 矿化构造环境与成矿规律对比研究数据集. 中国地质，45（S1）：85-98+252-268.
王奖臻，李朝阳，胡瑞忠. 2001. 斑岩铜矿研究的若干进展. 地球科学进展，（4）：514-519.
王庆飞，邓军，赵鹤森，等. 2019. 造山型金矿研究进展：兼论中国造山型金成矿作用. 地球科学，44（6）：2155-2186.
王天瑞，侯林，林方成，等. 2022. 老挝-越南长山成矿带古特提斯构造岩浆演化与成矿作用. 沉积与特提斯地质，42（2）：212-227.
王义天，刘俊辰，毛景文. 2020. 3 种主要类型金矿床成矿特征、成矿条件及找矿意义. 黄金，41（9）：12-21.
王颖，徐仲元，董晓杰，等. 2020. 内蒙古得耳布尔地区中生代中—晚期火山岩的年代学、地球化学特征及其地质意义. 世界地质，39（2）：261-281.

王宗秀，李春麟，Pak Nikolai，等. 2017. 西天山造山带构造单元划分及古生代洋陆转换过程. 中国地质，44（4）：623-641.

夏斌，陈根文，王核. 2002. 全球超大型斑岩铜矿床形成的构造背景分析. 中国科学（D 辑：地球科学），（S1）：87-95.

徐强. 2011. 缅甸联邦 MTT 金铜矿床成矿地质特征. 地质学刊，35（4）：375-378.

薛春纪，赵晓波，莫宣学，等. 2014. 西天山“亚洲金腰带”及其动力背景和成矿控制与找矿. 地学前缘，21（5）.

薛春纪，赵晓波，莫宣学，等. 2014. 西天山巨型金铜铅锌成矿带构造成矿演化和找矿方向. 地质学报，88（12）：2490-2531.

薛春纪，赵晓波，赵伟策，等. 2020. 中-吉-乌-哈天山变形带容矿金成矿系统：成矿环境和控矿要素与找矿标志//2020 年中国地球科学联合学术年会论文集（四）. 北京伯通电子出版社，1.

杨富全，王义天，李蒙文，等. 2005. 新疆天山黑色岩系型矿床的地质特征及找矿方向. 地质通报，24（5）：462-469

杨立强，邓军，赵凯，等. 2011. 哀牢山造山带金矿成矿时序及其动力学背景探讨. 岩石学报，27（9）：2519-2532.

杨一卜，陈必彬，陈志刚，等. 2021. 电磁法工作在蒙古国查干陶勒盖铜金矿的应用. 世界有色金属，571（7）：102-104.

虞鹏鹏，梁锦，陈宣谕，等. 2011. 斑岩型铜矿床的研究进展及意义. 中山大学研究生学刊：自然科学与医学版，（4）：30-42.

曾凡玉. 2018. 卡林型金矿床的构造和矿床特征分析. 世界有色金属，514（22）：97+99.

曾志刚，蒋富清，翟世奎，等. 2000. 冲绳海槽 Jade 热液活动区块状硫化物的铅同位素组成及其地质意义. 地球化学，29（3）：239-245.

曾志刚，蒋富清，秦蕴珊，等. 2001. 现代海底热液沉积物的硫同位素组成及其地质意义. 海洋学报，23（3）：48-56.

翟裕生，邓军，鹏润民，等. 2010. 成矿系统论. 北京：地质出版社，190-212.

张丹丹，何子鑫，刘明义，等. 2023. 哈萨克斯坦铜资源禀赋、开发形势及投资潜力分析. 西北地质，56（1）：156-165.

张海坤，胡鹏，姜军胜，等. 2021. 印度尼西亚苏门答腊岛马塔比（Martabe）浅成低温热液型金-银矿床的地质特征与找矿标志. 高校地质学报，27（2）：163-171.

张洪瑞，侯增谦，宋玉财，等. 2009. 斑岩铜矿床在东特提斯成矿域中的时空分布特征. 地质学报，83（12）：1818-1837.

张洪瑞，侯增谦，杨志明. 2010. 特提斯成矿域主要金属矿床类型与成矿过程. 矿床地质，29（1）：113-133.

张伟波，聂凤军，王立胜，等. 2013. 印度尼西亚格拉斯贝格铜金矿床研究新进展. 地质科技情报，32（5）：112-117.

张志超. 2018. 碧口地体含金 VMS 矿床成因模式. 北京：中国地质大学（北京）.

张智慧，仇建军，涂恩照，等. 2013. 哈萨克斯坦基什斯克金矿床地质特征及成矿作用初探. 新疆地质，31（4）：5.

周少君，米长征，徐书奎. 2016. 菲律宾金矿资源调查与选区研究报告. 世界有色金属，458（14）：196-197.

周永恒，鲍庆中，柴璐，等. 2013. 俄罗斯乌多坎砂岩型铜矿的成矿特征与找矿标志. 地质科技情报，32（5）：153-159.

周永恒，吴大天，吴涛涛，等. 2017. 俄罗斯铜矿资源现状及铜矿产资源基地//第八届全国成矿理论与找矿方法学术讨论会论文摘要文集.《矿物学报》编辑部，2.

周永恒，张森，吴涛涛，等. 2018. 俄罗斯铜矿资源勘查开发现状、潜力及投资建议. 地质与勘探，54（6）：1227-1237.

Akinin V V, Prokopiev A V, Toro J, et al. 2009. Pb SHRIMP age of granitoids from the U-main batholith belt (North East Asia). Dokl. Earth Sci., 426, 605-610.

Alexander. 2023. Russian gold mining: 1991 to 2021 and beyond. Ore Geology Reviews, 153: 105287.

Arehart G B. 1993. $^{40}Ar/^{39}Ar$, K-Ar and fission track geochronology of sediment-hosted disseminated gold deposits at Post-Betze, Carlin trend, northeastern Nevada. Economic Geology, 88 (3): 622-646.

Arehart G B. 1996. Characteristics and origin of sediment-hosted disseminated gold deposits: a review. Ore Geology Reviews, 11 (6): 383-403.

Avchenko O V, Vakh A S, Sakhno V G, et al. 2010. Local metamorphism of ore-alteration zones of Berezitovoye mine. Dokl. Earth Sci., 432 (2): 203-209.

Ayan Z, Dora O O. 1995. Mineralogic study of the vein-type lead and zinc deposits at the northwest of Sebinkarahisar (Giresun). In: Erler A, Ercan T, Bingol E, et al. (Eds.), Proceedings of the International Symposium on the Geology of the Black Sea Region. General Directorate of Mineral Research and Exploration and Chamber of Geological Engineers, Ankara, 219-225.

Bakharev A G, Gamyanin G N, Goryachev N A, et al. 1988. Magmatic and ore assemblages of Ulakhan-Tas range (Northeastern Yakutia). YaD SB Academy of Sciences USSR.

Bierlein F P, Crowe D E. 2000. Phanerozoic orogenic lode gold depasits. Reviews in Economic Geology, 13: 103-139.

Byalobzhesky S G, Goryachev N A, Palymsky B F, et al. 2007. The deep structure of the Oloy-Chukotka orogenic belt as evidenced by the 2-DV transect data. Tectonics and Metallogeny of Northern Circum Pacific and Eastern Asia: Proceedings of All-Russian L. M. Parfenov Conference, Khabarovsk.

Cooke D R, Hollings P, Walshe J L. 2005. Giant porphyry deposits: Characteristics, distribution, and tectonic controls Economic Geology, 100: 801-818.

Cooke D R, Simmons S F. 2000. Characteristics and genesis of epithermal gold deposits. In: Hagemann S G, Brown P E (Eds.), Gold in 2000, Reviews in Economic Geology, 13: 221-244.

Cox D P, Singer D A. 1986. Mineral deposit models. U. S. Geologiccal Survey Bulletin, 1-379.

Daukeev S Z, Uzhkenov B S, Bespaev K A. 2004. Atlas of mineral deposit models of the republic of Kazakhstan. Almaty: Printing House "Center for geoinformation of the Military Forces of the Republic of Kazakhstan": 1-141.

Deng J, Yang X, Qi H, et al. 2017. Early Cretaceous high-Mg adakites associated with Cu-Au mineralization in the Cebu Island, Central Philippines: Implication for partial melting of the paleo-Pacific Plate. Ore Geology Reviews, 88: 251-269.

Deng J, Yang X, Qi H, et al. 2019. Early Cretaceous adakite from the atlas porphyry Cu-Au deposit in Cebu Island, Central Philippines: Partial melting of subducted oceanic crust. Ore Geology Reviews, 110: 102937.

Distler, Vadim V. 2004. Geology, composition, and genesis of the Sukhoi Log noble metals deposit, Russia. Ore Geology Reviews, 7-44.

Dogan R. 2001. Ore deposits related to acidic magmatism; general concepts and examples from Turkey. In: Boztug, D., Otlu, N. (Eds.), Magmatik Petrojenez, Tubitak Lisans Ustu Yaz Okulu, 7-12: 474.

Donna M S A, Christopher J V W B. 1994. The Lerokis and Kali Kuning submarine exhalative gold-silver-barite deposits, Wetar Island, Maluku, Indonesia-ScienceDirect. Journal of Geochemical Exploration 50. 1-3: 351-370.

Dumanlilar H, Aydal D, Dumanlilar O. 1999. Geology, mineralogy and geochemistry of sulfide mineralization in the Ispendere region (Malatya). MTA Dergisi, 121: 225-250.

Eirish L V. 2003. Metallogeny of Gold of Primorye (Russia). Dalnauka, Vladivostok.

Eldorado Gold. 2003. Technical report, Kisladag project feasibility study, 70.

Figueroa A J T, Gabo-Ratio J A S, Manalo P C, et al. 2022. Breccia and vein mineralization of the Balatoc Diatreme, Acupan gold deposit, Baguio Mineral District: An example of a diatreme-hosted epithermal deposit in the Philippines, Ore Geology Reviews: 144: 104826.

Gamyanin G N, Goryachev N A, Savva N E. 2007. Ore-magmatic systems and metallogeny of gold and silver in Northeastern Asia. Russ. Geol. Geophys., 48: 913-922.

Goldfarb R J, Baker T, Dube B, et al. 2005. Distribution, character, and genesis of gold deposits in Metamorphic Belts. Economic Geology 100th Anniversary Volume. Society of Economic Geologists, Littleton, Colorado, USA, 407-450.

Goldfarb R J, Baker T, Dube B, et al. 2005. Distribution, character, and genesis of gold deposits in metamorphicter ranes. Economic Geology, 100: 1-45.

Goldfarb R J, Groves D I, Gardoll S. 2001. Orogenic gold and geologic time: a global synthesis. Ore Geology Reviews, 18: 1-75.

Goryachev N A, Sotskaya O T, Goryacheva E M, et al. 2011. The first discovery of platinum group minerals in black shale gold ores of the Degdekan deposit, northeast Russia. Dokl. Earth Sci., 439: 902-905.

Goryachev N A. 2005. The Uda-Murgal Magmatic Arc: Geology, Magmatism, Metallogeny. Problems of Metallogeny of Ore Regions in the North-East of Russia, Proceedings. NEISRI FEB RAS, Magadan, 17-38.

Groves D I, Goldfarb R J, Gebre-Mariam M, et al. 1998. Orogenic gold deposits: a proposed classification in the context of the crustal distribution and relationship to other gold deposit types. Ore Geology Reviews, 13: 7-27.

Hagemann S G, Cassidy K F. 2000. Archean orogenic lode gold deposits. Review in Economic Geology, 13: 9-68.

Heinrich C A, Neubauer F. 2002. Cu-Au-Pb-Zn-Ag metallogeny of the Alpine-Balkan-Carpathian-Dinaride geodynamic province. Mineralium Deposita, 37: 533-540.

Herzig P M, Hannington M D, Ambas A J. 1998. Sulfur isotopic composition of hydrothermal precipitates from the Lau backarc: implication for magmatic contributions to seafloor hydrothermal systems. Miner Deposita, 33: 226-237.

IMai A, Suerte L O, Nishihara S. 2009. Origin of bornite pods in intrusive rocks at the kingking porphyry copper-gold deposit, Southeastern Mindanao, Philippines. Resource Geology, 59: 307-313.

Imer A, Richards J P, Creaser R A. 2013. Age and tectonomagmatic setting of the Eocene Çöpler—Kabatas magmatic complex and porphyry-epithermal Au deposit, East Central Anatolia, Turkey. Mineralium Deposita, 48 (5): 557-583.

John L M, Jean S C. 2020. Diversity of Carlin-style gold deposits, reviews in economic geology. Society of Economic Geologists, 20: 1-5.

Katkov S M, Strickland A, Miller E L, et al. 2007. About age of granitic intrusions of Anui-Chukotka folded system. Dokl. Earth Sci., 414: 515-518.

Kerrich R, Goldfarb R, Groves D, et al. 2000. The characteristics, origins, and geodynamic settings of supergiant gold metallogenic provinces. Science China Earth Sciences, 43 (1): 1-68.

Khanchuk A I. 2006. Geodynamics, magmatism and metallogeny of the Russian East. Dalnauka, Vladivostok, 1-2: 573-980.

Koc S, Unsal A, Kadioglu Y K. 1995. Geology, geochemistry and geotectonic setting of volcanics comprising Kure (Kastamonu) ore mineralization. MTA Dersgisi, 117: 41-54.

Large R R, Bull S W, Maslennikov V V. 2011. A carbonaceous sedimentary source-rock model for Carlin-type and orogenic gold deposits. Economic Geology, 106 (3): 331-358.

Larson L T, Erler Y A. 1993. The epithermal lithogeochemical signature—a persistent characterization of precious metal mineralization at Kursunlu and Orencik, two prospects of very different geology in western Turkey. Journal of Geochemical Exploration, 47: 321-331.

Layer P W, Newberry R J, Fujita K, et al. 2001. Tectonic setting of the plutonic belts of Yakutia, northeast Russia, based on Ar/Ar geochro-nology and trace element geochemistry. Geology, 29: 167-170.

Lipson R. 2014. The promise and perils of porphyry deposits in the future of gold production. Society of Economic Geology Newsletter, 98 (1): 11-15.

MacDonald G D, Arnold L C. 1994. Geological and geochemical zoning of the Grasberg igneous complex, Irian Jaya, Indonesia. Journal of Geochemical Exploration, 50 (1): 143-178.

Meinert L D. 1993. Skarns an skarn deposits. In: Sheaha P A, Cherry M E. Ore Deposit Models, Volume Ⅱ. Geoscience Canada Reprint Series, (6): 117-134.

Moore W J, McKee E H, Akinci O T. 1980. Chemistry and chronology of plutonic rocks in the Pontid mountains, northern Turkey. In: Jankovic S, Sillitoe R H (Eds.), European Copper Deposits, Belgrade, 209-216.

MTA. 1993a. Gold and silver inventory of Turkey. MTA publication, 198: 46.

MTA. 1993b. Study of Gumushane-Mescitli (Mastra) gold prospect. MTA publication, 4: 9592.

Mutschler F E, Ludington S, Bookstrom A A. 1999. Giant porphyry-related metal camps of the world—a database. United States Geological Survey Open File Report, 99-556.

Newberry R J, Layer P W, Gans P B, et al. 2000. Preliminary chronology analysis of Mesozoic magmatism, tectonics and ore mineralization on North-East Russia according $^{40}Ar/^{39}Ar$ and trace elements data on igneous and ore rocks. Gold Mineralization and Granitoid Magmatism of North Pacific, Proceedings of the All-Russia Meeting Magadan September 4-6, 1999. NEISRI FEB RAS, Magadan, 181-205 .

Nikolay A, Goryachev, Franco Pirajno. 2014. Gold deposits and gold metallogeny of Far East Russia. Ore Geology Reviews, 59: 123-151.

Nokleberg W J, Bundtzen T K, Dawson K M, et al. 2005. Significant metalliferous lode deposits and placer districts for the Russian Far East, Alaska, and the Canadian Cordillera. U. S. Geol. Surv. Prof. Pap., 1697, 429.

Ohta E, Dogan R, Batic H, et al. 1988. Geology and mineralization of Derekoy porphyry copper deposit, northern Thrace, Turkey. Bulletin of the Geological Survey of Japan, 39 (2): 115-134.

Oyman T, Minareci F, Piskin O. 2003. Efemcukuru B-rich epithermal gold deposit (Izmir Turkey). Ore Geology Reviews, 23: 35-53.

Ozer E. 1994. Stratigraphy of the Munzur Mountains (Kemah-Ilic-Erzincan). Geological Bulletin of Turkey, 37 (2): 53-64.

Ozgenc I. 1993. The geology of Saplica (Sebinkarahisar-Giresun) alunite deposit and an approach to the genesis of alunite by using sulfur isotope data. Geological Bulletin of Turkey, 36: 25-36.

Parfenov L M, Kuzmin M I. 2001. Tectonics, geodynamics and metallogeny of the territory of the Republic of

Sakha (Yakutia). Nauka/Interperiodika, Moscow, 571.

Payotbd, Jegos, Mauryrc, et al. 2007. The oceanic substratum of Northern Luzon: Evidence from xenoliths with in monglo adakite (the Philippines). Island Arc, 16: 276-290.

Pollard P J, Taylor R G, Peters L. 2005. Ages of intrusion, alteration, and mineralization at the Grasberg Cu-Au deposit, Papua, Indonesia. Economic Geology, 100 (5): 1005-1020.

Qingfei W, Lin Y, Hesen Z, et al. 2021. Earth-Science Reviews, 224.

Ridley J R, Diamond L W. 2000. Fluid chemistry of orogenic lode gold deposits and implications for genetic models. Reviews in Economic Geology, 13: 141-162.

Robertson A H F. 2002. Overview of the genesis and emplacement of Mesozoic ophiolites in the Eastern Mediterranean Tethyan region. Lithos, 65: 1-67.

Ronov A B, Migdisov A A. 1971. Geochemical history of the crystalline basement and the sedimentary cover of the Russian and North American Platforms. Sedimentology, 16: 167-185.

Sazonov A M, Zvyagina E A, Silyanov S A, et al. 2019. Ore genesis of the Olimpiada gold deposit (Yenisei Ridge, Russia). Geosfernye Issledovaniya, 1: 17-43.

Sillitoe R H. 1972. A plate tectonic model for the origin of porphyry copper deposits. Economic Geology, 67 (2): 184-197.

Sillitoe R H. 2000. Gold-rich porphyry deposits: descriptive and genetic models and their role in exploration and discovery. In: Hagemann, S. G., Brown, P. E. (Eds.), Gold in 2000, Reviews in Economic Geology, 13: 315-345.

Sillitoe R H. 2002. Some metallogenic features of gold and copper deposits related to alkaline rocks and consequences for exploration. Mineralium Deposita, 37: 4-13.

Silyanov S A, Sazonov A M, Tishin P A, et al. 2021. Trace elements in sulfides and gold of the Olimpiada deposit (Yenisei Ridge): Ore substance sources and fluid parameters. Russian Geology and Geophysics, 62 (3): 306-323.

Singer D A, Berger V I, Moring B C. 2005a. Porphyry copper deposits of the world: Database, map and grade and tonnage Models. U. S. Geological Survey Open-file Report, 1060.

Singer D A, Berger V I, Menzie W D, et al. 2005b. Porphyry copper deposit density. Economic Geology, 100: 491-514.

Soylu M. 1999. Modeling of porphyry copper mineralization of the Eastern Pontides. PhD. thesis, Middle East Technical University, Ankara, Turkey, 127.

Stepanov V A, Melnikov A V, Vakh A S, et al. 2008. Priamurskaya gold ore province. AmGU, Blagoveshensk, 232.

Stepanov V A, Shishakova L N. 1994. The Kubaka Gold-Silver Deposit. Dalnauka, Vladivostok, 198.

Territory of the Republic of Sakha (Yakutia). Nauka/Interperiodika, Moscow, 571.

Titley S R, Beane R E. 1981. Porphyry copper deposits: Geologic sitting, petrology and tectogenesis. Economic Geology, 75: 214-235.

Turner S J, Flindell P A, HendriI D, et al. 1994. Sediment-hosted gold mineralisation in the Ratatotok district, North Sulawesi, Indonesia, Journal of Geochemical Exploration, 50 (1-3): 317-336.

Tuysuz N, Sadiklar B, Er M, et al. 1995. An epithermal gold-silver deposit in the Pontide island arc, Mastra, Gumush ane, northeast Turkey. Economic Geology, 90: 1301-1309.

Tuysuz N. 1991. Distribution and origin of detrital gold in Kazikkaya (Kagizman-Kars) placers. MTA Dergisi, 113: 105-112.

Ucurum A, Larson L T. 1999. Geology, base-precious metalconcentration and genesis of the silica-carbonate alteration (listwaenites) from Late Cretaceous ophiolitic melanges at central east Turkey. Chemie der Erde, 59: 77-104.

Vasiliev I A, Kapanin V P, Kovtonyuk G P, et al. 2000. Mineral Resources of Amur on Border of Centuries. AmurGeolCom Publish, Blagoveshensk.

White D E. 1968. Environments of generation of some base-metal oredeposits. Economic Geology, 63 (4): 60-61.

Wolfe J A. 1981. Philippine geochronology. Journal of the Geological Society of the Philippines, 35 (1): 1-30.

Yigit O. 2001. Structural controls and geochemistry of Carlin-type gold mineralization in the Gold Bar district, Eureka County, Nevada. PhD thesis, Colorado School of Mines, Golden, CO. 194.

Yigit O. 2006. Gold in Turkey—a missing link in Tethyan metallogeny. Ore Geology Reviews, 28 (2): 147-179.

Yilmaz H. 2002. Ovacik gold deposit: an example of quartz-adularia-type gold mineralization in Turkey. Economic Geology, 97: 1829-1839.